JN154403

シリア内戦

安武塔馬

YASUTAKE Touma

あっぷる出版社

はじめに

２０１６年２月、ロシア国営テレビのカメラマンが、シリア中部の都市ホムスをドローンで空撮した映像を公開した。[1]

２０１１年春にシリアで反体制運動がはじまった時、ホムス市の人口は約65万人、北部のアレッポ、首都ダマスカスに次ぐ規模だった。しかもダマスカスとアレッポ、またダマスカスと地中海沿岸部を結ぶ交通の要衝である。ここで燃え盛った反体制運動を、アサド政権としては放置するわけにはいかない。ホムス市内はやがて武装化した反体制派と政権軍との最大の衝突の舞台となり、反体制派は「革命の首都」と呼んだ。

その結末が、それから5年後に公開された空撮映像である。

低いものでは3階建て、高いものなら10階程度の、住宅用とおぼしきコンクリートの建物がぎっしりと街を埋め尽くす。建物というよりは、「建物だった」というべきか。窓にはガラスの破片すら残っておらず、壁は銃弾や砲弾で穴だらけ。長方体の四つの側面のうち、少なくともどこか一面は崩落しており、剥き出しになった鉄筋が剥がれ落ちたコンクリの塊をかろうじてつなぎとめている。屋上か、あるいは天井

1 http://www.independent.co.uk/news/world/middle-east/drone-footage-reveals-devastation-of-homs-in-syria-as-europes-stance-towards-refugees-hardens-a6849311.html

部分が吹き飛んでしまったために、自動的に屋上となってしまったところ――つまりかつては部屋の床だったはずの部分――には、灰色の瓦礫が散乱する。人が生活する気配はまったく感じられない。映像には道路を歩く子供や、通行する自動車も映っているのだが、街並みが醸し出す雰囲気は「死」と「滅亡」そのものであり、むしろ人間や自動車の存在が、場違いにさえ感じられる。

そんな街並みを表現するのに、最もしっくりくる言葉は「廃墟」である。それが何キロ四方にもわたり、延々と続く。

かつての主要都市が、こんな姿になってしまった。地震などの自然災害によってではなく、外国との戦争の結果でもなく、同じシリア国民同士の内戦によって。

驚くのはそれだけではない。

この内戦は、いまだ終わっていない。シリア危機が発生して8年近くを経た今も、なお延々と続いている。

イランとヒズボッラー、そしてロシア空軍の強力な支援を得て、2016年末にアレッポ市東部を奪還したアサド政権軍は、本書執筆時点（2018年末）までにホムス県北部、ダマスカス東郊外、南部のダラア市周辺などから反体制派の駆逐に成功した。また、北西部のイドリブ県周辺はロシア、イラン、トルコ3カ国の合意により、地上戦は小康状態になっているが、砲撃の応酬や散発的な空爆は続き、全面的な戦闘再燃の恐れは拭えない。北東部では広い地域を実効支配するクルド系の「シリア民主軍（ＳＤＦ）」とアサド政権軍、そしてＩＳＩＬ残党の間の衝突が絶えない。

過去8年近くの間、シリア各地で、毎日毎日数十人～数百人の政権軍兵士が、反体制派戦闘員が、外国人ジハーディストが、ヒズボッラーやイラン革命防衛隊の兵士が、そしてそれらすべてを合わせた数のさらに何倍もの非戦闘員――その多くが老人や子どもたち――が、ある者は銃弾の犠牲となり、ある者は獄中での拷問により、あるいは飢えにより、また倒壊した建物の下敷きとなり、殺された。

そのような運命を逃れようとした何百万人もの人々は、国内避難民あるいは外国への難民となり、新天地での生活に適応しようと奪闘している。

ホムスに限らず、シリアの多くの都市が部分的に廃墟となったきっかけは、その街の一部を反体制派の武装勢力が占拠し政権軍がそれに反攻したからだ。

反体制派が街を奪うと、「政権支持」の住民、あるいは意図しようとしまいと、反体制側から自動的に「政権支持者」とみなされてしまう宗教上のマイノリティ――アサド大統領と同じアラウィ派やキリスト教徒――は、迫害を恐れ、政権側支配地域に脱出する。

脱出が完了しても、完了しなくても、政権軍は次にはそこを包囲し、時には兵糧攻め、時には砲撃で圧力をかける。それでも武装勢力が出ていかないとなると、政権側の空軍と、後にはロシア空軍も一緒になって、住民もろともに武装勢力の頭上に爆弾の雨を降らせる。悪名高い樽爆弾や化学兵器も用いられた。こうやって多くの住民が殺害され、生き残った者は他の地域や国外に、難民となって逃れた。

非武装の住民を盾にとって市街地で戦う反体制派の責任は重い。自国の都市を樽爆弾で焼き払い、廃墟にし、自国民を殺戮し、あるいは難民にすることをいとわない政権側の責任はさらに重い。しかも、都市が廃墟と化した後でさえ、延々と殺し合いをやめないことに至っては、「狂気」という言葉しか筆者には思い浮かばない。

この本を手にとって下さった方も、なぜこのような内戦が起きているのか――なぜそれがいつまで経っても終わらないのか――という疑問を抱いておられるのではないか。

本書の執筆の目的は、そんな疑問に少しでも答えることである。

シリア危機のはじまりから2016年春までに起きた出来事の流れを整理し、様々な角度から観察し、分析する。

扱う期間は長い。シリア危機がはじまって以降本書がカバーする6年間だけではなく、10年、20年、時には100年も時間を遡って説明が必要な話もある。

扱う国の数は多く、地域も広い。シリア危機はそもそもの発生時点から、周辺諸国を取り巻く政治環境の急変――いわゆる「アラブの春」――の影響を受けているし、周辺諸国や外国勢力の様々な関与があったから、本格的に内戦化した。なぜ各国は介入したのか、あるいはしなかったのか？　それぞれの国の事情にも目を通す必要がある。

登場するアクターやプレイヤーも多い。当初はアサド政権とシリア反体制派の間の戦いであったところに、ＩＳＩＬをはじめとする無数のジハーディストが絡まってきた。2014年以降は、ＩＳＩＬと米国以下の「有志国連合」の戦い、すなわち「対テロ戦争」という側面が加わった。さらにはサウジアラビアとイランの代理戦争、トルコとクルド人武装勢力の戦争も、「シリア内戦」の一部に組み込まれるようになった。

本書ではそういった複雑な構図を、基本的には時系列による章立て・構成で、ひとつずつ丹念に解きほぐしていく。

気の遠くなるような作業だが、本書が、私たちの目の前で進行する「第二次世界大戦以後、最大の人道危機」がなぜ、どのように起きているのかを理解する助けとなれば幸いである。

記述には中立性・客観性を心がけるが、シリア内戦については、果たしてどこまで客観的な記述が可能か、という疑問はある。現地の生情報にアクセスできる交戦当事者や一部メディアは、いずれも自分たちの立場を正当化して、相当にバイアスがかかった情報を発信している。死傷者数ひとつをとってみても、国連や赤十字社などの第三者は、「もはや中立的で信頼のおける推計は不可能」と、推計を放棄してしまった。そんな中で、あくまでも第三者として状況を理解しようとすれば、いくつかの情報を並べて比較し、「こちらの説明の方がより合理的で説得力がある」と、取捨選択せざるを得ない。そうすれば、捨てられた情報を提供した側からは、「偏向している」と批判されることになる。

そういう意味で、シリア内戦については厳正中立の分析・批評はほぼあり得ない。である以上、どのような情報に依拠して記述するのかを明確にしておく必要があるだろう。

基本的に筆者は英BBCやロイター、AP、AFPの各通信社、ワシントン・ポスト紙、エコノミスト誌、ニューヨーク・タイムズ紙、仏「フィガロ」紙など、西側諸国の大手メディアが発信する情報に依拠する。

もちろん、これらのメディアの報道にも間違いはあるし、元ネタの提供者の信用度が低いこともある。しかし、民主主義が確立され、言論の自由が保障された長い歴史を持つ米英仏等のメディアは、自国の国益に縛られることなく、シリア情勢を報道する。

例えば、米国のようにシリア内戦に深く関与している国のメディアであっても、具体的に米国がシリアのどの勢力に対してどんな支援を提供している、ということを掘り下げて報じるし、その支援について、実効性や、倫理的な観点からも批評する。さらにその報道内容はほぼリアルタイムで世界中で吟味される。事実と違うことが報じられれば、大きな反響があり、検証される。

これに比べれば、アサド政権やイラン、トルコ、ロシア、そしてほとんどのアラブ諸国のメディアは、国策報道の域を出ない。そもそも自国内で自由なメディアというものが存在しないか、存在しても常に体制側の圧力を受け窒息寸前だ。そんな諸国のメディアやジャーナリストが、シリアについてだけ厳正中立な情報を発信する、ということはない。

もっとも、アサド政権や反体制各派、ヒズボッラー、ISILなど、交戦当事者がいわば「直営」するメディアの情報の中には、当事者しか知りえないものも含まれており、その意味で価値がある。その内容が前後の状況等と照らし合わせて矛盾がなければ、事実と判断して記述することはある。特にISILなどジハーディスト組織内部の動きについては、西側のみならず、汎アラブ系のメディア（カタールの衛星テレビ「アル・ジャジーラ」、ロンドン発行のサウジ系「アル・ハヤー」紙、「シャルク・アル・アウサト」紙など）でも、ほとんどアクセスできない。結果的に、ジハーディスト組織側がネット上に発信するものが唯一の情報源となる。そういった情報については、情報源を明記した上で採用する。ただし、ネット情報の宿命で、引用した記事の中にはリンクが切れてしまい、アクセスできないものもある。御了承いただきたい。

目次

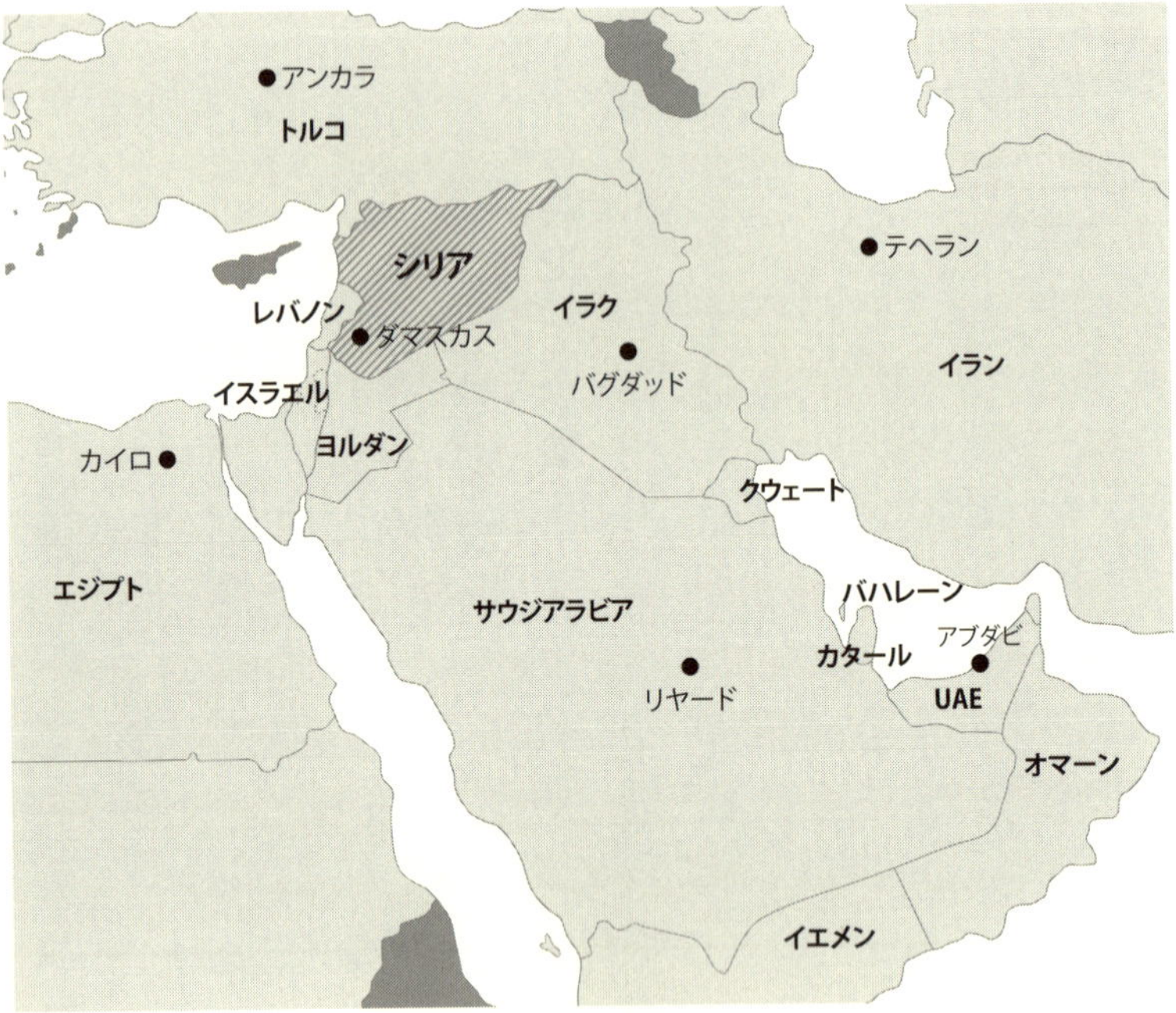
アンカラ
トルコ
シリア
レバノン
ダマスカス
イラク
テヘラン
バグダッド
イラン
イスラエル
ヨルダン
カイロ
クウェート
エジプト
バハレーン
サウジアラビア
アブダビ
カタール
リヤード
UAE
オマーン
イエメン

中東広域図

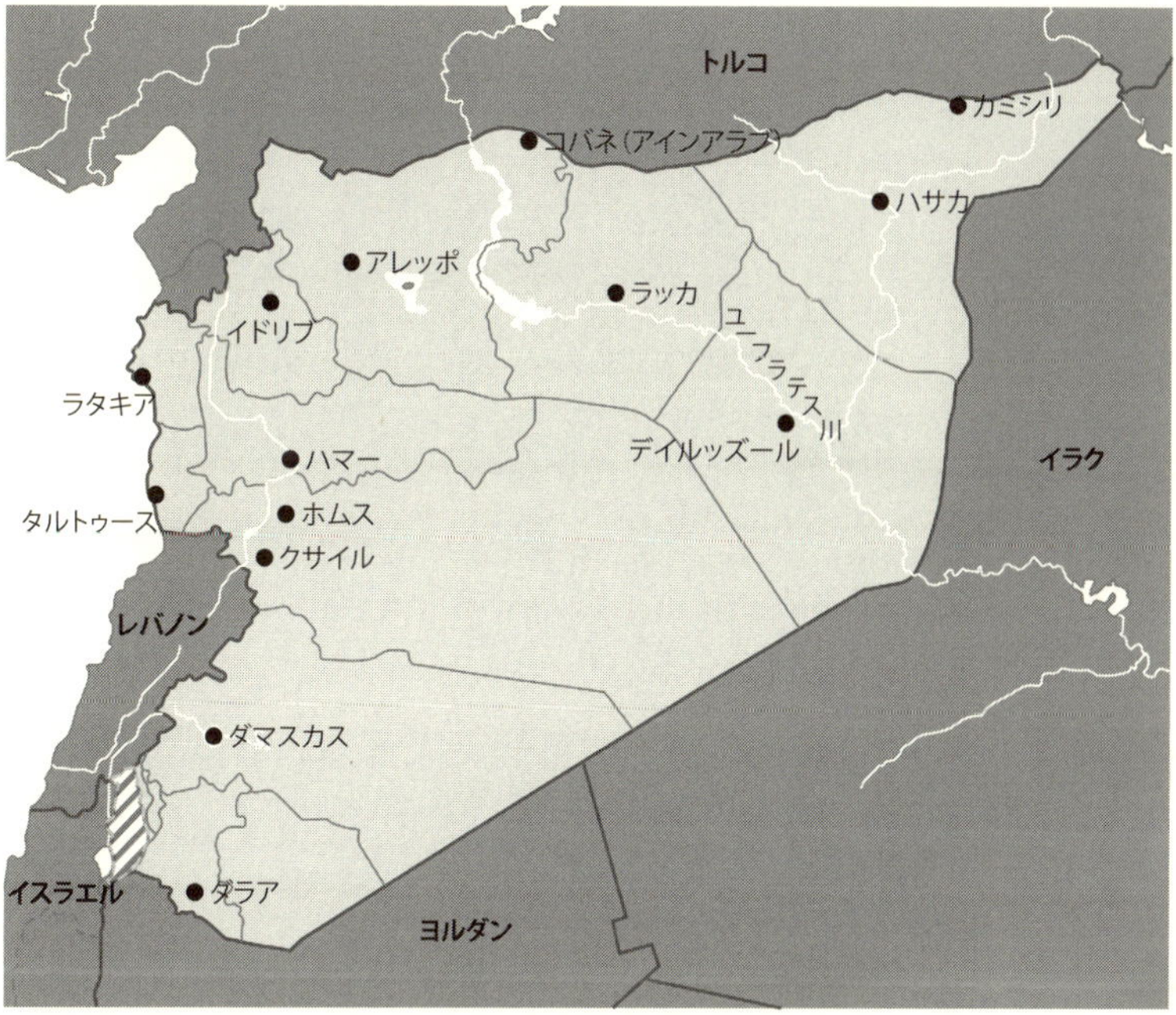
トルコ
カミシリ
コバネ（アインアラブ）
ハサカ
アレッポ
ラッカ
イドリブ
ユーフラテス川
ラタキア
デイルッズール
イラク
ハマー
タルトゥース
ホムス
クサイル
レバノン
ダマスカス
イスラエル
ダラア
ヨルダン

シリア全図

本書に登場する主なプレイヤー

個人

バッシャール・アサド：シリア大統領。2000年に死去した父ハーフェズの後を継ぐ。
ハーフェズ・アサド：シリア前大統領。軍人、バアス党員。1970年に大統領となり全権掌握。在職中の2006年6月没。
リファアト・アサド：ハーフェズ・アサドの弟（バッシャールの叔父）。1983年、ハーフェズの入院中にクーデター未遂を起こし、以降旧ソ連、仏などで亡命生活を送る。
バーセル・アサド：ハーフェズ・アサドの長男。後継者と目されていたが、交通事故で不慮の死を遂げた。
マーヘル・アサド：バッシャール・アサドの弟。政権軍のエリート部隊である第四師団や共和国防衛隊の司令官として、反体制派弾圧の中心人物とみなされている。
ブシュラ・アサド：ハーフェズ・アサドの娘、バッシャール、マーヘルの姉。家族の反対を押し切りアーセフ・ショウカトと結婚。
アーセフ・ショウカト：バッシャール・アサド大統領の義兄、ブシュラ・アサドの夫。情報機関幹部として、様々な秘密工作に関わったとされる。2012年7月の国家治安本部爆破事件で殺害された。

ザハラーン・アッルーシュ：ダマスカス郊外ドゥーマ市出身のサラフィスト。司令官として武装勢力「イスラム軍（JI）」を率いたが、2015年末に空爆で殺害された。
サリーム・イドリス：元シリア政府軍の軍人。シリア危機発生後、政権を離反し、2012年12月の最高軍事

評議会結成に際して参謀総長に就任した。

アブドル・カーデル・サーレハ：アレッポ県北部のマーレア市出身の反体制派活動家。「タウヒード旅団」の軍事司令官として、反体制派によるアレッポ市東部攻略で重要な役割を果たした。2013年11月に爆殺された。

カドリ・ジャミール：元シリア共産党党員、モスクワ大学卒で、ロシアに近い。2013年に短期間経済担当副首相に任命されたが、長期の不在を理由に罷免され、以降「モスクワ・グループ」代表として、反体制派を名乗る。

アブ・ハーリド・スーリー：シリア出身のジハーディストで、アフガニスタンでオサーマ・ビン・ラーディンやアイマン・ザワーヒリの側近となる。シリア危機発生後、シリアに帰国し、「アハラール・シャーム」に参加。ヌスラ戦線とISILの紛争に際し、ザワーヒリにより調停役に指名されるが、2014年2月にISILにより暗殺された。

ムアーズ・ハティーブ：ダマスカスのウマイヤ・モスクの説教師。2012年11月のシリア国民連合結成に際し、初代議長に選出された。

リヤード・ヒジャーブ：デイルッズール市出身の政治家。農相を務めた後、2012年にシリア首相に任命されるが、政権を離反して国外に亡命。2015年末の最高交渉評議会設立に際し、初代の調整官に選出された。

ハーリド・ホウジャ：シリア国民連合第5代議長（2015年1月～2016年3月、ただし第2代、3代はアハマド・ジャルバが2期務めた）。トルクメン人で、イズミル大学を卒業した他、国民連合の駐トルコ代表を務めるなど、トルコに近い。

サーレハ・ムスリム：コバネ出身のクルド人。2010～17年9月まで、「民族統一党（PYD）」共同議長として、シリアのロジャヴァ（クルド自治区）建設を推進した。トルコ司法は２０１６年のアンカラにおける警察バス爆破事件首謀者として、拘束につながる情報提供に１００万ドルの懸賞金をかけている。

アブ・バクル・バグダーディ：イラクのサーマッラー出身のジハーディスト、宗教指導者。「イラクとシャームのイスラム国（ＩＳＩＬ）」のモスル市制圧後、「カリフ就任」を宣言する。

アブ・アブドッラフマン・ビラーウィ：ＩＳＩＬ幹部。ＩＳＩＬによるモスル奪取作戦の計画・立案者だが、実際の作戦開始前に県警にアジトを襲撃され、戦死。

アブ・ムハンマド・アドナーニ：シリアのイドリブ県ビンニシュ出身。「イラクのイスラム国（ＩＳＩ）」メンバーとして反米闘争に関わった後、ＩＳＩＬに参加し広報部門と海外作戦部門の長となる。２０１６年９月に米軍の空爆で戦死。

ジハーディ・ジョン：ＩＳＩＬの一連の広報ビデオで、外国人人質を斬首した戦闘員。人質を監督管理するグループが４人組で、いずれも英国アクセントの英語を話したことから、ビートルズになぞらえ、処刑人は「ジョン」と仇名された。

アブ・ムハンマド・ジョラーニ：元「イラクのイスラム国」メンバーで、シリア危機発生後に母国シリアに派遣され、「ヌスラ戦線（ＮＦ）」を設立。２０１６年になって初めて映像を公表したが、出身地、年齢など詳細は依然不明。ＮＦの後身組織「シャーム解放戦線」、さらにその後身組織「シャーム解放機構」でも司令官を務める。

イマード・ジュマア：クサイル出身のジハーディストでＮＦメンバー。２０１４年夏、レバノンで逮捕される直前に、ＩＳＩＬに鞍替えした。

アイマン・ザワーヒリ：エジプト出身のジハーディスト、オサーマ・ビン・ラーディン死後に「アル・カーイダ（ＡＱ）」の最高指導者となる。

レジェップ・タイイップ・エルドアン：トルコ大統領（２０１８年時点）。イスタンブール市長を務めた後、イスラム系の公正発展党（ＡＫＰ）の指導者として首相、後に大統領に就任。

アフメト・ダウトオール：トルコ元首相（２０１４〜１６）、外相（２００９〜１４）。

アブダッラー・オジャラン：１９８０年にクルド労働者党（ＰＫＫ）を創設、対トルコ武装闘争を続ける。１９９８年に拠点だったシリアを追われ、現在はトルコで拘留中。

ラフィーク・ハリーリ：レバノン元首相。同国サイダ市出身、サウジ国籍を持つスンニ派実業家。内戦後のレバノンで3期首相を務めたが、２００５年にベイルートで暗殺された。

ウィサーム・ハッサン：レバノン内務治安部隊（ＩＳＦ）情報局長として、２００５年以降、アサド政権の情報機関やヒズボッラーと暗闘を繰り広げる。２０１３年10月、ベイルートで爆殺された。

ハッサン・ナスラッラー：ヒズボッラーの第3代議長（１９９２〜）。シーア派レバノン人。

アハマド・アスィール：レバノン南部サイダ出身のスンニ派説教師、サラフィー主義者。反イラン、反ヒズボッラーの街頭活動で有名となるが、２０１３年に国軍部隊襲撃事件を起こし、地下に潜伏。２０１５年に国外逃亡を図ったところを逮捕され、２０１７年に死刑判決を受けている。

アブダッラー・ビン・アブドルアズィーズ：サウジアラビア国王（在位２００５〜１５）。異母兄ファハドの後を継ぎ国王就任。２０１５年1月に薨去。

サルマン・ビン・アブドルアズィーズ：サウジアラビア国王（在位２０１５〜）。異母兄アブダッラーの後を継ぎ国王就任。

ムハンマド・ビン・サルマン：サルマン国王の子息。２０１７年に従兄弟のムハンマド・ビン・ナーイフ皇太子が廃嫡されたのを受け、皇太子となる。

ニムル・バーキル・ニムル：サウジアラビア東部アワミーヤ出身のシーア派聖職者。サウジ当局に逮捕され、２０１６年1月に処刑された。
ムハンマド・ビン・ナーイフ：サウジアラビア元内相、サルマン国王の皇太子となるが、２０１７年に廃嫡された。
マハディ・ガラーウィ：イラクの軍人（シーア派）。２０１４年6月、ＩＳＩＬがモスル市を奪取した際、ニナワ県警署長として同市防衛の責任者の地位にあった。
ハッサン・ロウハーニ：イランの中道政治家。２０１３年の大統領選挙では改革派の支持を集め、第1回投票で当選を決め、核開発制限交渉を推進。
ガーセム・スレイマーニ：イラン革命防衛隊コドゥス軍司令官。ハメネイ最高指導者に直結し、イラクやシリアでの軍事作戦を統括する。
ムハンマド・ムルスィ：エジプトのムスリム同胞団（ＭＢ）出身の政治家。「アラブの春」でムバラク政権崩壊後、２０１２年の大統領選挙に勝利し、史上初のＭＢ出身大統領となるが、1年後には人気を失い、軍のクーデターで失脚。現在も獄中にある。
アブドル・ファッターハ・スィースィ：エジプトの元軍人。ムルスィ政権の国防相となり、２０１３年にクーデターで政権転覆。ＭＢを弾圧し、２０１４年に大統領に就任する。
ハマド・ビン・ハリーファ：カタール首長（在位１９９６～２０１３）として、カタールの独自外交を推進。
ハマド・ビン・ジャーセム：カタール首相兼外相として、従兄弟のハマド・ビン・ハリーファ首長を補佐。
ベンヤミン・ネタニヤフ：イスラエル首相、右派リクード党党首。１９９６～９９年に第1期を務めた後、２００９年以降こんにちまで長期政権を築く。
バラク・オバマ：第44代米国大統領（２００９～１４）。

ヒラリー・クリントン：米民主党所属の政治家で、ビル・クリントン第42代大統領夫人。２００８年大統領選挙では民主党候補の座をめぐりオバマと争い、敗北。第１次オバマ政権で国務長官を務めた。２０１６年には民主党大統領候補となるが、共和党のトランプ候補に敗北。

ジョン・ケリー：米国民主党の政治家。２００４年大統領選挙でＧ．Ｗ．ブッシュに敗れた。２０１３〜１７年の間、第２次オバマ政権で国務長官を務める。

フランソワ・オランド：第24代仏大統領（２０１２〜１７）。２０１５年11月のパリ同時多発テロ事件後、一時的にシリア空爆作戦を強化すると共に、西側諸国とロシアの間でシャトル外交を展開し、対ＩＳＩＬ包囲網形成を試みた。

ウラジミル・プーチン：ロシア連邦大統領。元ＫＧＢ幹部で、チェチェン紛争鎮圧を通じて頭角を現し、１９９９年大晦日の暫定大統領就任以来、一貫してロシアの事実上の最高指導者として君臨。ただし２００８〜12の期間は、憲法の規定に従い、大統領ではなく首相職を務めた。

サイード・クワーシ、シャリーフ・クワーシ：２００５年初頭にパリで起きた週刊誌「シャルリ・エブド」襲撃事件の犯人兄弟。アルジェリア系の仏人。

アメディ・クリバリ：「シャルリ・エブド」事件の進行中にパリのユダヤ系食品店に立て籠もり、人質数名を殺害した。セネガル系の仏人。

ハヤー・ブーメッディーン：パリのユダヤ系食品店襲撃犯アメディ・クリバリの愛人。事件後ＩＳＩＬ支配下のシリアに渡航した。アルジェリア系仏人。

アブドルハミード・アバウード：モロッコ系ベルギー人で、シリアに渡航しＩＳＩＬに参加。プロパガンダ・ビデオ等に出演した後、同じくモロッコ系ベルギー人のＩＳＩＬメンバーらと共に２０１５年11月のパリ同時多発テロ事件を引き起こす。

コフィ・アナン：国連元事務総長、ガーナ人。２０１２年２月にシリア問題担当国連・アラブ連盟合同特使に就任するが、具体的な成果を挙げられないまま、同年８月に辞任。

アフダル・ブラヒミ：アルジェリア元外相。国連のアフガニスタン特使、イラク特使等を務めた実績を評価され、アナン元国連事務総長の後任として、２０１２年９月に国連・アラブ連盟のシリア問題合同特使に任命される。しかしアナン同様、紛争収拾の成果を挙げられぬまま、２０１４年５月に辞任。

ステファン・デミストゥラ：イタリア・スウェーデンの二重国籍を持つ国連外交官。２０１４年７月に辞任したアフダル・ブラヒミの後任として、国連のシリア問題担当特使に任命された。

ムハンマド・ダービ：スーダンの軍人。２０１１年末にアラブ連盟が派遣したシリア停戦監視団団長を務めた。

組織

バアス党：宗派を超えた汎アラブ民族主義を掲げる政党で１９４７年にダマスカスで誕生。１９６３年にシリア、イラクで相次ぎクーデターで政権を掌握するが、１９６６年には内紛の結果、両国のバアス党は分裂、敵対関係に入った。

シャッビーハ：アサド政権軍による反体制派弾圧を補完してきた準軍事組織。構成員のほとんどはアラウィ派だが、スンニ派等他宗派のメンバーも存在。

シリア国民連合：２０１２年11月にドーハで結成されたシリア反体制派在外政治指導部。本部はイスタンブール。

最高軍事評議会：シリア国民連合結成に続き、自由シリア軍（ＦＳＡ）の各部隊を同連合直属の軍隊組織に統合する目的で２０１２年12月に結成された。

自由シリア軍（FSA）：シリア内戦以降、シリア各地で結成された世俗的反体制武装勢力の総称。

民主的変革のための国民調整委員会（NCC）：シリア国内の古株の共産主義者・左派活動家らが構成する反体制組織。PYDのムスリム前共同議長が副代表を務める。

最高交渉評議会（HNC）：2015年12月、リヤードで開催された反体制派拡大会議が、和平プロセスへの反体制派代表として結成。代表に相当する調整官には国民連合のメンバー、リヤード・ヒジャーブ元首相が選任された。

シリア国民評議会（SNC）：2011年8月にトルコで結成されたシリア反体制派の在外政治指導部。

イラクとシャームのイスラム国（ISIL）：「イラクのイスラム国（ISI）」が、傘下組織であったヌスラ戦線（NF）を再統合するために、「イラクとシャームのイスラム国（ISIL）に改称。アラビア語の頭文字をとり、敵対勢力は「ダーイシュ」と呼ぶ。

ヌスラ戦線（NF）：「イラクのイスラム国」のシリア分隊として2011年末に誕生したジハーディスト組織。後に本家のISILと対立し、シリア内戦の有力プレイヤーとして、アサド政権軍、ISIL、FSAなどと対峙した。後に「シャーム解放機構（HTS）」に改名。

アハラール・シャーム（AS）：ハッサーン・アッブードら、ハマー県のガーブ平原出身者が中心となって結成したサラフィー系の武装組織。「シリアの自由人たち」を意味する。一時は最大規模の反体制武装組織となり、イスラム戦線やファタハ軍の結成でも中心的な役割を担ったが、2017年以降はイドリブ県でHTS（旧NF）との衝突を繰り返し、力を失った。

タウヒード旅団：アレッポ県北部の反体制武装勢力各派が糾合して結成した組織。2012年末のFSA再編では最高軍事評議会に参加するが、2013年末にはFSAから離脱、イスラム戦線を結成する。

イスラム軍（JI）：ダマスカス郊外ドゥーマ市を拠点とするサラフィー系の反体制武装勢力。サウジアラビアの支援を受け、2018年に政権軍の攻撃を受けるまで、ドゥーマ市一帯を実効支配した。

イスラム戦線：2013年12月、アサド政権軍やISILと対決するため、イスラム主義の有力武装勢力が合同して誕生した。タウヒード旅団、AS、JI、「シャームの鷹」などが主要な構成組織。

ファタハ軍：2015年3月にイドリブ県でNF、AS、「ファイラク・シャーム（FS）」等の有力イスラム武装勢力が合同して結成。短期間にイドリブ県のほぼ全域からアサド政権軍を追放した。

民主統一党（PYD）：2003年設立のクルド系マルクス主義政治組織。トルコのクルド労働者党（PKK）とは組織機構上の重複があり、実質的にPKKのシリア支部のような関係にある。

人民防衛隊（YPG）：民主統一党（PYD）の軍事部門。

シリア民主軍（SDF）：2016年12月以降、YPGと、同盟するアッシリア系・アラブ系各武装勢力の連合軍が採用する名称。クルド色を薄める目的とみられる。

公正発展党（AKP）：2001年結党のトルコのイスラム主義政党。2002年以降、累次の選挙に勝利し、単独政権を維持している。

クルド労働者党（PKK）：1980年創設のトルコのクルド系武装勢力で、マルクス主義を掲げる。リーダーは現在トルコの獄中にあるアブダッラー・オジャラン。

人民民主党（HDP）：トルコのクルド系政党で、リベラル・左派。2015年6月の国政選挙で、クルド系政党として初めて国会に議席を獲得し、与党AKPを過半数割れさせる原動力となった。しかし同11月の再選挙では議席数を減らした上、共同党首のサラハッティン・デミルタシュも2016年11月に投獄されるなど、逆境にある。

3・8勢力：2005年のハリーリ元首相暗殺後に生まれたレバノンの親シリア（アサド政権）勢力連合体。ヒズボッラーが主導。

3・14勢力：ハリーリ首相元首相暗殺後に生まれたレバノンの反シリア勢力連合体。ムスタクバル運動やレバノン軍団が主導。

ヒズボッラー：1982年のイスラエル軍レバノン侵攻後に、イラン革命防衛隊とアサド政権の支援で結成されたレバノンのシーア派政党・武装勢力。

ファタハ・イスラム：2006年にシリアのパレスチナ難民キャンプで誕生、レバノンに拠点を移したパレスチナ系ジハード組織。2007年にレバノン北部のナハル・バーリド難民キャンプに立て籠もりレバノン国軍と戦った後、残党はシリア国内でアサド政権との戦いに参加した。

ムスリム同胞団（MB）：アラブ世界各国に存在するスンニ派イスラム主義組織。1928年にエジプトで誕生。シリアでは1970年代後半から1982年にかけて、バアス党政権と激しい内戦を繰り広げた。

アル・カーイダ（AQ）：反米グローバル・ジハードを掲げて1990年代に結成されたジハード組織。アフガニスタンでソ連軍と戦ったサウジの大富豪オサーマ・ビン・ラーディンや、エジプト人のアイマン・ザワーヒリらが発足メンバー。2001年に米国同時多発テロを引き起こした。現在はシリア、イエメン、ケニアなどに支部を持つ。

イラク・バアス党：シリア人でバアス党創始者のミシェル・アフラクの亡命を受け入れ、シリア・バアス党と決別。1967~2003年の間、イラクを独裁支配する。1979年以降はサッダーム・フセインが党首兼大統領として君臨。

ハシャド・シャアビー：イラクのシーア派民兵組織の総称。2014年夏にISILがモスル等を奪取し、バグダードやカルバラ等シーア派聖地に迫った際、高位聖職者らの呼びかけに応じる形で編成された。「人民動員部隊」といったニュアンス。PMC、PMFと表記されることもある。

クルド地域政府（KRG）：イラク北部のクルド系の3県（ドホーク、エルビル、スレイマニヤ）を統治する。

エルビルが事実上の首都。

ペシュメルガ：クルド地域政府（ＫＲＧ）の軍隊。フセイン政権との長年の闘争の経験があり、ＩＳＩＬのモスル占領に乗じてＫＲＧ領域外に展開した。

イラン革命防衛隊コドゥス軍：イラン革命防衛隊のエリート部隊で、アラブ諸国、特にイラクとシリアにおける作戦行動に携わる。

タマッロド：エジプトの反政府大衆組織。２０１３年にムルスィ政権に退陣を求める抗議集会を全国規模で展開し、軍によるクーデターを招いた。

ハマース：１９８７年、第１次インティファーダに対応して結成されたパレスチナのＭＢ系政治・武装組織。イスラエルの生存権を承認せず、２００７年以降はガザ地区を実効支配する。

国際連合：第２次世界大戦後に作られた国際機関。安全保障理事会では旧連合国の米・英・仏・露・中（現在は共産党支配の中華人民共和国）の５カ国が拒否権を持つ。

アラブ連盟：１９４５年３月設立のアラブ諸国が構成する国際機関。本部はカイロに所在。ＰＬＯと21カ国が加盟。ただしシリアはシリア危機がはじまった２０１１年以来、加盟資格を停止されている。

アル・ジャジーラ：１９９６年にカタールで設立されたアラビア語衛星テレビ局。

宗派

スンニ派：イスラム教の最大宗派。シリアでも人口の７割程度を占める。

ワッハーブ派：スンニ派の中でも、特に厳格なイスラム法解釈で知られる学派。サウジアラビア起源で、サウジの国教と位置づけられる。

シーア派：イスラム教の少数派。ただしイランでは多数派である他、イラクやレバノンでもスンニ派を人口的に上回る。預言者ムハンマドの娘婿アリと、その子息フセインとハッサンを重視。複数の宗派に分かれる。

十二イマーム派：シーア派内の最大宗派。イラン、イラク、レバノン等に多い。

アラウィ派：シリアの地中海沿岸地方を中心に存在するイスラム教の宗派。シーア派の一派に分類されることが多いが、土着信仰やキリスト教との混交もあるとされる。ジハーディストは「ヌサイリ」の蔑称で呼ぶ。

ドルーズ派：レバノン山地とシリア（特に南部のスウェイダ地方）に多いイスラム教の宗派。

キリスト教マロン派：レバノン山地で誕生・発展したカトリックの宗派。現在はフランスやブラジル等、世界各地に移民社会を築いている。「国民憲章」と呼ばれる不文律に基づき、歴代レバノン大統領、国軍司令官を独占的に輩出している。

ヤズィード教：セム系一神教（ユダヤ教、キリスト教、イスラム教）のいずれにも属さない独自の宗教。イラク北部シンジャール周辺に最大のコミュニティが存在。信徒の母語はおおむねクルド語。

第1章 幕開け

主要な登場者・組織・宗派名

○バッシャール・アサド：シリア大統領
○ハーフェズ・アサド：シリア前大統領（バッシャールの父）
◉シリア・バアス党
◉ムスリム同胞団（ＭＢ）
◉アル・ジャジーラ・テレビ
◉イスラム教スンニ派
◉アラウィ派

（1）反政府行動の開始

「シャアブ　ユリード　イスカート　ニザーム（国民の望みは政権打倒）！」

「ビッダンム！　ビッローホ！　ナフディーク　ヤー　シャヒード（殉教者よ、血と魂であなたたちを贖う）！」


短く、鋭く、リズミカルな単語の組み合わせ。

アラビア語のスローガンを唱和しながら、数百人の青年が行進する。

手に掲げるのは「シュハダー（「殉教者＝シャヒード」の複数形）」たちの遺影あるいは革命旗だ。

シリア革命旗（反体制派）
※上部ラインが緑で下ラインが黒、星の色は赤

シリア国旗（アサド政権）
※上部ラインが赤で下ラインが緑、星の色は緑

図1

アラビア語の「殉教者」は必ずしも「宗教に殉じた者」の意味ではない。反イスラエル闘争や、革命の過程で命を落とした者も「殉教者」とされる。革命旗というのは、バアス党が政権奪取する1970年以前のシリア国旗だ。アサド政権が採用する現行のシリア国旗とは、配色と星の数が違う（図1）。

行進する青年たちを取り巻く光景は一様ではない。いかにもくたびれた感じの田舎の村だったり、それなりの規模の都市の大通りであったり。どの映像にも共通するのは、画質の悪さと、焦点や構図が一定しないカメラワークの拙さ。そして往々にして、銃声や絶叫によって唐突に終了すること。

素人カメラマンが、手持ちの携帯電話を使って撮影した「手作り感」いっぱいの、しかしそれだけに生々しい、臨場感のある映像だ。それが大量にネット上に、そしてアル・ジャジーラTV等の衛星放送に溢れるようになったのは、2011年3月中旬だった。

東北地方が大震災と津波、そして福島第一原発の事故に立て続けに襲われ、日本人が呆然自失していた、まさにその時期である。シリアで起こりつつあった大災厄の萌芽が、チュニジアやエジプトの場合ほどには日本で当初注目を集めなかった所以だ。

これよりおよそ4カ月前、チュニジアではじまった「アラブの春」の熱気は、瞬く間にエジプト、バハレーン、リビア、イエメンに伝染した。いずれの国も政権が倒れるか、内戦に近い混乱に落ち込んでいった。

「アラブの春」とは、何十年も強権支配を行ってきたアラブ諸国の独裁政権に対する大衆抗議運動を指す。主に都市部で、青年層を中心に国民が、街頭デモや集会など大規模な抗議行動を起こし、政権交代を求めた。

第2次世界大戦後、それまではイギリスやフランスの植民地や委任統治下にあったアラブ諸国が次々に独立した。新生アラブ諸国の政治体制はペルシア湾岸諸国のような王政（首長制）か、軍や与党が独裁する共和制のいずれかだ。公正な選挙を定期的に実施し、政権を交代させる国はほとんどなかった。共和制諸国の場合、議会や司法、行政府等を備え、形式的には民主主義の体裁をとる。しかし実際には特定宗派や部族、地域出身者が、排他的に権力を独占しており、挑戦者や批判勢力に対しては徹底した弾圧で臨んだ。国民によって為政者が裁かれる、という事態は、あり得なかったし、考えられなかった。「アラブの春」現象は、それを変えた。国民が街頭抗議行動というかたちで怒りを爆発させ、絶対安泰にみえた為政者たちの支配を覆したのである。

もちろん、現実はそんなにシンプルではなく、はるかに錯綜している。

チュニジアのベンアリ大統領と、エジプトのムバラク大統領が失権したのは、軍や治安機関エリートが保身を図った結果だった。つまり、体制の本当の中枢は、国民の怒りを免れるためにトップを人身御供に差し出し、本当の意味での「体制転覆」を回避したのである。

リビアの場合、カダフィ政権を崩壊させたのはリビア国民ではない。英仏両国をはじめとする西側諸国

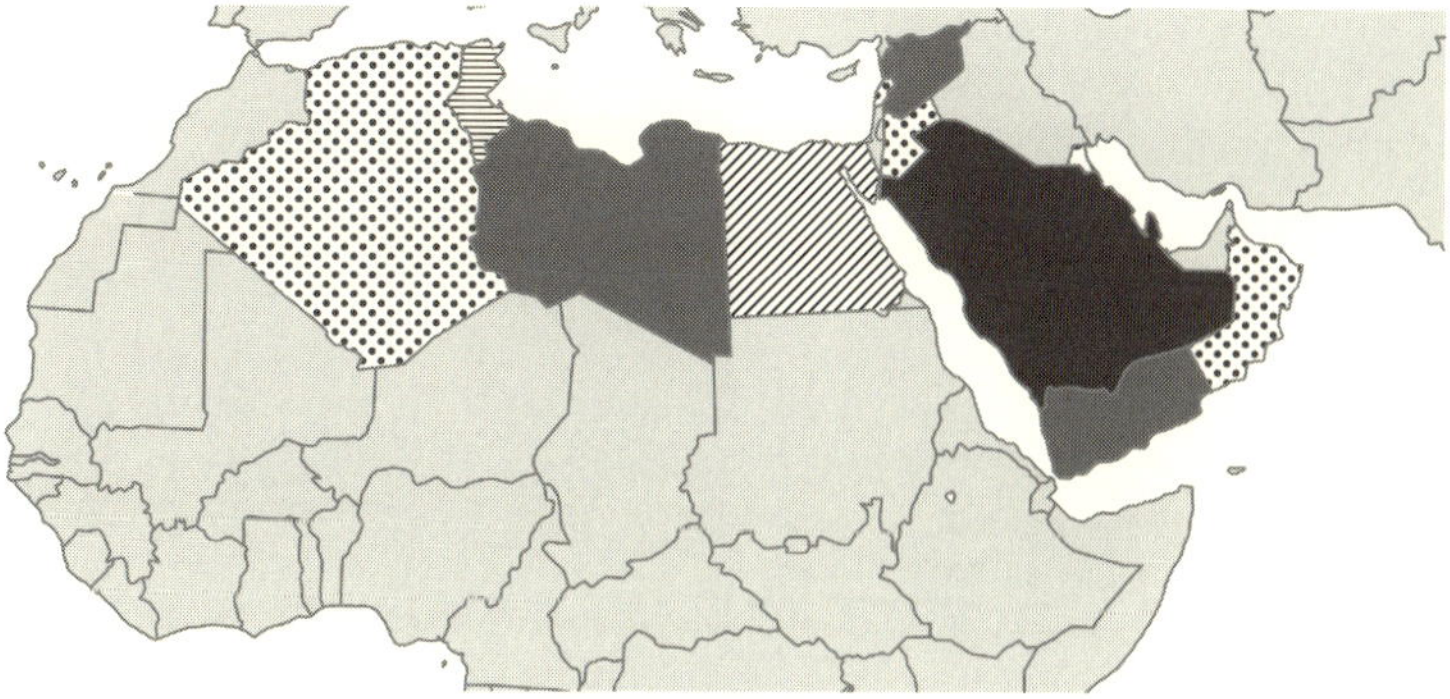

出典：http://atlantislsc.com/arab-countries-map/arab-countries-map-current-state-of-arab-spring-countries-2-000px-%C2%97-1-015px/

図2

の軍事介入だった。

バハレーンの場合は、逆にサウジアラビアとUAEが軍事介入して王政を守り抜いた。

イエメンではいったん内戦化しかけたところを、サウジとUAEの仲介で何とか政権移行プロセスがはじまった。しかし、ほんの数年でプロセスは破綻し、2015年以降は、サウジやUAEが全面的に軍事介入する内戦状態になっている（図2）。

このように、「アラブの春」の経緯も結果も、国によって様々で、その多くは悲惨な結果をもたらした。だから「アラブの春」を「アラブの民衆が、変革を求めて強権体制を打倒した」現象である、と単純に美化し称賛するわけにはいかない。

しかし、それでも筆者は「アラブの春」に、歴史的意義をみる。

生まれた時から、同じ支配者が君臨する社会。縁故主義や官僚の汚職・不正が蔓延し、それを批判しようものなら、誰かに密告され、たちまち社会的に、時には肉体的にも抹殺される。

　改革を実現するための民主的な制度はない。選挙はすべてが出来レースで、何度やっても国民の90％以上の圧倒的多数の支持で、体制が承認される社会。

　そんな社会で生まれ育ち、経済的にも、社会的にも、何の夢も希望も持てない若者たちが、怒りを爆発させ、恐怖を振り払って、抗議の声を上げる。そして、絶対に越えられないと思ってきた壁を突き崩す。

　独裁や強権政治が、民衆の意志によって倒れ得る、ということを示した点は、「アラブの春」の功績といえると思う。「倒した後をどうするか考えていない」と第三者が批判するのは簡単だ。

　しかし、青年たちには、立ち上がる前にそんなことを考える余裕があっただろうか？

　暴政や圧政から解放されたい、不正義を正したい。切実なそんな思いから、危険を承知で立ち上がった青年たちを、自由な社会に生きている外国人が「政権崩壊後の取り組みについて、無計画だった」と責めるのは、あまりに酷ではないだろうか？


「アラブの春」がエジプトを呑み込みつつあった２０１１年１月、バッシャール・アサド大統領はウォールストリート・ジャーナル紙のインタビューで、「シリアはチュニジアやエジプトとは違う。シリアの外交政策は国民の主義・信念、大義に沿っているから、国民が蜂起することはない」[1]と自信たっぷりに語っている。日本を含め、世界の中東ウォッチャーの間でも、「シリアで大衆蜂起は起きないだろう」という見方は根強かった。

　正直なところ、筆者もアサド大統領とはまったく別の観点から、そう考えていた。

「同じ強権政治や警察国家といっても、シリアはその度合いがエジプトなどよりも格段に強い。国民は政権の怖さを熟知している」

だから、シリア国民は立ち上がらないだろうと考えた。

しかし、シリアでも国民は立ち上がった。

2011年1月以降、アサド政権に挑戦するかのような動きがネット上で、あるいは小規模な抗議行動というかたちで断続的に発生した。

特に南部、ヨルダン国境に近いダラアの街では、3月6日に政権打倒を呼びかける落書きを理由に少年15人が秘密警察に逮捕され、拷問を受けたことが知れ渡り、抗議の住民と治安部隊の衝突に発展した。[2]

3月15日には首都ダマスカスの旧市街、観光地でもあるハミディーヤ市場の中で、古参の人権活動家や青年たち数十人が、政府の腐敗や人権弾圧に抗議するデモを実施した。[3]若い活動家を中心に、各地で組織された「革命調整委員会」は、SNSなどインターネットを通じ、毎週金曜日ごとに抗議デモを呼びかけた。

金曜日はシリア国民の圧倒的大多数を占めるスンニ派イスラム教徒がモスクに礼拝に出かける日だ。礼拝後に、モスクを出て町や村の中心に集団で繰り出し、デモ行進するのである。そのデモ隊を、治安部隊が棍棒や威嚇射撃で解散させようとする。怪我人が出ると、群衆の側からも激昂して棒切れや石を手にして立ち向かう者が出てくる。また、非武装のはずのデモ隊の中にも、銃器や刃物を隠し持ち、治安部隊を攻撃する者も確かに混じっていた。身の危険を感じた治安部隊は石や銃弾が飛んできた方向に向かい、実

1 http://www.globalpost.com/dispatch/news/regions/middle-east/110423/syria-assad-protests-daraa
2 http://www.globalpost.com/dispatch/news/regions/middle-east/110423/syria-assad-protests-daraa
3 http://www.alarabiya.net/articles/2011/03/15/141661.html

弾を放つ。死傷者が出ると、群衆はなお激昂して治安要員に挑み、さらに死傷者が増える。翌日に犠牲者たちの葬儀が行われ、葬列が政権打倒を呼びかける新たなデモとなる。そこに更に銃撃が加わり、緊張が連鎖した。

ダラアだけではなく、中部の主要都市ホムスやハマー、地中海岸のバニヤース、ラタキア、東部ユーフラテス川沿いの主要都市デイルッズールなど、3月後半にはシリアの主要都市のほとんどに、街頭抗議運動が広がった（図3）。

（2）うねる大河のような黒い人の波

なぜ、シリアで2011年の春、国民の多くが反政府行動をはじめたのか？

1970年に故ハーフェズ・アサドが権力を掌握して以来、親子二代にわたるアサド政権は数回の危機を経験している。特に1973年の第4次

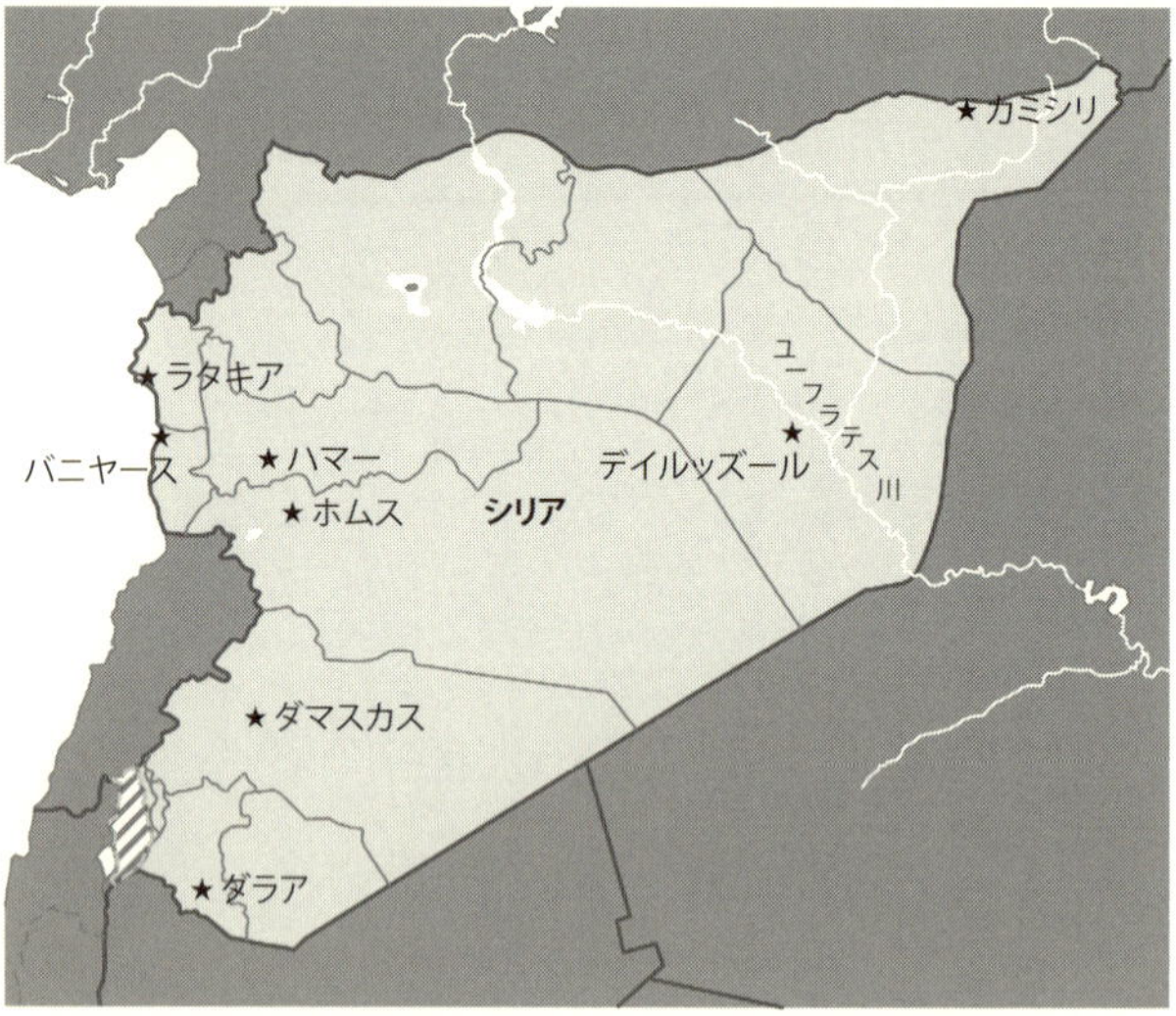

図3　抗議運動が発生したシリアの主要都市
https://www.aljazeera.com/news/middleeast/2011/04/201142212452973755.html

中東戦争、1982年のイスラエルのレバノン侵攻、2003年のイラク戦争など、外部からの深刻な軍事的脅威にさらされた。

一方、政権中枢内部でも、アサド父子の支配を脅かす事件が何度か起きている。ハーフェズが病に倒れた1984年にはその弟リファアトがクーデターを図り、失敗して国外に亡命した。レバノン撤退を強いられた直後の2005年10月には実力者ガーズィ・カナアーン内相が執務室で不可解な「自死」を遂げ、クーデター未遂だったと囁かれた。しかし、国内でアサド政権が存亡のかかった深刻な挑戦を受けたのは一度だけである。それが1970年代末から1982年のムスリム同胞団（MB）との対決だ。

この時、リファアト率いる軍のエリート部隊は、中部のハマー市を封鎖した。そして砲爆撃で市街地を破壊し、万人単位の住民もろともMBの戦闘員を皆殺しにして、叛乱を鎮圧した。「アサド政権の怖さを国民は熟知している」と前述したのは、そういうことである。

アサド政権は敵対勢力に容赦はしない。国際世論の批判を気にするイスラエルなどとは違い、アサド政権は状況次第で桁違いの殺戮を平気で遂行する。国民はそれを十分に知っている。この「ハマー虐殺」事件以降、シリアでは組織的あるいは大衆的な反政府行動は影を潜めた。反体制勢力はせいぜいが外国に亡命して、弱々しいメッセージを発信するか、国内で散発的なテロ行動を起こす以外の選択肢を失った。にもかかわらず、2011年3月に国民が公然と反体制のスローガンを掲げはじめたのは一体なぜなのか？

これまでシリアと世界各国の専門家が様々に説明を試みた。例えば、「アラブの春」が波及した、という見方がある。つまり、チュニジアやエジプトでの「成功」を目の当たりにし、政権に不満を抱くシリアの人々も「自分たちにもやれる」そう思った、ということだ。確かに、「アラブの春」がシリアの人々の心理的障壁を低くし、勇気づけたことは間違いないだろう。

アサド政権側は、これとはまったく違い、「反体制行動はテロリストを使った外国勢力の陰謀」という見方をとる。アサド政権を快く思わない米、イスラエル、サウジアラビア、トルコ、カタールなどの諸国が、テロリスト＝スンニ派のイスラム原理主義勢力を扇動して、政権を転覆させようとしている、というのである。

シリアに原理主義者やアル・カーイダに連なる勢力が存在することも、彼らの多くが反体制勢力に加わっているのも事実だ。しかし、改革を求めたのは国民の幅広い層であり、全員が過激派やテロリストであるはずはない。国民の意志をまったく無視し、すべてを外国の陰謀とする見方は極論であり、現実から乖離している。しかしアサド政権は、政権に反対する者をすべからくテロリストとみなし、それを危機対応の基本政策とした。武装化した反体制派の前にアサド政権の旗色が悪くなると、ヒズボッラーやイラン、さらにはロシアが政権側に立って介入し、シリア内戦を限りなく凄惨なものとしていった。

興味深い説明としては、自然災害と関連付けるものがある。

シリアは２００６年から4年連続で異例の大旱魃に襲われた。この結果、特に東部の農村地帯の経済が極限までに疲弊した。旱魃地帯の住民が国内避難民となって南部のダラア――シリア危機の当初の震源地――などに大量に移住し、都市部の生活環境も圧迫された。これが政権に対する国民の不満や怒りを増幅し、爆発につながった、とする解釈である。この見方も非常に説得力に富む。

筆者が初めてシリアを訪れたのは、１９９1年2月のことである。

米国を中心とした有志連合軍がサッダーム・フセインのイラク軍をクウェートから追い出した直後だった。この時、アラビア語研修所に通うため、約半年をダマスカス旧市街で過ごした。ダマスカスの街には、人々が親切で、物価が安く、食べ物が美味しい……様々な思い出がある。しかし、最も印象に残るのは、旧市街の外側、マルジェ広場周辺の、安宿やペットショップ、ケバーブ屋が集まるような一画の光景だ。

そこに集う人の多さ。威圧感さえ感じるほどの人波を構成するのは、ほぼ全員が男、しかもひと目で農村からやってきたとわかる姿の男たちだった。みな一様に、くたびれた黒い安物のジャンパーを羽織っている。

いったい、この界隈で、彼らは何をしているのだろう、と不思議な気持ちになった。買い物をする男、客を呼び込む店番の男、荷物を背負ってせわしなく動き回る男……。しかし、手持ち無沙汰の男が圧倒的に多い。

最後にシリアを訪れたのは、それから17年が経った2007年2月のことである。アサド政権を築いたハーフェズが死に、息子バッシャールの時代となっていた。

隣国レバノンでは民衆抗議運動が起き、シリア軍はレバノンからの撤退を強いられていた。ダマスカスの新市街には、小綺麗な格好の若い男女が、まるでベイルートにあるような、瀟洒なカフェテリアにたむろするようになっていた。

17年前とは何もかもが変化していたのに、マルジェ広場周辺の光景はまったく変わらなかった。黒いジャンパーを着こんだ、若い男だらけの人並みのうねり。何かに餓えたような、あるいは何かを恨むような、ぎらぎらと輝き、それでいてどこかほの暗い視線は、みんなに共通していた。真っ黒な人波には、いつ爆発してもおかしくなさそうな、底知れぬエネルギーが充満していた。

「いったい、誰が、どうやったら、これだけ多くの青年たちの胃袋を満たし、社会的、経済的な欲求を満たすことができるのだろう」

そんな思い——大げさにいえば破滅への予感というべきか——が頭をかすめ、薄ら寒く感じた。

２０１１年春に、シリアの人々が立ち上がった理由はいろいろあって、たぶんいずれも正しいのだろう。「アラブの春」は人々を勇気づけただろうし、煽動目的のテロリストも潜入していただろう。旱魃で生活手段を奪われた人々が街に溢れ、政権が十分に対応しきれなかったこともあるだろう。

しかし、マルジェ広場周辺のあの真っ黒な、大河のようにうねる若い男ばかりの人の波を思い出す時、筆者は運命論的な解釈に傾いてしまう。

青年たちには、特有の情熱、熱狂、正義感、嫉妬、暴力的・破壊的な衝動や、他人から認知されたいという欲求がある。教育水準が向上しても、満たされることはない。知識水準が高まり、外部の世界や歴史を知ることによって、不満と欲求はむしろ高まる。社会が青年たちの様々な要求や欲求を満たせないと、変革を求めるエネルギーはどんどんと蓄積されていき、いずれは爆発する。

シリアで過去四半世紀年に起きた人口急増や[4]、経済格差の拡大にアサド政権の対応が追い付かなかったことが、２０１１年の大暴発をもたらしたといえるのではないだろうか。

（3）政権側の対応

バッシャール・アサドは、父ハーフェズから政権を引き継いで11年目に、初めて国民から正面きっての批判と挑戦を受けた。アサド政権はこの危機に、アメとムチを使い分けて対応を図った。

アメというのは、国民の反政府感情をなだめるための譲歩である。反政府行動の口火を切った南部ダラア県の知事を解任し、長らく無国籍状態に置かれてきた北東部のクルド系住民にはシリア国籍を付与した。政治犯の恩赦も実施した。特に、拷問と劣悪な環境で悪名高いサイダナヤ刑務所に拘留していた、過激派を含むイスラム主義活動家らを多数釈放した。内閣を改造し、さらにはアサド政権成立以前の１９６３年以来、半世紀近くにわたって施行されてきた非常事態令も撤廃した。[5]

おおむね平穏だった過去50年間が「非常事態」で、国民が蜂起した途端に「平常」だと宣言したのだ。いかに法律が恣意的に運用されているかがわかる。

アサドは憲法を改正し、バアス党の一党独裁体制終了さえ宣言した。しかし各地に広がった反体制抗議行動の勢いはまったく衰えなかった。理由は簡単だ。アメを撒きながら、アサド政権が苛烈なムチを併用したからだ。デモの度に治安部隊が実弾を発射し、多くの死傷者が出る。死傷者だけではない。当局の取り締まりにより、何人もの活動家や、時には活動家と疑われただけの市民が行方不明になる。そんな状況で、それまでの恐怖を振り切り、それこそ命がけで立ち上がった国民が「政権は本気で体制を改革するつもりだ。反体制派への弾圧は終わり、言論は自由になり、腐敗した役人は追及され、シリアは民主的な社会になる」。そう信じるはずがない。

シリア危機がはじまってから、アサドが初めて国民に語りかけたのは3月30日の議会演説である。この中で、反体制派に対してアサドがみせた有和的な姿勢は、ダラアにおける民衆弾圧について「ダラ

4　国連機関の統計によれば、１９８５年時点ではシリアの人口は２０１１年時点の約半分で、一千万人を超えた程度であった。http://worldpopulationreview.com/countries/syria-population/

5　http://edition.cnn.com/2011/WORLD/meast/04/21/syria.unrest/　同時に国家治安最高法廷も廃止された。

アでは（当局側に）過ちがあった」と認めたことくらいである。それについてさえ、明確な謝罪はなかった。

逆にアサドは、抗議運動の裏で手を引いている、として「外国の陰謀」と「衛星テレビ」を激しく非難した。名指しはしていないものの、チュニジアやエジプトの政変報道で大きな役割を果たし、シリアの反体制行動と政権側の弾圧についても大きく取り上げてきたカタールのアル・ジャジーラをやり玉に挙げた。その一方で、具体的な政治改革や民主化については、何の約束もしなかった。この演説は、シリア危機への対処に関する「アサド大統領のマニフェスト」ともいえる。実際、アサド政権の危機対応は、これ以降一貫してこの演説どおりに行われてきた。

本稿執筆時点で既に8年間に及ぼうとするシリア危機・内戦で、紛争当事者・関係者（国や武装組織も含む）はどんどん増え、しかもその立場はころころと変わった。

例えば米国は当初アサド政権の存続を希望するような立場をとったが、やがてアサド退陣を求めるようになった。その後もシリアで対ＩＳＩＬ戦をはじめたり、アサド政権が化学兵器を使うと制裁攻撃をやったりやらなかったりと、対シリア政策は、ブレまくっている。

一方、ロシアはアサド支持では一貫しているものの、モラル上の支援から、国連外交の場での支援、そして２０１５年以降は直接的な軍事介入と、シリアへの関わり方は大きく変化している。

トルコは当初アサド政権打倒を目指し反体制派を支援したが、２０１６年以降は強大化したシリアのクルド勢力（シリア民主軍＝ＳＤＦ）対策に政策の軸足を移した。

その点、アサド政権はまったくブレていない。

「政権に反対する者はすべからく外国の支援を受けたテロリストであるから、断固討伐するほかはない。諸外国はアサド政権を倒す陰謀をめぐらしており、そのためにテロリストを利用している」

この状況認識は、２０１１年３月30日のアサド演説で、既に明確に示されている。そして２０１８年末時点でも、基本的にはまったくそのままだ。実際、アサドのこの認識を、アサド政権のほとんどが共有しているのではないだろうか。

アサド政権の中核エリートは、アラウィ派という、人口比でいえば圧倒的な少数派[6]と、都市部のスンニ派エリートで構成される。反体制派にはキリスト教徒も、クルド人も、そしてアラウィ派さえも存在するが、圧倒的大多数はスンニ派、特に農村や部族社会の出身者だ。彼らの「革命」が成功し、これまで独占してきた権力を一部なりとも譲り渡すと、それをきっかけに生命も含めて何もかもを失うことになる……政権側の人間や、多くの非スンニ派マイノリティは、心底そんな恐怖を抱いている。

そういう意味では、政権側の人間が、反体制派との政治闘争を「生死をかけた戦い」という時、そこに誇張はない。

政治闘争が政治の争いに留まらず、資産や生命すべてを賭けた争いに確実に転化していくことを、彼らは熟知しているのだ。なぜなら、彼ら自身が、あるいはその先代が、政敵をまさに根こそぎにして、権力の座にたどりついたからである。

なんとなれば、ハーフェズ・アサドその人が、バアス党内でドルーズ派やイスマイリ派のライバルたち

6　正確な人口統計はないが、各種の推計で、２０１１年時点でアラウィ派は約12％、キリスト教各派もほぼ同数程度、スンニ派は60数％程度。
7　Ajami, F., "The Syrian Rebellion", p.27-28

との権力闘争を勝ち抜いてきた。[7] そして最後は、バアス党を掌握していた同じアラウィ派のサラーハ・ジャディード[8]を1970年に党内クーデターで倒し、最終的な勝者となった。ジャディードはアサドによって投獄され、1993年に獄死している。

「反体制派」がどんな主義主張の、どの宗派の、どんな人間であるかは差し当たり重要ではない。体制に異議を申し立てる者は、存在自体が危険なテロリストである。従って、徹底的に取り締まるしかない。さもなければ、「反体制派」は自分たちを追放し、裁判にかけ、あるいはその手間すらかけずに処刑するだろう……。やるか、やられるか、二つに一つ。他に選択はない。

2011年3月以降の、シリア危機へのアサド政権の対応をみていると、そんな強迫観念が根底にあるように思えてならない。

シリア危機がやがて凄惨な内戦となり、現代史上でも稀にみるほどの人道犯罪が起きている背景には、諸外国の介入、聖戦主義者の流入など、様々な状況があるだろう。

しかし、アサド政権中枢の人々が抱く恐怖心こそが、シリアのこの終わりのみえない悲劇の根源にあるのではないだろうか。

---

8 ジャディードは政府のポストに就かず、バアス党地域指導部副書記長という肩書しか持たなかった。https://www.nytimes.com/1993/08/24/obituaries/salah-jadid-63-leader-of-syria-deposed-and-imprisoned-by-assad.html

第2章 トルコ、サウジアラビア、カタール、米国

——アサド政権打倒をめざす国々

シリア危機がはじまると、関係諸国や域内の政治プレイヤーは、様々なかたちでシリアに関与するようになる。本章ではまず、シリア反体制派の支持に回ったトルコ、サウジアラビア、カタール、そして米国の状況を見ていく。

なお、本章のかなりの部分は、シリア危機に先立つレバノン情勢を扱う。

これは、両国が建国されて以来、いや、建国以前からレバノン情勢がシリア情勢と深く影響しあってきた歴史があるためだ。例えば、サウジアラビアや米国がレバノン問題をめぐりいかに厳しくバッシャール・アサドと対立してきたかを知ることによって、シリア危機発生後の両国の対応が理解しやすい。さらに、シリア内戦の重要なプレイヤーとなるヒズボッラーの行動についても、わかりやすくなるだろう。

主要な登場者・組織・宗派名

○ラフィーク・ハリーリ：レバノン元首相
○レジェップ・タイイプ・エルドアン：トルコ首相（後に大統領）
○アブダッラー・オジャラン：クルド労働者党（ＰＫＫ）指導者
○アフメト・ダウトオール：トルコ外相（後に首相）
○アブダッラー・ビン・アブドルアズィーズ：サウジアラビア国王
○ハマド・ビン・ハリーファ：カタール首長
○バラク・オバマ：米大統領

◉3・8勢力（レバノンの親シリア勢力）
◉3・14勢力（レバノンの反シリア勢力）
◉公正発展党（AKP）
◉クルド労働者党（PKK）
◉シリア・バアス党
◉自由シリア軍（FSA）
◉シリア国民評議会（SNC）
◉ムスリム同胞団（MB）
◉アル・カーイダ（AQ）
◉ハマース
◉ヒズボッラー

（1）エルドアンとアサドの蜜月

シリアで反政府運動がはじまるより3年前、2008年の5月25日。

シリアの隣国、レバノンで、国会が大統領選出のための特別セッションを開催した。

これより約半年前の2007年11月、当時のラフード大統領が6年間プラス延長3年の計9年の任期を満了して退任して以来、大統領ポストは空位になった。

ラフードの3年間の任期延長には国内外で反対が強かった。

元レバノン国軍司令官であったラフードが1998年に大統領になったのも、2004年に国会が憲法を改正して3年間の任期延長を決めたのも、シリアのアサド父子政権による介入の結果だった。だから米欧諸国は2004年夏に、国連安保理決議第1559号を採択し、シリアにレバノン内政への不干渉や、駐留シリア軍の撤退を求めた。

これがきっかけで、レバノンでは2008年5月まで、反シリア派の3・14勢力と、親シリアの3・8勢力[1]との政争が続き、国家機能が麻痺した。大統領不在は、そんな政治的空白の最終章であった。

この政争は、2008年5月にヒズボッラーの武力行使と、カタールによる紛争調停というかたちで決着した。そしてようやく大統領選挙が実施されることになった。

国軍司令官のミシェル・スレイマンを大統領に選出するレバノン国会には、異例の国賓が出席した。国賓の中には、レバノンの親シリア派と反シリア派それぞれを支援してきたシリアやイラン、サウジ、米国、フランス各国等の外相が含まれていたが、さらなる大物がいた。[2] カタールのハマド・ビン・ハリーファ首長と、その従兄弟で首相兼外相のハマド・ビン・ジャーセム、そしてトルコのエルドアン首相（当時）である。

ハマド首長とジャーセム首相は「ドーハ合意」の調停者だ。レバノン大統領選出は、その「ドーハ合意」の結果であるから、両人がこの日の主賓として遇されるのは当然だろう。

一方で、地域大国トルコの実質的な最高指導者レジェップ・タイイップ・エルドアンが、外相のアリ・ババジャンとともにレバノン国会に駆けつけたのは、若干場違いに見えなくもない。

シリアやイラン、サウジ、米、仏、そしてカタールは、2003年——米英軍がイラクに侵攻した年——以降、揺れ動くレバノン情勢に、様々なかたちで関与してきた。しかしトルコはこの間、レバノンに政治的・軍事的・経済的にほとんど関与していない。そのトルコのエルドアンが、どうしてレバノン大統領選出に立ち会おうとしたのか？

エルドアンの意図を解く鍵の一つは、これより4日前の5月21日に発表されたシリアとイスラエルの秘密交渉である。[3]

1967年の第3次中東戦争でゴラン高原を占領されたシリアにとって、イスラエルは宿敵だ。アサド政権は父子二代にわたり、イスラエルとの軍事均衡を達成するためと称して、国家予算の多くを国防費に注ぎ込み軍備を充実させてきた。

アサド政権は同時に、交渉を通じた領土回復も模索した。1991年のマドリッド平和会議に参加し、イスラエルと和平協議を行った。2000年5月には、ハーフェズ・アサド大統領自ら病身――その後1カ月で世を去ることになる――に鞭打ち、ウィーンで米クリントン政権のクリストファー国務長官と会談している。しかしこの時も、ガリラヤ湖畔のわずかな面積の帰属をめぐり、シリアとイスラエルは折り合えず、交渉は決裂した。それ以来、公式には交渉は途絶えたことになっていた。ところが2008年の5月21日になって、両国はトルコを介し間接協議を再開したと発表したのである。

---

1 2005年2月14日、反シリア派の巨頭とみなされたラフィーク・ハリーリ元大統領（スンニ派）がベイルートで暗殺され、反シリア派の群衆がベイルート都心部などで数十万人規模の街頭抗議行動を繰り広げ、シリア軍のレバノン撤退を求めた。これに対し、ヒズボッラーが中心となって3月8日に親シリア大集会を開催。1週間後の14日に、今度はそれをしのぐ規模の大集会を反シリア派が開催した。この日付にちなみ、親シリア派を3・8勢力、反シリア派を3・14勢力と呼ぶ。

2 http://www.hurriyet.com.tr/turkeys-pm-fm-arrive-in-lebanon-as-the-country-elects-its-president-9018624

3 http://www.nytimes.com/2008/05/21/world/africa/21iht-mideast.4.13101516.html?pagewanted=all&_r=0

トルコでは、建国以来国家権力の中枢を、政教分離を徹底する世俗主義者が牛耳ってきた。政界では建国の父、ケマル・アタテュルクの政党である共和人民党（ＣＨＰ）が世俗主義者を代表する存在である。イスラム主義者の勢力が政界で強くなりすぎた時には、司法や軍が介入して、政教分離の国体を護持してきた。軍部がこのように超法規的に内政外交を仕切ってきたことと、非アラブ国家であること。これが現代トルコ共和国の対イスラエル外交に影響した。

周辺のアラブ諸国がイスラエルをボイコットする中、トルコはイスラエル、特にその軍部との交流を続けてきた。その絆はイスラム主義政党であるエルドアンの公正発展党（ＡＫＰ）が２００２年に政権を掌握した後も、弱まることはなかった。

対照的に、トルコ・シリア関係は１９９０年代末までは最悪だった。その原因の一つは、ハーフェズ・アサド政権がトルコ国内の最も強力な反体制軍事組織であるクルド労働者党（ＰＫＫ）の指導者を匿い、支援してきたことである。

ちなみにこの時期のシリアは、イスラエルやトルコ、イラクなどの周辺諸国をけん制するため、各国に敵対する様々な武装勢力を自国と、事実上の衛星国であるレバノン国内、特にベカー高原に匿った。ヒズボッラーがここで誕生したのも、日本赤軍の残党がレバノンにとどまったのも、すべて同じ理屈である。いずれにせよ、ＰＫＫの問題をめぐり、トルコとシリアは１９９８年には戦争の一歩手前まで行った。しかしシリアは最終的にトルコの軍事的恫喝に屈し、戦争は回避された。ＰＫＫの指導者アブダッラー・オジャランはシリア国外に追放された（後、ケニアで逮捕され、トルコに引き渡される）。

２０００年になると、シリアではハーフェズから息子のバッシャール・アサドへと世代が交替する。

一方のトルコでは、ＡＫＰ政権が誕生している。この時期のＡＫＰの対外政策は「ゼロ・プロブレム外交」と称される。要するに、トルコの四方八方を取り囲む諸国との善隣外交である。

第1次世界大戦中の虐殺問題をめぐり犬猿の仲であるアルメニアや、キプロス問題で対立するギリシアとさえ、関係改善を模索した。当然、アサド政権とも関係強化を進めた。トルコはシリアの最大の貿易相手国となり、両国間でビザ相互免除の措置がとられた。

このように、トルコは2008年にはイスラエル、シリアの双方との間に、良好な関係を築いていた。両国間の和平協議仲介は、AKPの善隣外交が生んだ外交的成果である。

以上を踏まえると、エルドアンが自らレバノン国会に出席した狙いがみえてくる。地域の政治的安定を担保するキー・プレーヤーとして、トルコの外交力を誇示するとともに、盟友アサドとの絆を誇示したかったのであろう。


この後、2008年9月に今度はアサドがエルドアンとカタールのハマド首長を、サルコジ仏大統領とともにダマスカスに招待した[4]。サルコジの前任、ジャック・シラクは暗殺されたレバノンのラフィーク・ハリーリ元首相の親友だった。

単なる友人というよりも、資金面で依存する関係だったのかもしれない。シラクが大富豪のハリーリに、選挙資金の支援を受けているという噂は幾度もメディアに流れた。引退後のシラクがハリーリ家所有のパリのマンションに入居したことも事実だ。

大統領在任中のシラクは、2004年の国連安保理決議第1559号――シリア軍のレバノン撤退、ヒ

4 http://www.nytimes.com/2008/09/05/world/middleeast/05damascus.html

ズボッラーの武装解除等を求める内容——起草・採択に尽力している。それ以降も、徹底的に反シリア（反アサド）の政策を追求した。

サルコジは、前任者のアサド敵視政策が、中東情勢を不安定にさせ、ひいては中東におけるフランスの立場を損ねると考えた。このため、サルコジ政権発足以降、フランスはレバノン大統領選出実現のため、アサド政権との対話を開始した。

しかし、この対話は、結局実を結ばなかった。ひとことでいえば、「レバノンの親シリア勢力に影響力を行使して、レバノン大統領が選出できるようにしてほしい」というサルコジの要求に、アサドは耳を貸さなかったのだ。もともとは、「レバノン内政にシリアが介入している」と仏や米国は批判してきたのだから、サルコジの要求はアサドからみれば筋違いである。

結局、レバノンの政治的膠着は、ヒズボッラーによる武力行使と、それに続くカタールの調停（ドーハ合意）でようやく打開されることになる。そうすると、サルコジはカタールとともにアサドが果たした「建設的な役割」を高く評価し、レバノン大統領選後まもなく、２００８年７月に、アサドをパリに招待している[5]。

９月にアサドがサルコジをダマスカスに招待したのは、これに対する返礼である。ハリーリ暗殺事件以来、西側諸国から実質的に排除されていたアサドを、サルコジは国際社会に復帰させようと尽力した。

サルコジとともにこの時ダマスカスを訪問したカタールのハマド首長と、トルコのエルドアン首相は、サルコジの対シリア外交政策を全面的に支持する。ハマドもエルドアンも、シリアの地政学上の重要さ、イラクやレバノン等、隣国に及ぼす影響力の強さを理解していた。アサド政権を排斥し孤立させるのではなく、取り込んでいくことで、地域情勢の安定が実現できると計算していた。「エルドアンはサルコジのようにアサドに接近し、米国にとって代わるシリア・イスラエル和平のブローカーになろうとした」この時期のトルコの対シリア政策は、こんなふうに形容していいだろう。

エルドアンは、アサドとは個人的にもウマが合ったらしく、両者の交際は家族ぐるみの関係に発展した。エルドアンが仲介したシリアとイスラエルの間接和平協議は、その後イスラエルのオルメルト首相（当時）の失脚や右派リクード党の政権復帰等のため、数回のセッションを重ねただけで実質的には何の進展もないまま頓挫した。しかし、エルドアンとアサドの蜜月はその後も続いた。

チュニジアで「アラブの春」がはじまり、エジプトやリビアに波及した2011年2月になっても、エルドアン夫妻はシリアを訪問している。両国の領内を流れるオロンテス川をせき止める巨大ダムが合弁で建設されるので、その竣工式に出席し、アサド夫妻に歓待されたのだ。[6]このダムは「友好ダム」と通称され、両国友好のシンボルになるはずであった。

これはアサドがCNNのインタビューで「シリアでは『アラブの春』は起きない」と豪語していた時期の話である。[7]あるいは、強大な北の隣人――トルコ――が後ろ盾となってくれる限り、少々国内で民衆の不満が噴出したところで、心配は要らない、と思っていたのかもしれない。

5　欧州・地中海諸国首脳会議出席のため。アサドはこの時、パリでサルコジの他、レバノンのスレイマン大統領やカタールのハマド首長とも会談した。http://www.bbc.com/news/world-middle-east-14703995　http://uk.reuters.com/article/uk-france-syria-lebanon-idUKL124647662008071 2

6　https://www.reuters.com/article/us-turkey-syria-idUSTRE7773J320110808

7　http://www.wsj.com/articles/SB10001424052748703833204576114712441122894

（2）アサド体制打倒へ舵切り

アサドとエルドアンは個人的には相性がよかったのかもしれないが、政治家としての両者のバックグラウンドは、随分とかけ離れている。

アサドはイスラム世界のマイノリティであるアラウィ派の出身だ。エルドアンはスンニ派である。

世俗的なアラブ民族主義を掲げるバアス党を権力基盤とするアサドに対し、エルドアンが創設し、率いてきたＡＫＰは穏健な汎イスラム主義を源流とする。世俗主義や政教分離体制を批判し、民主的・合法的な手段を通じて、社会のイスラム回帰を目指すスンニ派の政治思想である。

シリア政界でＡＫＰに最も近い思想を奉じるのはムスリム同胞団（ＭＢ）だ。バアス党政権の宿敵であり、１９８２年のハマー虐殺事件によって壊滅させられた、あのＭＢである。つまり、政治思想的には、アサドとエルドアンは水と油の関係といえる。

シリアで民主化要求運動がはじまり、すぐにそれはアラウィ派少数政権に対するスンニ派大衆の抗議行動という宗派紛争の様相を帯びた。

エルドアンとＡＫＰ政権は難しい立場に立たされた。ＡＫＰの支持基盤であるトルコのスンニ派国民は圧倒的に反アサドの立場に傾く。エルドアン政権もアサドと仲よくやっているわけにはいかなくなる。

民主化要求運動開始からほぼ10日後の２０１１年3月末、エルドアンは自らアサドに電話で、「国民の要求に耳を傾けるよう」忠告したと語っている。[8] アサドの側は、外出禁止令の停止を検討していることや、野党と対話していることを説明したらしい。しかし民主化要求運動は収まらず、当局の激しい弾圧により犠牲者も増え続けた。
5月31日から6月2日まで、MBを含むシリアの反体制勢力各派の代表約300人がトルコのアンタルヤに集まり、「シリア変革会議」を開催した。最終声明ではアサドの退陣と副大統領のファルーク・シャラア（スンニ派）への権力移譲を要求した。[9]
シリアの在外反体制勢力の初めての大規模会議をホストしたことで、エルドアン政権はアサドに対する政策転換を印象づけた。
翌6月になると、エルドアンはアサド政権による反体制派弾圧を「暴虐」と非難する。それだけではない。政権の近衛部隊にあたる共和国防衛隊及び第4旅団の事実上の司令官として弾圧を指揮するアサドの弟、マーヘル・アサドの罷免を求めた。[10]
このころには弾圧を逃れ、シリアからトルコ領内に越境してくるシリア難民が数千人単位にのぼっている。エルドアンが、「トルコにとってシリア問題はほとんど国内問題なのだ」[11]とみなすのも、そしてトルコの忠告に耳を貸さずに、難民を送り出し続ける隣国の支配者に怒りを募らせるのも、無理はない。
7月29日、反体制派がYouTube上に開設したチャンネル「ウガリット」に、リヤード・アスアド大佐以下7名のシリア国軍将校が、政権からの離反と、反政府軍結成を宣言する動画が投稿された。[12]

8 http://af.reuters.com/article/libyaNews/idAFLDE72R0RX20110328?pageNumber=1&virtualBrandChannel=0
9 http://edition.cnn.com/2011/WORLD/meast/06/02/syria.activists.turkey/
10 http://www.theguardian.com/world/2011/jun/23/syria-bashar-al-assad-turkey-refugees
11 http://www.bbc.com/news/world-middle-east-14454175

いわゆる「自由シリア軍（ＦＳＡ）」の誕生である。非イスラム系、非ジハード系武装組織の総称としてＦＳＡの呼称は、内戦期間を通じて広く用いられることになる。

アスアドがこの動画で読み上げる声明には、撮影場所あるいは組織の本部の言及はない。しかし、シリア国内に反体制派が自由に行動できる「解放区」がまだ存在しなかった当時のことだ。トルコ領内であった可能性は高い。事実、この後基本的にＦＳＡ、特にシリア北西部で活動する諸部隊は、トルコ国内を拠点にする。当然ながらトルコ政府の黙認や支援がなければ不可能だ。ＦＳＡの結成は、ＡＫＰ政権がはっきりと反アサドに舵を切ったことを示している。

エルドアンは８月９日に外相アフメト・ダウトオールをダマスカスに派遣した[13]。

長年イスタンブールの大学で国際関係学部部長を務めた学究で[14]、後に首相となるダウトオールは、ＡＫＰが政権を掌握した２００２年当時からエルドアンの外交問題顧問を務めた。ＡＫＰのいわゆる「ゼロ・プロブレム外交」の立案者とされる。つまり、トルコのかつての宿敵アサド政権との劇的な関係改善を進めた張本人である。そのダウトオールが自らシリアに出向き、殺戮を止め、国民の要求を受け入れ、民主的な政治改革を早急に進めるよう、かなり強い調子でアサドに求めたのだ。

しかしアサドの態度は変わらなかった。「テロリストとの戦いに妥協はしない」と、反体制派をすべてテロリストとみなし力で抑えつける考えを繰り返すばかりで、議論は平行線のまま終わった。

このアサド・ダウトオール会談が、およそ10年間続いたトルコ・シリア友好関係に終止符を打った。サウジをはじめ、湾岸のスンニ派アラブ諸国が次々とダマスカスから大使を召還し[15]、アサド政権との外交関係を断ち切った動きに連動する。

会談後の８月24日、今度はイスタンブールで、亡命シリア反体制派が公然と会議を主催し、シリア国民評議会（ＳＮＣ）の設立を宣言した。

２０１１年８月といえば、ＮＡＴＯ軍の空爆支援を受けたリビアの反体制勢力が遂にトリポリを陥落させ、カダフィがシルテに逃亡した時期と重なる。

リビア革命は、同年２月に東部のベンガジで「暫定国民評議会（ＮＴＣ）」が成立、カダフィ政権にとって代わる政治主体が生まれたことで、成就した。

ＳＮＣの創設者たちと、そのＳＮＣをホストし支援したトルコの指導者たちにとって、ＳＮＣはシリア版ＮＴＣだといえる。近い将来にダマスカスの独裁者を打倒し、シリアの新たな政権となるべき存在でもある。シリアの在外反体制勢力の政治指導部であるＳＮＣと、軍事部門のＦＳＡをホストするトルコは、シリア反体制勢力の最大のスポンサー国家となった。

（３）「アンサーフ・ルジャール」の国、サウジアラビア

シリア反体制派に亡命先や活動上の聖域を提供したのがトルコなら、資金と、それを介した人員や兵器の主要な提供元となったのがアラブの富裕なスンニ派産油国である。クウェート、サウジアラビア、カタール、アラブ首長国連邦（ＵＡＥ）は、いずれもシリア危機の勃発以来、アサド政権を強く非難し、反

---

12 https://www.youtube.com/watch?v=IrzI_AIFUWg
13 http://www.bbc.com/news/world-middle-east-14454175
14 http://www.mfa.gov.tr/ahmet-davutoglu.en.mfa
15 https://www.reuters.com/article/us-syria/syrian-tanks-pound-city-as-arab-states-withdraw-envoys-idUSTRE76T02020110808

体制派を政治外交的に、そして財政的にも支援してきた。

ただし、各国の支援スタイルは一様ではない。

クウェートとUAE両国の場合、政府の関与は人道支援や緊急支援に限定された。少なくとも表向きには、両国から反体制武装勢力への直接的な支援は行われていない。資金面での支援は、もっぱら民間団体やモスクなどを通じた寄付金というかたちで集められ、提供された。

両国の政府がシリア反体制派支援で控えた動きをしているのは、それぞれの国内事情に起因する。クウェートではシーア派人口は3割前後[16]と少なくない。国民世論はアサド支持と反体制派支持に分裂している。またUAEの場合は、MBを敵視する政策をとっており、シリアの反体制派の中でMBの影響力が強いことを危惧したのであろう。[17]

これに対し、サウジアラビアとカタールは、早い時期から国家首脳レベルで反アサドの立場を明確に打ち出し、反体制派を公然と支持・援助した。民主的選挙どころか、そもそも政党や結社の自由もない、同族支配の両国の統治体制は、自由や民主化という価値観の対極にある。その両国が、なぜ民主化を求めるシリア反体制派を支援するのか？

サウジが徹底的に反アサドの立場をとる理由は、大きく分けてふたつ考えられる。戦略的なものと、サウジ指導部の個人的・感情的なものである。

戦略的なものとは、イランの脅威を除去する狙いである。ペルシア湾を真ん中に配置した地図を広げれば一目瞭然であるが、サウジはイランと、その影響下にある勢力に包囲されている（図4）。

そもそもサウジ国内には15％ほどのシーア派人口がいて、[18]しかも石油資源が集中する東部州に集住する。また海一つ隔てた島国バハレーンではシーア派人口が75％を占める。[19]南の隣国イエメンでは、ザイド派そ

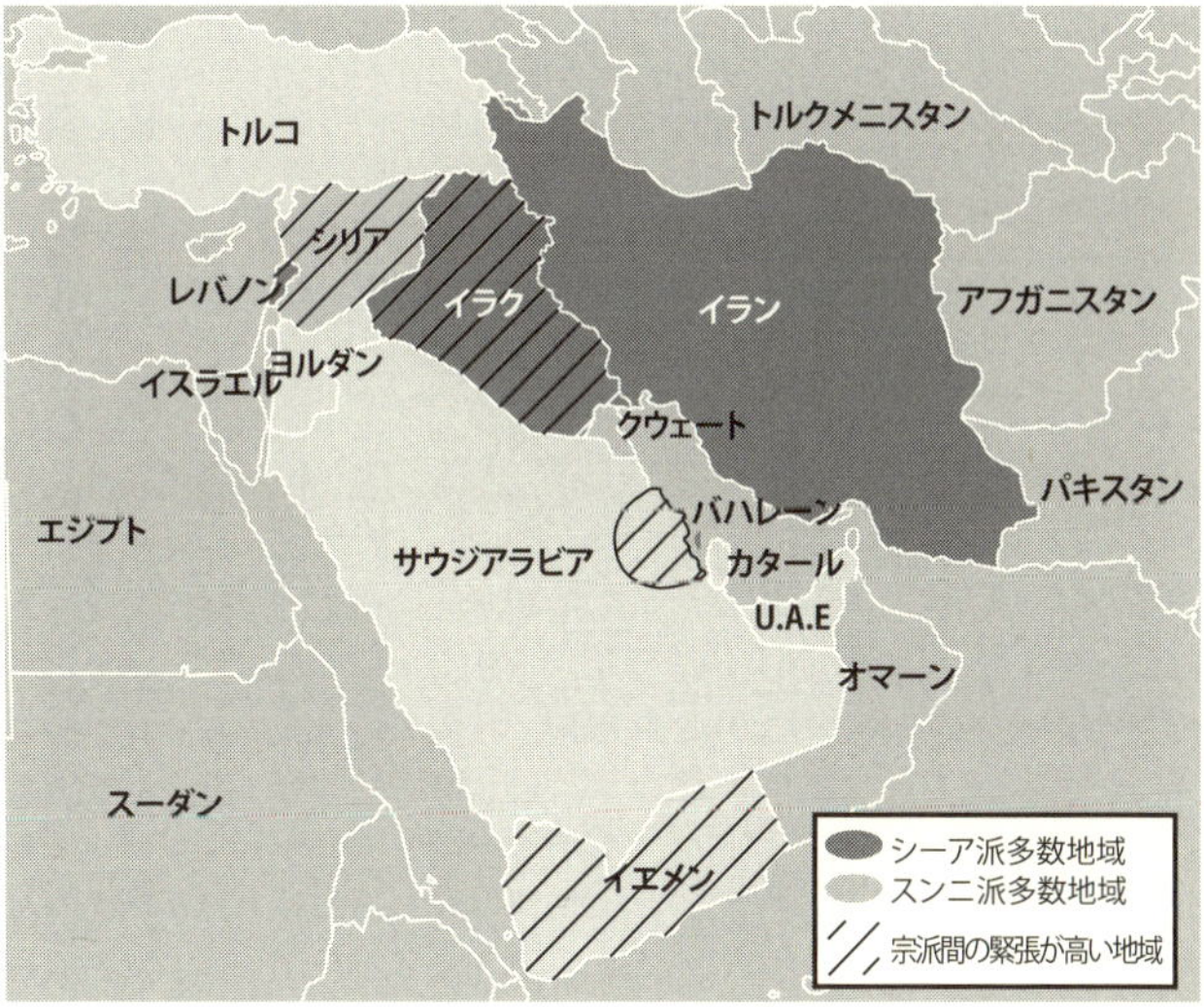

図４　サウジアラビアとイラン、スンニ派多数地域とシーア派多数地域
https://www.theglobeandmail.com/news/world/escalating-dispute-between-saudi-arabia-iran-threatens-syrian-peace-talks/article28010575/

の他のシーア派が人口の44％に達する。[20] ザイド派は、イランやイラク、レバノンで主流の一二イマーム派とは別系統である。しかし現実に、ザイド派の中からホウシー一族のように、イランやヒズボッラーに思想的に感化され、軍事的

16　http://www.washingtoninstitute.org/policy-analysis/view/new-kuwaiti-survey-reveals-sectarian-divide-concerns-about-iran

17　ＳＮＣの中にも、ムスリム同胞団関係者は多かった。ＳＮＣの歴代指導者にはパリ・ソルボンヌ大学の政治学教授（ガリユーン）、クルド人（アブドル・バースィト・スィーダ）、キリスト教徒（ジョルジュ・サブラ）ら、シリア社会の西欧的エリートやマイノリティが就任しているが、これはスンニ派原理主義組織というイメージを薄める意図とも考えられる。

18　https://www.cfr.org/backgrounder/shia-muslims-mideast

19　https://www.cfr.org/backgrounder/shia-muslims-mideast

20　https://www.worldatlas.com/articles/religious-beliefs-in-yemen.html

な結びつきを強めるグループが誕生しているので、サウジは警戒せざるを得ない。そしてサウジの北方にはイラクとシリアがある。

イラクでは２００３年の米軍侵攻後、スンニ派が支配者として北部のクルド人や南部のシーア派に君臨する体制は過去の話となった。何回選挙を行っても、シーア派がイラク中央政府の権力を掌握する体制は変わらないし、シーア派の政治家や民兵組織を通じてイランの影響力は強まる一方だ。サッダーム・フセインの時代に弾圧を逃れイランに亡命した政治家や活動家をイランが民兵組織に育て、フセインとバアス党がいなくなったイラクに送り返した。イラクでイランの影響力が強まるのは当然である。

シリアでは１９７９年のイラン革命以来、実に30年以上にわたり、アサド父子の政権が一貫してイランと盟友関係にある。

バアス党同士の主導権争いから、サッダーム・フセインのイラクと、ハーフェズ・アサドのシリアは犬猿の仲だった。このため、アサドは「敵の敵」であるイランと同盟関係を結んだのだ。そしてこの同盟関係が、レバノンのヒズボッラーの誕生、発展を生んだ。このあたりの経緯については次の第3章で詳述する。

サウジアラビアとアサド政権の暗闘は、まさにそのヒズボッラーの故郷レバノンが舞台となった。１９75年から15年間続いたレバノン内戦の最終段階で、サウジは自国の国籍を持つスンニ派レバノン人、ラフィーク・ハリーリを通じて紛争収拾を工作した。

１９８９年にサウジはレバノンの国会議員をリゾート地ターイフに集め、内戦終結合意である「ターイフ合意」を結ばせた。キリスト教徒の政治権力を戦前より縮小し、イスラム教徒の国会議席配分を増やし、スンニ派の首相の権限を拡大する内容だ。最後までこの合意に反対したキリスト教徒勢力の抵抗は、１９９０年にシリア軍が総攻撃をかけて粉砕した。こうして内戦はサウジのシナリオを、シリアが実力でレバノン人に押しつけるかたちで終わった。サウジとシリアの合作である。

それからおよそ10年間、サウジとシリアはレバノンで「共存」することになる。サウジのクライアント、ラフィーク・ハリーリが首相として経済再建を担い、シリア軍は「ターイフ合意」の規定に反して、レバノンに駐留を続けた。キリスト教徒やスンニ派の民兵は武装解除したがヒズボッラーのみは武装継続を認められ、イスラエルとの戦いを続けた。シリアはイランとともに、経済的なメリットをサウジに与えるのと引きかえに、軍事・外交面でレバノンにおいて自国の権益を追及した。

この微妙なバランスは、ハーフェズ・アサドからバッシャール・アサドにシリア政権が継承されるに伴い、崩れはじめる。バッシャール・アサドとその親族、若いビジネスマンらが構成する新たな政権のエリートが、経済改革・革新の建前のもと、サウジアラビアと結びついた一世代前のエリートを権力中枢から排除しはじめたのだ。それがレバノン政局にもろに影響した。

バッシャール・アサドは大統領に就任する2年前の1998年に、スンニ派の副大統領アブドルハリーム・ハッダームからレバノン問題担当者の地位を引き継いでいる。同時期に、アラウィ派の軍人で、内戦期間を通じて事実上のレバノン総督として君臨したガーズィ・カナアーン軍事情報局レバノン部長も異動した。ハッダームもカナアーンも、ハリーリと極めて親密な関係だったことで知られる。

シリア側のこの人事に並行して、レバノンではハリーリと犬猿の仲だった国軍司令官エミール・ラフードが大統領に選出された。ハリーリは一時下野するが、2000年の総選挙でアサド政権に近い候補——現職首相のサリーム・ホッスも含め——多数を落選させ、首相の座に復帰する。

2004年夏に、アサド政権はハリーリとサウジ、米仏両国などの強い反対を無視して、レバノン大統領選挙に介入する。憲法は改正され、ラフードの任期は3年間延長された。

既述したように、2005年5月の選挙での返り咲きを図っていたハリーリは、その2カ月前の2月に暗殺されている。これをシリアの仕業と確信した国民の大規模な抗議運動の結果、同年4月に駐留シリア軍はついにレバノン全面撤退を強いられた。

この後、レバノン国内では反アサドの政治家が相次ぎ暗殺されるが、シリア政界でも動きがあった。8月にはハッダーム副大統領が辞職し、事実上亡命する。また10月には内相として復権しつつあったカナアーンが、ダマスカスの執務室で不可解な死を遂げ、当局は自殺と発表した。

こうしてレバノンとシリア両国で、サウジアラビアと緊密な関係にあった主要政治家3名が、2005年に相次ぎ舞台を退いたのだ。

ハッダームとカナアーンはバッシャール・アサドにより近い新世代のエリートにとって代わられた。ハリーリ暗殺事件は2018年の時点でも、国際法廷で公判中であり、真相と全貌は明らかになっていない。ハッダームの辞任とカナアーンの「自殺」についても、多くの謎が残っている。しかし、この3人の死と失脚で、レバノン政界へのサウジの影響力が著しく後退し、イランがヒズボッラーを通じて影響力を強めたことは間違いない。

サウジはただでさえイランの核開発に脅威を感じている。その上に、イエメン、バハレーン、イラク、レバノンなど、自国の安全保障に直接関係する周辺国に、イランが影響力を着々と広げるのを、座視はできない。

そこで重要になってくるのがシリアだ。

域内におけるイランの最大の同盟国シリアで体制を転覆させることができれば、サウジにとっては逆転満塁ホームランのようなものだ。兵站補給路を断たれたヒズボッラーやイラクのシーア派政権の弱体化につながる可能性もある。アサドを倒せば、イランとの関係において、地域内の軍事・政治バランスを、一気に自国有利に組みかえることができるだろう。「サウジアラビアがアサド政権排除に熱心な戦略的な理由」がこれである。

「感情的・個人的な理由」についても、レバノンをめぐる経緯が関係している。

サウジ指導部がアサド政権に最大の屈辱を喫したのは、2006年のイスラエル軍のレバノン侵攻の際だ。この戦争は2006年7月に、ヒズボッラーの部隊がイスラエル領内に侵入し、兵士3名を人質にとったことではじまった。イスラエル軍はただちにベイルート空港を空爆し、滑走路を使用不能にした。こうしてヒズボッラーの補給路を制約してから、レバノン全土のヒズボッラー拠点を猛烈に空爆した。さらに南部では地上部隊も侵攻させた。

ヒズボッラーの作戦目的は、イスラエル軍兵士を人質として確保し、捕虜解放交渉のカードとすることだった。ヒズボッラーはこの行動を正当化し、この戦争を聖戦と位置づけ、頑強な抵抗を見せた。空港が使用不能となったので、ヒズボッラーの兵站補給はもっぱら陸路、隣国シリアに頼ることになった。アサド政権は参戦こそしなかったものの、ヒズボッラーへの支援を惜しまなかった。

レバノン国内の反シリア、反ヒズボッラー勢力は、「国家内国家」として独自に武装し、勝手に戦争をはじめたヒズボッラーが、レバノン全体に戦禍を及ぼしている」としてヒズボッラーの「冒険主義」を強く批判した。サウジの首脳も同様である。開戦直後に外相サウード・アル・ファイサル王子は、「無分別・非適切・無責任な挑発。地域全体を数年間後戻りさせる行動だ」という表現でヒズボッラーを強く非難した。[21]

21 http://www.nytimes.com/2006/07/17/world/africa/17iht-arabs.2224812.html

この戦争で、事実ヒズボッラーとレバノンは大損害を蒙った。しかし、イスラエルのオルメルト政権が戦争馴れしていないことがヒズボッラーに幸いした。[22] イスラエル軍の作戦は支離滅裂だった。1カ月以上空爆を続けても、人質解放はおろか、ヒズボッラーのミサイル網さえ破壊できなかったのだ。結果、イスラエル領内でもヒズボッラーのミサイル攻撃による被害が大きくなる。さらに、停戦間近に駆け込み戦果を狙って投入した戦車部隊は、対戦車砲の餌食となり大打撃を受けた。

停戦発効時点では、ヒズボッラー側に勝利の高揚感があったのに対して、イスラエル国内は敗戦ムードに消沈した。

停戦発効後、アサドは記者連盟の演説でヒズボッラーの健闘と「勝利」を称賛・祝福した。同時に、開戦直後にヒズボッラーを批判し、その後もヒズボッラーに手を差し伸べなかったサウジ以下アラブ「穏健諸国」の指導部を「アンサーフ・ルジャール」という表現で批判した。[23]「アンサーフ・ルジャール」とは「ノスフ・ラジュル」、すなわち「半分だけの男性」の複数形だ。要するに、「男の腐ったようなやつら」という、およそ主権国家の元首の言葉とは思えない、卑俗な侮蔑表現でサウジ王室をけなしたのである。

当時のサウジ国王、アブダッラー・ビン・アブドルアズィーズは、病身だった先代ファハドの摂政として、1995年ごろから実質的にサウジの外交戦略を仕切ってきた。レバノン・ファイルをめぐるアサドののらりくらりとしたやり方はこの時にはじまったものではなく、アブダッラーはよく辛抱してきた。しかし、2006年のアサドのこの発言には、さすがに堪忍袋の緒が切れたのではないだろうか。

実際には、アブダッラーはこの後も忍耐強くアサドと対話している。2010年7月、ハリーリ暗殺事件を裁く国際法廷がヒズボッラーのメンバーを起訴するとの観測が広がり、レバノンが不穏な緊張に包まれると、病体に鞭打ってアサドと共にベイルート訪問さえ行った。だがアブダッラー本人の心中はともかく、サウジ指導部の広い層の間で、アサド個人とアサド政権中枢への怒りと憎悪が共有されていたのは間違いない。シリア危機がはじまって以降、サウジ政権におけるシリア問題担当者にはたびたび異動があった。さらに2015年初めにはアブダッラー国王崩御とサルマン・ビン・アブドルアズィーズによる王位継承もあった。しかし、アサド政権を敵視するサウジの政策はほぼ一貫している。

（4）カタール・もうひとつの反体制派支援国

サウジアラビアとともに、アラブ諸国中でも、シリア反体制派に対する最大の支援を提供したのがサウジの隣国、カタールである。富裕なスンニ派湾岸諸国の中でも、この国はさらに飛びぬけて豊かである。何しろ、天然ガスの確認埋蔵量が世界第2位[24]、原油は第14位[25]。それでいて、自国民人口は200万に届かない[26]（2016年）。イランやイラク、サウジアラビアはなるほど天然資源に恵まれているが、それぞれ約

---

22 イェフド・オルメルトは、軍人出身で国防相経験も持つアリエル・シャロンが作った新党「カディマ」所属。シャロンの急病・政界引退の結果、同党党首・首相となった。オルメルト政権の国防大臣アミール・ペレツも労働組合出身の左翼活動家で、軍事に疎かった。

23 http://www.memri.org/report/en/0/0/0/0/0/0/1843.htm#_ednref1
http://www.aljazeera.net/programs/behindthenews/2006/8/20/خطاب-الرئيس-السوري-بشار-الأسد

24 https://www.globalnote.jp/post-3210.html

25 https://www.globalnote.jp/post-3197.html

26 http://www.jccme.or.jp/japanese/11/pdf/2016-12/josei02.pdf

7千万人、3千万人、3千万人の国民を養っていかなくてはならない。それに比すれば、カタールは有り余る富を非常に少ない人口で分かち合っている。国民一人当たりのGDPは2016年で97000ドル。[27]世界でも最も豊かな国のひとつである。

1970年に独立したばかりのこの若い国の国教は、サウジと同じく厳格なワッハーブ派で、[28]政治体制は首長一族のサーニ家による絶対王政だ。1995年にハマド・ビン・ジャーセムが宮廷クーデターで外遊中の父ハリーファ・ビン・ハマドを廃位し、首長の座につくと、[29]圧倒的な財力を背景に、独自かつ野心的な外交政策を展開するようになる。「独自」というのは、アラブ連盟そして湾岸協力会議（GCC）メンバーでありながら、その両組織を主導するサウジアラビアの向こうを張る、という意味だ。つまりサウジが忌避するイスラエルやイラン、そしてMBとも、オープンな、時には親密すぎる政策を採用するのである。

カタールの独自外交の象徴が、アラブ衛星テレビの代名詞ともなったアル・ジャジーラ放送の設立と経営だ。アル・ジャジーラは、BBCやCNNなど西側メディアで活躍していたレバノンやシリア、パレスチナ等出身のスター記者を集め、1996年に誕生した。

パレスチナやイラク、レバノン等の動乱や、アラブ諸国の内政、アル・カーイダ（AQ）など、アラブの庶民と知識人の関心が高い分野で質の高い報道を展開し、瞬く間に圧倒的な人気を博した。AQ関連報道では、米国や世界各国の情報機関を出し抜いて、オサーマ・ビン・ラーディンの独占インタビューを何度か実現させている。

エジプトやサウジなど、強権的な支配体制の国にとっては、タブーを踏み越え追及するアル・ジャジーラの報道スタイルは目障り極まりなく、何度も当局との間でトラブルを起こしている。逆に、翼賛的な報道機関しかない国々の国民は、「反権力」的なアル・ジャジーラの報道姿勢に共感した。アル・ジャジーラの登場は、ＳＮＳ普及に先立つアラブ世界における最初の情報革命だったといえるかもしれない。

もっとも、アル・ジャジーラが本当にタブーを超越した自由でプロフェッショナルなメディアかというと、それは違う。アル・ジャジーラはアラブ各国の政権の腐敗や強権体制に鋭く切り込んだが、その矛先をカタールの首長家に向けることは絶対にない。これは日本の主要メディアが、正面から皇室の内情に食い込む報道を回避するのと同じである。

また、シリア危機については、徹底して反体制派の視点から報道した。そのため、ベイルート支局長のガッサーン・ビン・ジャッドゥがアル・ジャジーラの「偏向」を批判して退社し、イランやヒズボッラーの支援のもと、対抗テレビ局「マヤーディーン」を立ち上げる事態に発展している。

カタールは域内最大規模の米軍基地を受け入れつつも、イランとの貿易・経済関係は良好である。サウジとの関係が険悪なアサド政権やヒズボッラーとも良好な関係を維持してきた。２００６年のイスラエル軍のレバノン侵攻後、空港閉鎖を破って、最初にベイルート空港に民間機を送ったのはカタールである。その後もハマド首長自らベイルートを訪問、廃虚と化したベイルート南郊外（ヒズボッラーの拠点地域）を視察して、復興支援を進めた。

２００８年のドーハ合意及びその後のレバノン大統領選挙への首長出席、さらにダマスカスでの仏・トルコ・シリア・カタール首脳会談については既述のとおりである。つまり、シリア危機勃発以前のカター

27 http://www.jccme.or.jp/japanese/11/pdf/2016-12/josei02.pdf
28 https://www.economist.com/middle-east-and-africa/2016/06/02/the-other-wahhabi-state
29 https://www.independent.co.uk/news/world/emir-of-qatar-deposed-by-his-son-1588698.html

ルは、ライバルのサウジとは対照的に、アサド政権やイラン、ヒズボッラーとも親密な関係にあった。そのカタールが、シリア危機開始後にいち早くアサドを見捨て、反体制派支援にのめり込んでいったのはなぜか?

2018年末現在までに、筆者は説得力ある論考には接していない。そこで推測するに、おおむね二通りの説明が可能かと思う。ひとつは、MBとの関係である。

カタールによるMB支援の歴史は長い。具体的には、MBガザ支部を母体とするパレスチナのハマースに対する支援が挙げられる。1999年、ヨルダンのフセイン国王が崩御し、アブダッラー2世国王が王位を継承すると、ヨルダンは対ハマース政策を転換した。フセインはかつて西岸地区やエルサレムの主権をめぐり激しく対立したPLOとの対抗上、ハマースに寛大であった。フセインは、イスラエルと和平合意を結んだ後でさえ、ハマースの実質的な最高指導者だったハーリド・マシュアル政治局長（当時）ら最高幹部を自国に匿った。マシュアルが1996年にモサドのエージェントによりアンマンで暗殺未遂に遭った際には、自らマシュアルを見舞ったほどだ。アブダッラー2世は亡父の対ハマース寛容政策を捨て、マシュアルらを国外退去処分にした。これ以降、ハマースの在外指導部はダマスカスとドーハを拠点とすることになる。

さらにシリア危機でアサド政権とハマースの関係が緊張すると、カタールはハマース首脳にとって最後の安住の地となった。また、MBの最も著名なイデオローグでエジプト人のユーセフ・カラダーウィ師は、アル・ジャジーラの宗教番組を通じ説法を行っている。

後述するが、エジプトでも「アラブの春」によってムバラク政権が崩壊し、初めてのMB政権が2012年に成立する。後に国軍がクーデターで政権を倒すと、カタールとスィースィーのクーデター政権の関係は最悪になる。

このように、MBを支援するカタールの伝統政策を踏まえれば、シリアでMBも参加する反政府運動が過熱した際、カタールが反アサドに政策転換をしたことも納得がいく。

もうひとつは、サウジアラビアとの関係である。とかく対イラン、対ヒズボッラー等をめぐり、カタールとサウジの関係はぎくしゃくしてきた。そこにシリア危機が発生して、珍しくカタールとサウジが同じ側――アサドに反対する側――に立てそうな局面が生まれた。「これを機に反アサドで手を組んで、サウジアラビアとの関係改善を図ろう」そんな計算がカタールの首脳の間にあったのかもしれない。

ただし、この推測が当たっていたとしても、カタール首脳の計算が正確だったとは言い難い。シリア反体制派支援という同じ舟に乗り込んだはいいが、それは必ずしもサウジとの関係改善をもたらさなかった。むしろ逆に、MBとの関係をめぐるカタールとサウジの対立が、シリア問題の中にそのまま持ち込まれる結果となったのである。

両国の支援する在外反体制派の政治組織――シリア国民評議会（SNC）と後のシリア国民連合――内部で、両国は影響力を競い合い、内紛に次ぐ内紛を引き起こすことになる。

（5）米国・オバマ不戦政権のジレンマ

シリア危機がはじまった時点で、米国のオバマ政権の立場は極めて曖昧であった。

事態が進展するにつれ、その立場は「アサド退陣支持」へと固まっていく。しかし、そのために米国がどう関与すべきか、どのような役割を果たすべきか、という肝心な点で、オバマ政権も、後継のトランプ政権も、そして米国世論も、一向に腰が定まらない。そんな状態のまま、2018年夏の時点までに、米国はずるずるとシリアとイラクへの軍事関与を深めてきた。

「アラブの春」の動乱が最初に起きたチュニジア、エジプトは、いずれも親米政権だった。

それだけに、米国が政権擁護の姿勢を見せず、逆に国民の民主化運動を支持し、ベンアリやムバラクの退陣を促したことが、両者の没落を決定づけた。冷戦時代と違い、親米政権が倒れても反米の共産主義政権が取って代わる心配はない。むしろ2003年のイラク侵攻以来、米国は中東アラブ世界の民主化を提唱してきた。中東の独裁政権と良好な関係を維持することに対しての批判的な世論も、米国内では強かった。「チェンジ」をスローガンに大統領となり、就任直後の2008年にはカイロで民主的変革を呼び掛ける演説をやってのけたオバマ大統領が、ベンアリやムバラクに引導を渡したのは、ある意味自然な流れだった。

しかし、民主的変革を求める声が、リビアやバハレーン、イエメン、そしてシリアへと拡大していくと、オバマ政権の対応には戸惑いがみえてくる。どの国も国内情勢が複雑で、政権が倒れた場合、民主的な政体がそれに取って代わり、政治治安情勢を安定させるという展望がはっきりしなかったためだ。

国内情勢だけではない。地政学的な条件も複雑極まりなく、政権交代がそれぞれの国の体制転換にとどまらず、周辺諸国も巻き込んだ大混乱を招く恐れがあった。イスラエルと国境を接し、クルド人口を抱え、アラウィ派主体の政権にスンニ派主体の反体制派が挑む構図のシリアの場合、特にその懸念が強かった。そこで幅を利かせた論理を、ひとことでいうなら、「アサド政権必要悪論」である。

アサド政権は確かに高度の独裁体制、警察国家で、はなはだしい人権侵害を行っている。イランと同盟関係にあり、ヒズボッラーやハマースを支援し、核兵器はじめ大量破壊兵器開発に手を出し、レバノンやイラク内政に干渉し、イスラエルの脅威となっている。しかし同時に、地域の反イスラエル勢力・反米勢力の暴発を管理し、イスラム原理主義勢力も取り締まっている。

アサド政権を倒してしまうと、フセインの強権体制が倒れた後のイラクのような大混乱に陥るかもしれないし、狂信的な原理主義国家が生まれるかもしれない。そのようなリスクを冒すよりも、アサド政権を存続させ、上手につきあっていくほうが利口だ――2011年3月時点の米国指導部には、間違いなくそのような考え方が存在した。それを象徴するのがクリントン国務長官（当時）の「アサド大統領は改革者である」という発言[30]である。バッシャール・アサドが父ハーフェズの跡を継いで大統領に就任した2000年以来、前者を擁護する勢力が常套的に用いてきた言説だ。「バッシャール・アサドは父の時代から引き継いだ体制のネガティブな部分を変革しようとしている。しかし守旧派の勢力は依然として侮り難い。変革には時間がかかる」オバマ外交の最高責任者であるクリントンが、まさしくその言説を受け売りしていたのだ。しかもシリアで本格的な民主化要求運動がはじまり、アサド政権による暴力的な弾圧が国際的な非難を招くただ中である。

それだけではない。実はハリーリ暗殺事件の後に、いったん駐シリア大使を召還した米国は、シリアで民主化運動がはじまる直前の2011年1月に、フォード新大使を任命してシリアに赴任させている。シリア

30　テレビ番組「フェイス・ザ・ネーション（国民に向き合う）」のアンカーが「アサドの父（ハーフェズ）は（ハマーで）25000人を虐殺した」と言及した際、クリントンは「バッシャールは違う。最近シリアを訪問した民主党・共和党両方の議員の多くが、バッシャールは改革者だと言っている」と発言した。実際にはバッシャール・アサドを「改革者」扱いしたのは民主党のケリー上院議員（当時）だけ。https://www.washingtonpost.com/blogs/fact-checker/post/hillary-clintons-uncredible-statement-on-syria/2011/04/01/AFWPEYaC_blog.html

で政権に対する国民の不満が充満し、まさに沸点に達しようとしている時に、米国はアサド政権を排斥するのではなく、対話で取り込んでいこうとしていたのだ。情勢認識がかなりずれていたといわざるを得ない。

自国民に対し剥き出しの暴力をふるい続けるアサド政権には、もはや何の正統性もない、アサド退陣以外にシリア危機を解決する方法はない、というオバマ政権の基本路線がようやくかたちをとるのは2011年8月のことである。[31]

それまでオバマ大統領は4月、5月と立て続けに行政命令を発出し、シリア国民に対する過剰な暴力行使の責任者らに経済制裁を課してきた。[32] そして8月18日になって、オバマは英、仏、独首脳と連動するかたちで、「アサドにはもはや支配者としての正統性はない。退陣すべきだ」と明確に迫ったのである。

こうして2011年8月までには、米英仏等の欧米諸国と、トルコ、サウジアラビア、カタールが、アサド政権に反対し、政権交代を求める構図ができあがった。

しかしトルコ、サウジアラビア、カタールがSNCやFSAを設立、支援して、アサド体制打倒に向けてかなり踏み込んだのと比べれば、米国の反体制派支援は腰が引けていた。

米国の逡巡の背景には、次々に現れる反体制派を名乗る組織や個人が、いったい何者で、どれくらい信頼できるのか、見当もつかない状況があった。これでは、アサド政権が倒れた後に、シリアが一層の混乱に陥り、結局は「アサド政権のほうがましだった」ということになりかねない。しかし、米国の対アサド政策を煮え切らないものとした最大の理由は、米国内に蔓延する反戦世論である。

2001年から続くアフガン戦争と、2003年から続くイラク戦争で、米国は疲れ切っていた。米軍の圧倒的な火力、電子技術、情報テクノロジーを投入すれば、地上のどの国であっても、正規軍は数週間と持ちこたえられず粉砕され、政府は崩壊するだろう。事実、アフガニスタンのタリバン政権も、イラクのフセイン政権も、およそ戦争とは呼べないレベルのワンサイド・ゲームで崩壊した。

しかし、問題はそこからである。いかに優れた兵器を備えていても、住民の中に紛れ込み、殉教精神で挑んでくる無数の敵には勝てない。敗北といえるほどの軍事的敗北を喫したわけではなく、正面から戦えばむしろ必ず勝っているのに、じわじわと自軍の死傷者が増え、奪取したはずの地域にはいつの間にか敵の勢力が忍び込んでいる。

かつての日本軍が中国大陸で、そして米軍がベトナムで陥ったのと同じパターンの泥沼に、二〇〇三年以降の米軍ははまり込んでいた。一刻も早くその泥沼から抜け出るため、現地の政府軍を編成し、鍛えて、治安維持を一任しようとする。しかし地元の政府軍部隊は所詮部族や宗派の民兵の寄せ集めで、いつまで経ってもゲリラと正面から対峙できる実戦部隊には育たない。それどころか、「グリーン・オン・ブルー」と呼ばれる、タリバンやＡＱに感化された政府軍部隊の兵士による米軍攻撃が頻発する始末である。

２００８年に、オバマは前任者ブッシュのアフガニスタンとイラクにおける軍事的冒険を正面から批判した。両国で続く戦争を自分が終わらせる、と公約してオバマは大統領になった。

イラクでは２０１１年に実際に実戦部隊を完全撤退させ、アフガニスタンでも２０１５年には撤退を実現させると言い続けた。そんなオバマが、米国の安全保障に直結しないシリアに、いつ終わるともわからない軍事介入を新たに行うことはあり得ない。

---

31 https://www.washingtonpost.com/blogs/fact-checker/post/hillary-clintons-uncredible-statement-on-syria/2011/04/01/AFWPEYaC_blog.html

32 http://www.state.gov/e/eb/tfs/spi/syria/

オバマ政権の場合、この立場がシリア危機発生後の対シリア政策の基本ラインである。当初はアサドがいずれ民主改革に着手することを期待したであろう。やがてアサドへの期待を失い、退陣を呼びかけたが、自国や同盟諸国による直接的な軍事介入は回避した。しかし国連安保理の場でロシアの拒否権行使にあい、効果的な対アサド制裁を妨害されると、今度は非殺傷性の軍事支援（反体制派への通信設備や暗視ゴーグル等の提供）、さらにヨルダン等を通じた対戦車兵器の提供、反体制派戦闘員の訓練等——と徐々に関与を深めていく。だがいずれの支援も、提供されるタイミングが遅すぎ、しかも量的に少なすぎて、実際の戦況を反体制派有利に動かす結果にはならなかった。「兵力の逐次投入の失敗」の典型である。そうこうしているうちに、反体制勢力の中で最初はヌスラ戦線、後にはＩＳＩＬが台頭し、米国にとってはアサドやヒズボッラーをはるかにしのぐ脅威となってしまう。

第10章で後述するように、２０１３年、アサド政権による化学兵器使用を断定した際でさえ、オバマは迷った。土壇場でロシアの助け船に乗って、自ら言い出した空爆を中止したオバマは、結局はＩＳＩＬに報復しその脅威を除去するために、２０１４年夏以降はシリアとイラクに直接軍事介入することになる。

軍事力の質と量からいえば、米国はシリア内戦の行方を単独で決定し得る唯一のアクターだ。しかし米国の対シリア政策は迷走を重ね、常に後手に回ってきた。

アサド政権を支援するイランやロシアは、米国のこの迷走に乗じて、決定的な局面でたびたび主導権を握ることとなる。

第3章 ヒズボッラーとイラン、ロシア

——アサド政権を支える外部勢力

トルコやサウジアラビア、カタール、米国などが反体制派を支持したのに対抗し、アサド政権を支える動きを見せた外部勢力もあった。そのうち、最も早い段階からシリア危機に関与したのは、隣国レバノンのシーア派組織ヒズボッラーである。当然その背後には、ヒズボッラーを生み出したイランがいる。ロシアは、当初はヒズボッラーやイランほどにはアサドへ直接的な支援をしていない。しかし、国際連合安全保障理事会という舞台では、拒否権を有するロシアの力は絶大である。ロシアは中国とともに、幾度も拒否権を行使し、国際的な制裁や懲罰行動からアサド政権を守ることになる。

主要な登場者・組織・宗派名

○ウラジミル・プーチン：ロシア首相（後に大統領）
◉ヒズボッラー
◉シーア派
◉一二イマーム派

（1）ヒズボッラー・レバノン政界におけるアサド擁護者から紛争当事者へ

ペルシア語の「ヴェラヤティ・ファギー」の原語はアラビア語で、「ウィラーヤト・アル・ファキーヒ」。「ウィラーヤ」には「州」や「県」といった行政区画の意味があるが、この場合は「支配」や「統治」を指す。「ファキーヒ」はイスラム法学者のことである。

それに英語の「ザ」にあたる定冠詞「アル」がつくと、「地上における代理人」の意味になる。誰の代理かといえば、「お隠れになった第十二代イマーム」ムハンマド・ムンタゼル[2]の代理である。

シーア派の最大宗派である一二イマーム派の神学では、預言者ムハンマドの従兄弟かつ娘婿のアリの死後、アリの子孫が代々イマームの地位を世襲したが、一二代目のムハンマドが西暦874年に「ガイバ」、すなわち地上から忽然と消えたことになっている。

一二イマーム派の終末思想によると、現在「お隠れ」になっているこのムハンマド・ムンタゼルがやがて再臨し、世界を統治することになる。

それまでの期間は、イスラム法学者の中でも最も権威ある人物、つまり「アル・ファキーヒ」が代理として世界を統治する。「ウィラーヤト・アル・ファキーヒ」とは、「アル・ファキーヒ」が暫定的に「ウンマ＝ムスリム共同体」を統治する神政一体の統治体制を指す。

イランはパハレヴィー王制のもとで世俗的な国家作りを進めてきた。そこに、1979年のイスラム革命が起きた。イランは、突如シーア派法学者が支配する神権政治の国に生まれ変わった。その初代最高指導者、すなわち「アル・ファキーヒ」が、アーヤトッラーのルーホッラー・ホメイニー師である。

世界に類のない政教一致体制の、しかもペルシア人の国である革命イラン。アラブ民族主義と社会主義を掲げるバアス党支配のシリアが、そのイランと同盟関係に入ったことは一見奇異である。しかし、説明が不可能なほど奇異なわけではない。むしろ、国際的な安全保障や外交関係においては、イデオロギーや

1　単独の名詞として用いられる際には語尾のト音は発音しない。名詞が後続する場合にのみ発音する。
2　「ムンタゼル」は「待ち望まれる」を意味する形容詞。再臨を待望する表現。

宗派、民族の違いは大して重要ではない証拠といえるかもしれない。つまりは両国ともに、サッダーム・フセインが支配するイラクという国の脅威を減じたかったのである。

イランはイラクとの間で積年の領土紛争を抱えていたし、バアス党が支配するシリアは、同じくバアス党が支配するイラクと激しく主導権を争っていた。イラクには潤沢な石油資源がある。しかも、サウジやクウェートなどスンニ派主体の湾岸アラブ諸国の支援も得て、急速に軍事大国化しつつあった。そのイラクと対抗する上で、イラクの東西に位置する両国は、手を結ぶ必要があったのだ。

かつて米英両国は、コミュニストのソ連をファシスト以上に毛嫌いし、警戒した。しかし、ナチス・ドイツと戦うために、結局はスターリンと手を組んだ。それとまったく同じ構図である。

シリアとイランの同盟関係は1982年のイスラエル軍によるレバノン侵攻で、新たな局面を迎えた。レバノン各地に展開していたシリア軍は、それまでいがみあってきたPLOと急遽手を結び、イスラエル軍に対峙した。しかし彼我の軍事力の差は圧倒的だった。空陸軍ともに壊滅的な損害を蒙り、シリアはレバノンから屈辱的な撤退を余儀なくされた。ハーフェズ・アサドは何とかイスラエル軍に一矢を報い、レバノンでのプレゼンスを回復しようとした。

一方のイランは、「被抑圧民の解放」を大義に掲げ、PLOを支援し、米・イスラエル両国をそれぞれ「大悪魔」「小悪魔」と呼んで敵視してきた。その小悪魔がレバノンに侵攻し、「同胞」であるレバノンのシーア派（十二イマーム派）を占領下に置いたのである。反イスラエル解放闘争を行うことは神学上もまったく正統であり、責務でさえある。しかもそれは革命イランの建国理念たる「革命の輸出」にも直結する。

レバノンにおいて、シーア派国民の武装抵抗運動を支援し、イスラエル軍や、後に展開してきた米仏伊の多国籍軍を攻撃する……シリアとイランの利害は完璧に一致した。ダマスカスのイラン大使館を拠点に、イラン革命防衛隊はベカー高原とレバノン南部のシーア派武装勢力の訓練・兵站支援・統合に乗り出す。後に「ヒズボッラー」の名で知られることになるレバノンのシーア派民兵組織は、こうして誕生した。まさに、ヒズボッラーは、本来ならあり得そうもないイランとシリアの政略結婚の落とし子であった。

2011年春に、その落とし子は30歳の壮年に達していた。育ての親であるシリアのアサド政権は武装化した反体制勢力と、存亡をかけて闘争していた。ヒズボッラーがアサド政権を支えるのは、自然な成り行きだった。ヒズボッラーとアサド政権そしてイランは、2003年以降の中東情勢を極めてシンプルな図式で分析している。それはナスラッラー議長やアサド大統領本人の度重なる発言に明らかである。

「米国とイスラエルは、両国にとって邪魔であり危険な存在である『イラン・アサド・ヒズボッラー枢軸』を、あらゆる口実と方法で弱体化させ、滅ぼそうとしている。まず2004年に、レバノンからのシリア軍撤退やヒズボッラーの武装解除を求める国連安保理決議1559号を採択した。翌年にはハリリ・レバノン前首相暗殺事件、『レバノン杉の革命＝反シリア民衆運動』とシリア軍のレバノン完全撤退があった。2006年にはイスラエル軍がレバノンに侵攻した。さらにハリーリ暗殺事件の国際法廷はヒズボッラーのメンバーを容疑者として起訴した。そして2011年にシリア危機がはじまった。いずれも、米国とイスラエル、それに同調するサウジアラビアが、『枢軸』打倒のために仕掛けた陰謀である」

このような陰謀史観が正しいかどうかは読者の判断に委ねる。しかしアサド政権が倒れ、親米政権や過激なスンニ派政権が生まれたら、ヒズボッラーにとっては致命的な打撃となるのは間違いない。つまりア

図5

サド政権とヒズボッラーは一蓮托生の存在なのだ。

まず、兵站補給の問題がある。ヒズボッラーの結成にダマスカスのイラン大使館が深く関わったことには既に触れた。それ以降もイランからレバノンにヒズボッラーの兵器や資金、要員を運ぶルートとして、シリア領土は不可欠である。レバノンの地図をみれば一目瞭然だ（図5）。レバノンの西側は地中海、南はイスラエル領だ。米国海軍やイスラエル軍に妨害されずに兵器を搬入するのは至難の業である。

レバノン国内にもヒズボッラーの敵は多いから、ベイルート港や空港経由での輸送にもリスクが伴う。シリア国内からザルに等しい長大な国境線を超え、陸路運搬するのが最も効率的だ。しかしそれは、シリア側の協力が得られれば、の話である。シリアに敵対的な政権が生まれたり、国境周辺をスンニ派の武装勢力が支配するようになると、補給はできなくなる。

また、戦略的縦深という問題もある。２００６年のイスラエル軍によるレバノン侵攻の際には、激烈な空爆を逃れるため、多くのシーア派レバノン人がシリア領内に避難した。その中にはヒズボッラーの幹部や戦闘員もいただろう。ヒズボッラーが背後を脅かされる憂いなく、対イスラエル戦争に集中できるのは、シリア領が戦略的な縦深を与えてくれるからだ。東の反シーア派政権、西の地中海に挟まれることになったら、どうやってイスラエルの攻撃を避けることができるだろうか？

ヒズボッラーが、シリア危機勃発の当初から、「これは他人事ではない」という危機感を抱き、アサド政権を断固支持したのは十分に合理的なことだった。

（2）国内的な配慮

とはいえ、ヒズボッラーはシリア危機の勃発から、ただちに全面的なアサド政権支援をはじめたわけではない。むしろ、当初の2年、ヒズボッラーのシリアへの関与はかなり抑制されていた。関与する場合でも、極力目立たないように配慮していた。その理由は様々であるが、第一に、純軍事的な観点から、緊急性が低かったことがある。

シリア政権軍は兵士20万人以上と、圧倒的な火力、そして空軍力を擁する。本来ならば、ゲリラ戦に特化した部隊であるヒズボッラーよりもはるかに軍事能力は高い。脱走兵の集団や、自警団に毛が生えた程度の、貧弱な装備しか持たない反体制派が、政権軍の脅威となるまでにはかなりの時間がかかった。反体制派がアレッポ市の東半分を掌握し、首都ダマスカスにも攻勢をかけた2012年7月ごろまで、内戦はほぼ政権軍によるワンサイド・ゲームだった。ヒズボッラーが組織の命運を賭して介入するほどの必要はなかったのである。

国内的な配慮もあった。

ヒズボッラーは2008年のドーハ合意以降[3]、2回にわたり3・14勢力との連立内閣に参加している[4]。しかし、シリア危機勃発前夜の2011年1月、ヒズボッラーは所属閣僚を辞任させて、サアド・ハリーリ

3　カタールの仲介で、2006年末以来の与野党対立と大統領不在を終結させた政治合意。第2章参照。
4　第2次セニオラ内閣と第1次サアド・ハリーリ内閣。

リ内閣を瓦解させた。これは、ラフィーク・ハリーリ前首相暗殺事件の国際法廷が、ヒズボッラー幹部を容疑者として起訴する観測が広がり、閣内で3・14勢力と3・8勢力の対立が再燃した結果である。

ハリーリ内閣を倒したヒズボッラーは、中道派のナジーブ・ミカーティ首相らとの連立政権をつくった。新政権の中道派は、3・14勢力ほど西側諸国やサウジに近くはない。だが、シリア危機にレバノンを巻き込まないよう、細心の注意を払った。ヒズボッラーは新政権の生みの親であり、かつ構成員である。だから、西側諸国やサウジを刺激しないよう、行動を自重する必要があった。ヒズボッラーや他の親アサド勢力が公然とシリア危機に介入し、アサドを支持すれば、国内の反アサド勢力＝3・14勢力やスンニ派過激勢力も逆にシリア反体制派支援をはじめる。そうなると、レバノン国内でアサド支持派と反アサド派の衝突がはじまる。つまり、シリア内戦がレバノン国内に飛び火してしまう。最悪の場合、レバノン国内でもスンニ派とシーア派の宗派紛争が起きかねない。ミカーティ内閣を維持し、ひいてはレバノン国内の治安の安定を図るためには、ヒズボッラーも表向きシリア情勢への不介入の立場をとるしかなかった。


最後に忘れてはならないのは、レバノン国内シーア派社会の反応である。

レバノンのシーア派国民は、シリアでの戦闘参加に、必ずしも無条件で賛成するわけではない。ヒズボッラーの武装部門を「ムカーワマ・イスラミーヤ」、つまりイスラム抵抗運動という。用語は微妙に違うが、その意味はパレスチナのハマースと同じである。「イスラエルによる占領支配」への抵抗。これがヒズボッラーの結成以来の存在理由だ。

特に、イスラエルと接するレバノン南部のシーア派国民にとって、イスラエルの脅威は現実である。長年にわたり占領され、空爆され、地上侵攻を受けてきたからだ。その過程で多くの犠牲者を出しており、復讐心も強い。つまり、イスラエルと対峙する、という点ではシーア派国民の間に、ほぼコンセンサスが存在する。その結果として、スンニ派やキリスト教徒のレバノン人同胞と意見や利害が対立しても、シーア派国民の大多数は断固ヒズボッラーの反イスラエル「レジスタンス」を支持してきた。

しかし、アラブの隣国であるシリアで戦うことが、レジスタンスといえるだろうか？　多くのシリア国民が憎むアサド政権を守るために、シリアまで出かけていって、反体制派を殺すのがレジスタンスであろうか？　そう自問するヒズボッラー支持のシーア派レバノン人は、少なくないようだ。

ましてや、その結果としてシリア国民多数の憎しみを買い、なおかつ戦闘員がシリアで落命したり捕虜となることに、納得がいかない人がいるのも無理はない。

シリア内戦において、最も早く報じられたヒズボッラーの具体的関与は、ダマスカス郊外にあるシーア派聖地の警備・守護である。この聖地をザイナブ廟と呼ぶ。預言者ムハンマドの従妹で夫人の一人であるザイナブを祀る霊廟である。

ザイナブ廟は、「ビラード・シャーム」の地[5]では最大規模のシーア派の巡礼対象地である。ダマスカス南郊外、国際空港への通路上に位置し、周辺には小規模ながらシーア派国民の居住区が存在する。

シリア危機の初期、ダマスカス市内は比較的平穏だったが、貧しいスンニ派住民が居住する郊外の村落では反体制運動や武装闘争が燃えさかった。シーア派聖地のザイナブ廟は、そんなスンニ派地域に隣接する。「シーア派聖地の庇護のために警備要員を派遣している」。これが、シリア危機の最も早い段階におけ

5　こんにちのシリア、ヨルダン、パレスチナ、イスラエル、レバノンを含む地域のアラビア語呼称。第8章で詳述する。

るヒズボッラーのシリア派兵の理由だった。

なお、イラクからもシーア派民兵組織がザイナブ廟警備の名目でダマスカスに戦闘員を派遣していた。後にシリア内戦が激化し、アサド政権側が軍事的に窮地に立つと、ヒズボッラーとともに、イラクの民兵組織の役割が増大していくことになる。

いずれにせよ、ヒズボッラーはシリア危機を自らの存続に直結する重要問題と位置づけ、早い段階から関与した。ただし、当初はアサド政権の軍事的優位に加え、レバノン内外の世論への配慮から、軍事的関与の規模は限定的であり、かつそれを可能な限り秘匿した。

（3）イラン・核問題と2009年の民衆抗議運動

2011年春のイランを取り巻く国際環境は極めて厳しかった。アサド政権が置かれた環境は、それに比すればはるかにましだった。そうなった最大の原因は、核開発疑惑である。

イランは核不拡散条約加盟国ではあるが、2002年に在外反体制派組織によって極秘の核兵器開発計画をすっぱ抜かれた。以来、国連の常任理事国5カ国（米、露、英・仏・中）にドイツを加えた、いわゆる「P5プラス1」諸国との間で、かれこれ10年にわたり核開発制限交渉を続けてきた。

しかしイランと「P5プラス1」、特に「大悪魔」米国との間の相互不信は根強く、交渉妥結の道のりが見えなかった。米国や国連、EUはイランの主要な収入源である石油産業を中心に様々な経済制裁を科した。さらにはイランが海外企業と取り引きできないように、金融制裁も科して締め上げた。

広大な国土を持つイランは、食糧自給率が高く、経済制裁がすぐに国民の飢餓につながるわけではない。また、P5プラス1の中でも、グルジア問題などで米欧と対立しはじめたロシアは、イランの原子力産業部門への投資を続け、中国もイランの原油を買い続けた。厳しい経済制裁を受けながらも、イラン経済は苦境に適応した。

２００３年以降のイランは、核開発をめぐる米欧との対立とは別に、中東の広い地域でサウジアラビアと対立した。この対立は第2章で触れたように、イラクやレバノン、バハレーン、イエメンなど、地域全体を巻き込む宗派紛争の性格を帯びた。そして２０１１年にはシリアがまさにこの紛争の主戦場に浮上したのだ。

米欧およびサウジからの外的脅威に備えるイランだが、支配体制にとっての本当の危機は外部からではなく、２００９年に内部から到来した。この年、大統領選挙が実施され、保守強硬派のアハマディネジャードが再選を果たした。これに対し、選挙不正を疑う野党候補支持者が大規模な街頭抗議行動を起こしたのである。立ち上がったのは主としてテヘランなど大都市の、リベラル指向の青年層だった。既成の政治勢力とは無縁の、非武装の青年たちが、ソーシャル・メディアを介して結びつき、各地で自然発生的な反体制運動を繰り広げた。まさに2年後に発生する「アラブの春」を先取りする動きである。

結局、体制側は警察と、「バシージ」と呼ばれる民兵組織を動員し、1カ月をかけて、暴力的にこの反乱を押さえ込むことに成功した。しかし、革命以来初めて国民の重大な挑戦を受けた経験は、イランの神権体制を揺るがせた。イランが同盟国シリアでの民衆革命を断固拒否する理由のひとつは、２００９年に体験した、この体制崩壊の恐怖だろう。

シリア危機の早い段階にあっては、ヒズボッラーと同様に、イランのアサド政権支援はおおむね連帯表明など士気の面、あるいはメディアを動員した宣伝戦略の分野に限定されていた。イラン政府当局も、自国の正規軍や革命防衛隊の直接的な関与を否定した。しかし内戦が深まるにつれ、現地の戦闘におけるイラン人の関与は否定し難くなっていく。特に、損耗著しいアサド政府軍の正規軍を補充する「国家防衛部隊」の徴募・訓練において、ヒズボッラーとイラン革命防衛隊は指導的な役割を担った。

（4）ロシア・リビアの苦い教訓、安保理での拒否権

ヒズボッラーやイランは、アサド体制の去就は自らの組織や体制の存続を左右する、と判断して、アサド政権支持に回った。最初は国連外交の舞台においてアサド政権を守り、さらに2015年以降は軍隊を投じて、つまり戦場においてアサドを防衛することになるロシアは、一体どのような論理でそういう行動をとったのか？

よく指摘されるのは、米とNATO諸国への対抗という外交的側面だ。

超大国ソ連が崩壊すると、ウクライナやバルト諸国、ベロルシア、グルジアなど、かつてのソビエト連邦構成諸国が独立した。このため、ロシアは「普通の国」になってしまった。さらにそれらの諸国では次々に民主革命や親欧米勢力による政権掌握、NATOへの加盟が起こり、ロシアは圧迫感を抱いている。

中東でも状況は似通っている。

旧ソ連の盟友イラクのフセイン政権は、冷戦後、最初の地域紛争である1991年の湾岸戦争で無力化され、2003年のイラク戦争で除去された。さらに、2011年のリビア内戦で、ロシアはソ連時代か

らの友好国で兵器産業の顧客でもあったカダフィ政権を失った。この時は、「政権側による革命派の拠点ベンガジ空爆と住民虐殺を防ぐ」という英仏の主張を受け入れ、ロシアは対カダフィ政権軍事行動を容認する安保理決議を支持した。

しかし、英仏両国そして米国も協力して実施された空爆は、結局カダフィ政権を転覆し、カダフィは惨殺された。当時首相の立場だったプーチンはこの一件を「西側にはめられ、重要な盟友兼顧客（カダフィ）を奪われた」と受け止め、激怒した。

この教訓から、シリア危機発生当時に大統領職に復帰していたプーチンは、断固としてアサドを守り、西側に譲歩しないことを誓った。これはプーチンその人が何度も公言していることだ。

なお、シリアの地中海岸の街タルトゥースにはロシア海軍の基地がある。冷戦時代からの旧ソ連とアサド政権の盟友関係の名残である。「基地」と呼ぶのがはばかれるくらいの、老朽化した、艦船補修設備くらいしか存在しないことから、「ロシアのアサド支持には軍事的・戦略的な側面は大きくない」とする分析も当初は少なくなかった。しかし、2015年に実際にロシアはシリアに軍事介入し、ラタキア近郊に恒久的な空軍基地を設置した。そしてその南方にあるタルトゥース海軍基地も補修し、ロシア海軍の地中海拠点として、活用を再開している。やはりロシアの対NATO軍事戦略上、シリアというのは譲れない場所なのだろう。

内政的には、自国へのフラッシュバックへの警戒という要素がある。ロシアは定期的な国政選挙・大統領選挙の実施、複数政党の存在など、一見民主的な制度を整えている。しかしその内実、選挙の結果は事前に決まっている。メディアは統制され、反体制派は投獄され、あるいは国内外で不可解な死を遂げる。

プーチン体制は、本質的には強権支配の警察国家だ。アサド体制と驚くほど似ている。そもそも、プーチンをロシアの支配者に押し上げたきっかけは第2次チェチェン戦争だった。この戦争で、ロシア軍は自国民であるグロズヌイの住民を、一括してテロリスト扱いして、都市ごと包囲して空から爆弾の雨を降らせた。まさにアサドがホムスやハマー、そしてアレッポ東部やダマスカス郊外の東グータでやったことと同じである。プーチンは、ロシアの反体制勢力や野党というのは、すべからく西側諸国の支援を受けるテロリストであって、交渉や譲歩の余地はなく殲滅あるのみ、と考えているのだろう。おそらく、プーチンはそれと同じ視点でシリア危機を理解している。

国民の抗議行動というのは、結局米欧が親西側の体制変革実現のため、シリア人を煽動し、テロリストを雇ってやらせているものだから、妥協の余地はない。少しでも弱い姿勢を見せれば、リビアの二の舞になる。だから、シリア危機に先立つ2007年のグルジア危機でも、また2013年以降のウクライナ危機でも、ロシアは譲歩しなかった。特にウクライナ危機ではクリミア半島併合、さらに東部への軍事介入という強硬策をとった。プーチンはグルジア、リビア、シリア、ウクライナと、各地で連鎖した危機をすべて西側による対ロシア攻勢であると考えており、リビア以降は一切の妥協を拒否しているのだろう。

具体的には、ロシアは中国とともに国連安保理で拒否権を行使し、米、英、仏が起案した累次の対アサド制裁決議案を葬り去った。このため西側諸国も、リビア内戦の場合のように、早期の軍事介入・政権打倒という行動を起こせなくなった。

ロシアによる拒否権行使がもしなかったら、シリア危機はどんな進展をみせていただろうか？　おそらくはトルコを含むＮＡＴＯ諸国と、サウジアラビアの空軍は、比較的早い段階、遅くともシリア政権軍による化学兵器使用が明らかになった時点で、対アサド攻撃に踏み切っていただろう。その場合、ヒズボッラーとイランも早期に地上部隊を送って、政権を守ったはずだ。しかし、その後の現実の内戦の展開状況をみる限り、空軍の優位（というか、反体制派には空軍がない）への政権側の依存は強い。だから制空権を失った場合、アサド政権軍はダマスカスやアレッポの支配権も早期に喪失していたのではないだろうか。

もっとも、その結果、内戦が早期に終結しシリアに平和が戻った、ということにもならなかっただろう。イラクやリビアの先例が示すように、アサド政権崩壊後のシリアでは政権の残党、宗派や民族、部族単位の武装勢力が入り混じり、一層の混乱状態に陥った可能性もある。あるいはレバノン内戦の時のように、アラブ平和維持軍や国連の平和維持軍が展開し、それがたちまち紛争に巻き込まれ、多くの犠牲者を出して撤退することになったかもしれない。

いずれにせよ、国際的な反アサド軍事介入によってシリアが速やかに平和を取り戻す、というシナリオは想定し難い。その意味では、「ロシアの拒否権行使が、情勢の一層の混乱を防いだ」という見方も、成立しないわけではない。

それでも、ロシアの庇護があったからこそ、アサド政権は空前の規模で戦争犯罪、人道犯罪を咎められることなく続けている、という側面は否定できない。

ロシアがシリア内戦、特にその人的被害に、最も責任のある国のひとつであることは間違いない。

第4章 軽量級の調停者、重量級の脇役

——国際連合とイスラエル

ここまで、第2章でシリアの反体制派を支援する国々、第3章では逆にアサド政権を支える国々と勢力についてみてきた。本章ではそのどちらの陣営にも属さず、別の角度からシリア危機に関与したプレイヤーについて説明する。

まずは国際連合である。

国連はアラブ連盟と提携してシリア危機の調停、紛争収拾を図った。しかし、当初から国連の機能不全は甚だしく、紛争の拡大をくい止められなかった。調停者としての国連は、ことシリア危機に関しては、まったく無力で重みを欠いた。

もうひとつのキープレイヤーはイスラエルである。

建国以来、シリアにとって不倶戴天の敵であるこの国は、シリア危機に対し基本的に中立の立場をとった。しかし、限定的な条件下で、軍事介入をたびたび繰り返すことになる。域内随一の空軍力を誇るイスラエルの介入は限定的とはいえ、きわめて効果的であった。

イスラエルはシリア内戦においては脇役に違いないが、それにしては強烈な存在感を示してきた。

主要な登場人物・組織・宗派名

○ウラジミル・プーチン：ロシア大統領
○ムハンマド・ダービ：アラブ連盟監視団団長
○コフィ・アナン：シリア問題担当国連・アラブ連盟合同特使（元事務総長）
○ベンヤミン・ネタニヤフ：イスラエル首相

(1) 中露の拒否権行使

国際連合の安全保障理事会は、シリア危機発生当初から、アサド政権を擁護するロシア、中国と、非難する米・英・仏、双方陣営の駆け引きの舞台となった。常任理事国5カ国は拒否権を有し、そのうちの1カ国でもそれを行使すれば、決議は採択できない。安全保障理事会の抱えるこの基本的な構造欠陥が、シリア危機において国連の役割を徹底的に無力化した。

シリア情勢をめぐる安保理での議論は、危機勃発の翌月にあたる2011年4月にはじまっている[1]。また同月末に国連人権委員会が人権侵害状況調査のためシリアへの調査団派遣を決議したのをはじめ、安保理以外の国連機関は早い時期からアクションを起こしている。

しかし、強制力を伴う安保理決議の採択の前には、ロシアと中国が立ちはだかった。同年5月25日に英、仏、独、ポルトガルのEU4カ国がシリアの民主化改革を求める――即ち反体制派を後押しする――決議案を提出するが、中露両国などが「内政干渉」と反対し、採決に回されることはなかった。

10月4日、同じ4カ国が、アサド政権による弾圧を非難し、制裁を課する新たな決議案を提出。ぎりぎりまで中露両国との間で文言調整が続けられたが、結局折り合いはつかないまま採決に回された。そして

1 以下、本章で言及する国連機関の動きとその時期については左記国連クロノロジーが出典
http://www.securitycouncilreport.org/chronology/syria.php?page=6

初めて中露両国は拒否権を行使し、決議を葬った。

12月12日、当時反体制派の最大拠点となっていたホムス市周辺に政権側が大部隊を集結させ、総攻撃を準備する中、国連のピライ高等人権弁務官が、シリアにおけるこれまでの犠牲者は５０００名を越えると発言。アサド政権による過剰な力の行使と殺人、不当逮捕、拷問などの人権侵害を「人道に対する罪であり、国際刑事法廷ＩＣＣが捜査すべき」と、厳しく非難した。[2] この数日後に、ロシアは独自の決議案を安保理に提出する。[3] 人道危機の解決を妨げているという印象を回避したかったのだろう。この決議案はアサド政権の過剰な力の行使を非難する点で、従来のロシアの親アサド姿勢から一歩踏み込んでいた。とはいえ、①アサド政権と反体制派の暴力を同等に非難している、②アサド政権に対する制裁に言及していない、などの点において、西側諸国の要求は到底満たされず、採決に回されることはなかった。

（２）アラブ連盟の停戦努力とその失敗

シリア危機の発生後、国連とは別に、パレスチナを含むアラブ22カ国が構成する「アラブ連盟」も、危機収拾を目指す動きを見せた。しかしこの組織も国連と同じく、構成諸国同士の足並みがなかなか揃わないことで有名である。結果的に、イラン・イラク戦争、イラクのクウェート侵攻と湾岸戦争、２００３年のイラク戦争等、アラブ現代史の重大事件が起きるたびに、無力ぶりが露呈した。[4]

「反イスラエル」は１９４５年のアラブ連盟発足以来、加盟国が協調できるほぼ唯一のテーマだったが、それも１９７９年のキャンプ・デービッド合意までの話だ。２００７年にパレスチナ自治区で内部抗争が起き、ＰＬＯとハマースがそれぞれ別々に西岸地区とガザ地区を支配するに及んでからは、「対イスラエル」どころか、パレスチナ和解すら達成できていない。

ただし、リビア危機に際しては、アラブ連盟は珍しく共同歩調をとった。２０１１年３月、連盟はＮＡＴＯによるカダフィ政権空爆の安保理決議を支持し、長年にわたりトラブルメーカーとなってきたカダフィに引導を渡した。

リビアで軍事的膠着状態が崩れ、反体制派が首都トリポリを制圧した同年8月28日。リビアに続きシリア危機の打開に向け、アラブ連盟は緊急外相会議をカイロで開催した。その後9月10日に事務局長で元エジプト外相のナビール・アラビが、調停案を携えダマスカスを訪問し、アサド大統領と会談した。[5]

アラビが携えたアラブ連盟のシリア危機収拾案は13項目から成っていた。その中には政権側の弾圧中止、政治犯釈放、政権側・反体制側双方が了承する人物を首班とする暫定政府組閣、アサドの任期が満了する２０１４年に複数候補が参加する大統領選挙を実施することなど、が含まれていた。[6] このうちのいくつかは、その後の国連による調停案にも継承されていくことになる。

アサド政権は当初、このアラブ調停案を内政干渉とみなして拒絶した。

10月16日のアラブ緊急外相会議では、サウジやカタールなどの対アサド強硬派諸国が、アラブ連盟から

---

2 http://www.un.org/apps/news/story.asp?NewsID=40708#.WRoQW-WLRPY
3 http://www.bbc.com/news/world-middle-east-16210330
4 http://www.bbc.com/news/world-middle-east-15747941
5 http://www.aljazeera.net/news/arabic/2011/9/10/المبادرة-العربية-لحل-الأزمة- الجيش-الحر-يبدأ-معركة-تحرير-دمشق
6 http://www.aljazeera.net/news/arabic/2011/9/6/المبادرةالعربيةلحلالأزمة ا

のアサド政権の代表資格剥奪を求めたが、スーダン、イエメン、レバノン、アルジェリアなどの反対で可決はされなかった。しかし、カタールの外相ハマド・ビン・ジャーセムを団長にシリア問題担当チームを結成し、政権と反体制派双方が参加する「国民対話会議」の15日以内の開催を迫った。[7]

11月2日になって、アサド政権は形式的にアラブ調停案の受け入れを表明するが、ホムス市周辺での軍事行動は止めず、死者数が急増した。アラブ連盟は同11日に再度緊急外相会議を開催、18カ国の賛成でシリア政府の加盟資格停止を決めた。シリアの他、レバノンとイエメンが反対、イラクは棄権した。[8]

さらにその1週間後には、アラブ連盟は人権団体や軍人、報道関係者からなる500人規模の監視団のシリア派遣、[9] 11月27日にはシリア中央銀行との取引停止を含む13項目の制裁を決めるなど、[10] 反アサドの姿勢を強めた。アラブ連盟からの圧力を受け、アサド政権は12月19日になって、ようやく監視団受け入れに合意した。[11] ただし、連盟側も譲歩している。例えば実際の監視団の規模は166名と、当初の計画の3分の1程度に縮小された。

こうして22日からダマスカスに監視団の先遣隊が、さらに24日には団長に任命されたスーダンの軍人ムハンマド・ダービが到着した。ダービ団長は速やかに当時の最激戦地であったホムス市のバーブ・アムル、ハリディーヤなどの各地区を視察した。他の団員は15のグループに分かれ、南部のダラア、北東部のカミシリや、東部デイルッズール、地中海岸のラタキアなど、全国各地に派遣された。[12]

監視団はアサド政権側の過剰な軍事力行使を批判しつつも、反体制側武装勢力による武力行使も厳しく指摘したので、反体制側からは「虐殺者と被害者を同等に扱っている」と不評をかった。[13]

また、監視団の報告書の中には「遺憾なことに、監視団員の中には物見遊山の気分で参加したため、現実に直面して驚愕し、首都の外部への駐在や、そこで困難に直面することを予想だにしない者もいた（第

53条）」こんな表現もある。停戦監視と、客観的な情勢分析と評価という困難な責務を果たす資質が、この監視団に備わっていたかどうか、そもそも疑わしい。

監視団は2012年1月下旬までシリアに滞在したが、戦闘が鎮静化する気配はなかった。監視団のシリア派遣までの9カ月、シリア危機での死亡者は約5000人。一方で、監視団のわずかひと月の駐在期間に、さらに1000名が死亡したとする報道すらある。[14]

1月22日、アラブ連盟はカイロで緊急外相会議を開き、アサド大統領に対し「第1副大統領に全権委任し[15]、2カ月以内に反体制派を含めた挙国一致（大連立）内閣樹立」を求める新決議を採択した。いわば大統領の地位の形骸化→民主制への平和的移行を目指す「ロードマップ」であり、サーレハ大統領を平和裏に退陣させたイエメン和平案をモデルにしたものであろう。アサド政権はこの決議を内政干

---

7 http://www.ynetnews.com/articles/0,7340,L-4135826,00.html
8 http://www.bbc.com/news/world-middle-east-15706851
http://www.naharnet.com/stories/en/20136-arab-league-suspends-syria-damascus-considers-decision-end-to-joint-arab-action
9 http://www.naharnet.com/stories/en/20493-turkish-arab-forum-for-urgent-steps-to-protect-syrians-no-to-foreign-intervention
10 http://www.naharnet.com/stories/en/21549-arab-fms-agree-syria-sanctions-lebanon-disassociates-itself
11 http://www.bbc.com/news/world-middle-east-16246689
12 アラブ連盟監視団報告書による。http://www.columbia.edu/~hauben/Report_of_Arab_League_Observer_Mission.pdf
13 http://www.reuters.com/article/us-syria-idUSTRE8041A820120124
14 http://www.bbc.com/news/world-middle-east-16676241
15 この時点でシリアには元外相のファルーク・シャラアと女性のナジャーハ・アッタールの2名の第1副大統領がいた。権限移譲を受けるのがどちらかについて決議は明記していないが、この後もしばらくは古参のスンニ派アラブで国際的な知名度も高いシャラアが暫定大統領候補に浮上し続ける。

渉であるとして撥ねつける一方、監視団の任期1カ月延長は受け入れた。しかしサウジをはじめ湾岸協力会議（GCC）諸国の側は、55名の監視団員を引き上げた。そしてアラブ調停案を国連安保理に持ち込み、支持取りつけを図った。

（3）アナン国連特使任命

アラブ連盟調停案をベースに、アサド政権の弾圧を非難し、政権移譲を求める新たな決議案が２０１２年２月４日に安保理に提出され、メンバー諸国15カ国のうち13カ国の支持を得た。しかし残る２カ国――常任理事国の中露両国――がまたしても拒否権を行使したため、否決された。あくまでもアサド政権を守る中露両国のこの強硬なスタンスを前に、反アサド諸国は外交的な動きを加速させた。

まず拒否権行使の数日後、GCC諸国はダマスカスからの大使引き上げと、各国駐在のシリア大使追放を決定している。米国もダマスカスの大使館を閉鎖し、英・仏・伊・西・ベルギー等主要な西側諸国が大使召還を決めた。[16]

２月16日には拒否権が行使できない国連総会の場で、エジプトが代表してアサド政権非難決議を提出、賛成１３７カ国、反対12カ国で可決した。[17] もっとも総会決議は安保理決議とは違い、制裁条項がなく、強制執行力も伴なわない。

２月24日、チュニジアの首都チュニスにクリントン米国務長官、ダウトオール・トルコ外相、ハマド・ビン・ジャーセム・カタール外相ら約70の反アサド諸国・機関の外相クラスが集まり、「シリア・フレンズ（シリア友朋諸国）」グループを結成した。[18] 日本からも山根外務副大臣が参加し、難民支援資金拠出等を公約している。[19]

この会合にはガリユーン議長以下、シリア国民評議会（ＳＮＣ）首脳も招待され、シリア反体制派への支援も約束された。しかし、ＳＮＣがアサド政権に代わり得る全反体制派の代表として認知されたわけではないし、ＳＮＣや自由シリア軍（ＦＳＡ）への軍事支援も決まらなかった。この前日、2月24日に、国連とアラブ連盟が、国連前事務総長のコフィ・アナンをシリア問題合同特使に任命していたためである。[20]

ガーナ人の職業外交官アナンは事務総長として、国連のＰＫＯ活動を強化した。１９９９年の東ティモール独立、２０００年のイスラエル軍レバノン撤退、２００６年のイスラエル・ヒズボッラー紛争の停戦合意等、紛争調停で相応の実績を残している。[21]

アナンの起用は、「シリア・フレンズ」諸国がこの時点でシリア危機の政治的解決を模索していたことの反映であった。実際、アナンは4月14日にシリア危機の政治解決、停戦実現、政治犯・捕虜釈放等、6項目の調停案を発表している。[22]

6月30日には、アナンが主導して、シリア危機収拾を目指す初の国際会議がジュネーヴで開催された。

16 http://www.bbc.com/news/world-middle-east-16932556
17 http://www.naharnet.com/stories/en/30333-u-n-general-assembly-votes-137-to-12-to-condemn-syrian-regime
18 http://www.reuters.com/article/us-syria-meeting-tunis-idUSTRE81N16820120224
19 http://www.mofa.go.jp/mofaj/area/syria/friends_kaigo/2012_01/gaiyo.html
20 http://www.un.org/press/en/2012/sgsm14124.doc.htm
21 もっとも、アナンは事務総長になる前、１９９２年から96年にかけてＰＫＯ局の事務次長補、後に事務次長を務めており、その間に凄惨なボスニア内戦、ルワンダ内戦が発生している。
22 http://www.un.org/en/peacekeeping/documents/six_point_proposal.pdf

ジュネーヴ第一会議である。[23] この会議には国連の5常任理事国の他、トルコ、EU、イラク、クウェート、カタール各国が、「シリア危機アクション・グループ」のメンバーとして参加した。アラブ3カ国はいずれもアラブ連盟の代表としての参加である。会議はアナン6項目に沿って、「政治的移行プロセス」を定めるコミュニケを採択した。以降、このコミュニケを便宜上、「ジュネーヴ宣言」と表記する。

ジュネーヴ宣言は、民主的、複数政党制の政治体制への移行までの道筋を漠然と示す。まず停戦し、状況を鎮静化させる。そして、政権側と反体制派双方が参加する「移行期の統治主体」が、国家の主権を全面的に行使する。移行期間に、憲法改正協議を行い、その結果については国民投票にかける。新憲法が公布されれば、新たな統治・行政機関の人事を、自由で、複数政党が参加する選挙によって選任する。

以上のプロセスは、シリア国民自らが主導する。アクション・グループの役割はそれを補佐し、プロセスが滞りなく進捗するよう支援することである。

こうしてみると、この合意はシリア危機の極めて理想的かつ平和的な解決法を提案している。しかし同時に、対立の核心部分をどうするかの判断が致命的に欠如しており、紛争の収拾にはつながりそうにないことも明らかである。

核心部分とは、バッシャール・アサドその人の去就である。

「政治的移行プロセス」中、アサドは大統領の地位にとどまるのか、離職するのか、あるいはとどまるものの、権限を「移行期の統治主体」に移譲し、実権は失うのか。そして、憲法改正後に誕生する新たな統治機関には大統領職があるのか、ないのか。あるとすれば、アサドには立候補の資格があるのかどうか。

このように、解釈の余地があまりに広い文言になってしまったのは、そうしなければ親アサドの露中両国[24]と、それ以外の諸国が折り合えなかったためだ。

結果的に、親アサド諸国も、反アサド諸国も、それぞれの従来どおりの立場——親アサド側は「アサドは移行期に大統領にとどまりその後の議会選や大統領選への立候補資格を有する」、反アサド側は「アサドは移行期がはじまると、あるいは移行期が終わるまでに退任せねばならない」とする立場——から一歩も出ることはなかった。このため、ジュネーヴ宣言が示す危機収拾の政治プロセスは、2018年末現在まで、まったく進んでいない。シリア危機に関与する各プレイヤー、特にアサド政権は、合意に一切縛られることなく、既成事実作りに励んできた。

アナンの調停努力は、そんな現実の前にまったく無力だった。

アナンの特使任命に合わせるかのように、アサド政権軍はホムス市内の反体制派拠点バーバ・アムルへの攻撃を激化させ、3月1日にはFSA部隊が同地区からの撤退を余儀なくされた[25]。

4月には安保理が国連停戦監視団派遣を決議し、5月末までに各国軍人・民間人あわせて約400名の監視団員がダマスカスの他、アレッポ、イドリブ、ハマー、ホムス、ダラア、タルトゥース、デイルッ

23 http://www.un.org/News/dh/infocus/Syria/FinalCommuniqueActionGroupforSyria.pdf
24 アクション・グループ・メンバーでは、イランの影響力の強いイラクもアサド寄りの立場
25 https://www.theguardian.com/world/2012/mar/01/syria-annan-talks-assad-live

ズールに派遣された。[26]

当初の派遣予定期間は90日間だった。しかしこの時期は、5章で後述するように、シリア危機が本格的に内戦化した時期であり、監視団員の生命も各地で危険にさらされた。任期満了の7月20日に、安保理は状況の改善を条件に、監視団の任期をいったん1カ月間延長した。だが、悪化の一途をたどるシリア国内情勢を受けて、監視団より先にアナン特使のほうが匙を投げた。

「シリア紛争の軍事化加速と、安保理の不一致が効果的に任務を遂行するための環境を根本から変えてしまった」「自分には、いや、他の誰にも、シリア政府と反体制派に、対話に向けた行動を強制することはできない」。アナンは8月初めにそんな声明を出し、月末に予定された特使の任期延長をせず、辞任する意向を表明した。[27]停戦監視団のほうもこれに伴い、再度の任期延長はされずに消滅した。

こうして、アラブ連盟の紛争収拾工作に続き、2012年夏には国連の工作も行き詰ってしまった。

(4) イスラエルの限定空爆とヒズボッラー要人暗殺作戦

イスラエルはシリア危機に対し、他のどの国や勢力とも異なる独自の関わり方をした。

基本は中立である。つまりアサド政権にも、反体制派にも肩入れしない。ただし、自国の安全保障上の脅威とみなす状況が生じると、軍事介入する。具体的には、アサド政権やイランから、レバノンのヒズボッラーに向けた兵器供与もしくは移転の動きを探知した時である。その場合は、躊躇なく車列を空爆するなどして、この不倶戴天の敵の軍備増強を阻止する。

あるいは1967年の第3次中東戦争でシリアから奪い、その後一方的に併合したゴラン高原の近くにヒズボッラー部隊が進出すると、空爆する。ゴラン高原にアサド政権軍の砲弾が着弾すると、報復する……こんな具合である。シリアとレバノン両国内でのヒズボッラー幹部暗殺作戦も継続した。

このようにイスラエルの軍事介入の標的はアサド政権とその同盟者なので、結果的には反体制勢力への間接的な支援ともなっている。

1943年に建国されたシリア国家は、その5年後のイスラエル建国に反対し、第1次中東戦争に参戦した。以来、両国は敵対関係にある。

1970年に政権を掌握した父子二代のアサド政権も、イスラエルにとって不倶戴天の敵である。1973年の第4次中東戦争、そして1982年のイスラエルのレバノン侵攻の際に、イスラエルと対決したのはハーフェズ・アサド政権だった。その後もイスラエルは1993年、1996年そして2006年と、三度にわたりヒズボッラーの壊滅を目指してレバノンを攻撃し、失敗している。親子二代にわたるアサド政権が、イランからの兵站補給に協力して、ヒズボッラーの抗戦を支えたことは既述した。

2007年にはシリア東部のブー・カマールをイスラエル空軍機が突如空爆した。当初イスラエルもシリア政府も、攻撃の事実そのものを認めようとしなかったが、しばらくして実は攻撃で破壊されたのはシリアが極秘に建設していた原子炉であったことが判明した。イスラエル軍は1981年にイラクのオシラク原発を空爆し、稼働前に破壊したことで知られるが、同じことをシリアでもやったのである。

26 http://www.un.org/en/peacekeeping/missions/past/unsmis/background.shtml
27 http://www.bbc.com/news/world-middle-east-19099676

シリアとイスラエル両国は1991年のマドリッド和平会議に参加しているし、第2章に記したとおり、2008年から翌年にかけて、トルコの仲介で和平交渉を行っている。しかし、交渉は成果を生まなかった。だから2011年のシリア危機勃発時点で、アサド政権はまぎれもなくイスラエルの敵であった。特に、この時期のイスラエルのネタニヤフ政権は、核開発を進めるイランへの先制攻撃を真剣に検討していた。アサド政権はヒズボッラー同様、できればその前に除去しておきたい存在でもあった。そう考えると、イスラエルの首脳がシリア危機を歓迎し、アサド政権崩壊を期待したとしてもおかしくない。事実、当時のバラク国防相――元参謀総長、元首相で対イラン先制攻撃の主唱者だった――とガンツ参謀総長は、2012年1月時点で相次ぎアサド政権崩壊は時間の問題だとの見解を示している。[28]

しかし、相反する見方、つまりアサド政権が反体制派に倒されるのをイスラエルは素直に喜べない、とする見方も存在する。反体制派の中には様々な組織があり、パレスチナのハマースに通ずるムスリム同胞団（MB）や、アル・カーイダのような過激なジハーディストもかなりの割合で入り込んでいる。そのうちのどの勢力がポスト・アサドのシリアを統治することになるか、皆目見当がつかない。それどころか、40年に及んだ独裁・強権支配のタガが緩んだ後、もう一度統一政府がシリアに生まれてくるのかどうかすらわからない。

万が一にもシリアがMB国家や、アフガニスタンのタリバンのようなスンニ派神権国家になってしまったら、世俗的かつ社会主義的なバアス党政権よりもイスラエルにとってはよほど危険な存在となるだろう。「中東の民主的変革は歓迎する。しかし過激な体制や戦闘的イスラム主義者が民主主義をハイジャックすることは懸念する」ネタニヤフ首相のこの発言[29]が、シリア危機に困惑するイスラエル国内の気分を象徴している。

「見知らぬ天使よりも、見知った悪魔の方がつきあいやすい」。シリア危機勃発後しばらくの間、イスラエルのメディアや政治家の発言の中には、そんな主張が幅を利かせた。なるほど、アサド政権はイスラエルにとって決して理想の隣人ではない。しかしそれにとって代わる政権が、イスラエルにとってより深刻な脅威となる可能性が高い以上、アサド政権存続の方が好ましい、という趣旨である。

このようにシリア危機への対処をめぐり国論が分裂する中、関与を最小限とし、自国への脅威が生じた場合のみ軍事的に対処するという方針が選択された。イスラエルという域内の軍事的超大国がこのような政策をとったことは、シリア危機の長期化につながった。

「シリア内戦が長引けば、アサド政権・ヒズボッラー陣営と、過激なスンニ派イスラム主義者の陣営がともに消耗する。それにシリア内戦はパレスチナ問題から世界の目をそらせてくれる。シリア内戦の長期化を希望し画策しているのは、実はイスラエルだ」

そんな陰謀論がまことしやかに聞こえるほどに、シリア危機へのイスラエルの対応は、自国の安全保障を最大限追及する巧妙なものであった。

---

28 http://www.reuters.com/article/us-israel-golan-syria-idUSTRE8090XV20120110
29 http://www.dw.com/en/syrian-unrest-raises-fears-in-israel-about-regional-stability/a-15034863

第5章 民衆蜂起から宗派紛争へ

シリア危機が長期化し、流血の規模が拡大する中、紛争の性質は大きく変質していった。

危機は独裁政権に対する民主化と改革要求として勃発した。アサド大統領は従来どおりスンニ派のモスクに出かけて礼拝し、アラウィ派という自らの出自を強調することはしなかった。反体制派の側も、宗教的なスローガンを表に出すよりも、世俗的、多元的な民主主義を理想に掲げた。

しかし２０１１年の暮れから２０１２年初夏にかけて、紛争の宗派的性格を強める事件が起きた。自爆攻撃をいとわない過激な聖戦組織の出現・台頭と、ホムスやラタキア周辺で政権軍が行った、一種の「民族浄化」作戦がそれである。

主要な登場人物・組織・宗派名

○アブ・ムハンマド・ジョラーニ：ヌスラ戦線司令官
◉ムスリム同胞団（ＭＢ）
◉アル・カーイダ（ＡＱ）
◉ファタハ・イスラム
◉自由シリア軍（ＦＳＡ）
◉ヌスラ戦線（ＮＦ）
◉シャッビーハ

（1）シリアのスンニ派ジハーディスト

アサド政権は危機勃発当初から、反政府勢力を一括して「イスラム過激派」「テロリスト」と呼んだ。これは弾圧を正当化するためである。同時に、アラウィ派やキリスト教徒、ドルーズ派など、非スンニ派国民の忠誠を維持し、「アサド政権は宗教的マイノリティの庇護者」というイメージを国際社会に向けて宣伝するためでもあった。

これに対し、反政府勢力とその支持者は、「シリア危機の本質は、独裁と強権支配に対する国民の抗議行動である。その行動にはシリア社会のあらゆる階層や宗派、民族が参加している。決して偏狭なスンニ派原理主義運動ではない。政権側が反政府勢力を一括して過激派、テロリスト扱いし、一方的な武力弾圧をしたために、反政府側は自衛のために武装をはじめたのである」と主張する。

この主張は、圧倒的大多数の世俗的な反体制派には当てはまるが、すべて真実というわけではない。過激な武装イスラム勢力は、危機のかなり早い段階、さらにいえば危機発生前ですら、既にシリアには存在していたからである。

これには背景がある。

第1章で触れたように、ハーフェズ・アサド政権は、70年代後半になると武装化したムスリム同胞団[1]（MB）から、特に北部のアレッポからイドリブ、ハマーにかけての地域で、深刻な挑戦を受けた。この、いわば第1次シリア内戦ともいうべき騒乱が1982年のハマー大虐殺で終息すると、以降、アサド政権

1　左翼ゲリラ全盛の国際的風潮の影響も受けて、「革命前衛戦士団」という左翼ばりの組織名を掲げていた。

はＭＢを懐柔し、外交カードとして利用するようになる。１９９０年代末にヨルダンを追われたパレスチナのハマース指導部をダマスカスで庇護したのも、ＭＢ取り込み策の一環だ。

イスラム過激派を匿い、外交カードとして利用する政策はバッシャール・アサド政権も踏襲した。２００３年にイラクを占領した米軍が国境に迫ると、シリアはアラブ人を中心とするスンニ派ジハーディストのイラクへの越境基地となった。シリア情報機関の関与なしではあり得ない話である。[2]

かつて米国はアフガニスタンに侵攻したソ連の野望を挫くため、サウジやパキスタンの情報機関と協力して、アラブ人ムジャーヒディーンを軍事支援した。[3]オサーマ・ビン・ラーディンに代表されるこのムジャーヒディーンが、ソ連のアフガニスタン撤退後に、今度はイスラム教の聖地サウジアラビアに進駐した米国を敵視し、「アル・カーイダ（ＡＱ）」を組織したことは周知の事実である。

アサド政権は、かなりの程度、この米国の轍を踏んだといえるかもしれない。

２０００年代前半に自国の国益のために、せっせと支援したジハーディストが、わずか数年後には手に負えない怪物となって、刃を向けてきたのである。「サージ（増派）」によって、米ブッシュ政権がイラクの反米勢力、特にＡＱ掃討に成功するのと比例するように、シリア国内では２００６年以降、イスラム過激派やジハーディストによるテロ攻撃が増えていく。[4]

２００７年には、レバノンのナハル・アル・バーリド難民キャンプに「ファタハ・イスラム」と称する過激組織が立て籠り、レバノン国軍と死闘を演じた。この「ファタハ・イスラム」にしても、そもそもはシリア政府の庇護下のパレスチナ組織「ファタハ・インティファーダ」を母体に誕生した経緯がある。レバノンで組織が壊滅した後も「ファタハ・イスラム」はシリア国内でしぶとくゲリラ的な反政府テロ活動を続けた。

シリア危機において、初めて反体制武装勢力が政権軍に多大な損害を与えた事件は、２０１１年６月初めに発生した。北西部イドリブ県の、トルコ国境からほど近い町ジセル・シュグールで、住民と治安部隊の衝突が激化し、シリア政府側の発表では数日間に治安部隊の側の死者が１２０名に達した。事件の経緯には不明な点が多い。しかし、住民側もかなり武装していたこと、治安部隊の中から兵士が離反し、住民側に加わって治安部隊本部を攻撃したことなどは、ほぼ間違いない[5]。

この時は政権側が部隊を増強して市街地奪還に成功、反体制派と離脱した将兵らは隣接するトルコのハタイ県に亡命した。しかし１００人を越える損失は、政権にとって大きな衝撃であったに違いない。

この事件は自由シリア軍（ＦＳＡ）結成よりも2カ月近く早く発生している。また、ジセル・シュグールにはハーフェズ・アサド時代の１９８０年にもＭＢ系の武装勢力が蜂起し、政権軍に殲滅された歴史がある。２０１１年６月時点でも、その残党が復讐を期していた可能性は高い。そういったことを考慮すると、「シリア危機は当初非武装の民主化要求運動として発生した。それが後に武装化したのは、政権側の弾圧に対する自衛策としてである」という反体制派の言説は不正確である。実際には、反体制派の中に武装したイスラム過激分子が、かなり初期から混じっていたと考えるのが自然だろう。

---

2 過激な反米煽動活動で知られたアレッポのイスラム導師マハムード・アガシ（通称アブ・アル・カアカーア）には、イラクにジハーディスト戦闘員を送り出すシリア情報機関のエージェントではないかとの噂がつきまとった。アガシは２００７年に何者かにより暗殺された。https://now.mmedia.me/lb/en/commentaryanalysis/death_of_a_cleric

3 「ジハードを行う者＝聖戦士」を意味する「ムジャーヒド」の複数形。

4 例えば、２００６年2月、デンマーク紙による預言者ムハンマドの戯画掲載が各地のムスリムの怒りを招いた際、ダマスカスのデンマーク大使館も焼き討ちにあった。同年9月にはダマスカスの米国大使館が武装勢力の襲撃を受けている。

5 http://www.bbc.com/news/world-middle-east-13857654

アサド政権は危機発生後半年ほどの間に、イラク帰りのＡＱメンバーや、サラフィストを含むジハーディストを数多く釈放している。特に拷問や秘密処刑で悪名高いサイダナヤ刑務所には、大物ジハーディストが多数収容されていたが、そのほとんどがこの時期に釈放された。この「政治犯の即時釈放」は、危機発生当初から反体制派の改革要求の筆頭である。政権側は、ジハーディストを釈放してその要求に答えたことになる。

しかし、この恩赦措置は世俗主義の反体制派活動家からは極めて評判が悪い。というのも、この時釈放された大物ジハーディストたちは、自由の身になるや否や、イスラム主義の有力武装グループを立ち上げた。そして、２０１２年末ごろまでには、それらのグループがＦＳＡを圧倒し、反体制派武装組織の主役に成長したからである。このため、世俗的な反体制派の間では、「アサド政権は穏健で世俗的な反体制派を潰すために、敢えてイスラム過激派を釈放した」そんな陰謀論的な見方をする人は少なくない。

率直なところ、筆者はその見解を支持できない。

アラブ諸国にはジハーディストの活動家はいくらでもおり、全員を刑務所に収容することも、釈放して監視下に置くことも不可能だ。だから、処刑してしまわないのであれば、相対的に危険度が低いと思われる者から釈放するしかない。

結果的に当局の予測を超えて、釈放された者が大物活動家に化けることも起こり得る。実際、２０１４年に世界最悪のお尋ね者となったＩＳＩＬの「カリフ」アブ・バクル・バグダーディも、２００４年に米軍のブッカ収容所に拘束され、10カ月後に釈放された経緯がある。[6]

また、これら「テロリスト」たちがその後アサド政権とその支持者に与えた軍事的損害を考えると、政権がそれをすべて計算の上で、恩赦を実施したとはとても思えない。というより、アサド政権がそこまで未来を管理できるのであれば、そもそも内戦は起きなかっただろうし、起きてもここまで長期化することはなかっただろう。

しかし、サイダナヤ刑務所内で、ジハーディストは世俗主義の反体制活動家よりも格段に優遇された、との証言も少なくない。[7] シリア危機の初期段階において、政権が、「ジハーディストを野に放つことによって、反体制派を分裂させるとともに、反体制派の国際的イメージを下げる」そんな効果を期待していたことは十分あり得る。

(2) ヌスラ戦線(NF)の登場

2011年12月23日、ダマスカスで連続自爆テロが発生し、シリア政府の発表では計44名の犠牲が出た。標的はクファル・スーサ地区にある国軍情報局と総合情報局庁舎だ。身体に爆弾を巻き付けた犯人2名が相前後して自爆したらしく、被害者の多くは民間人だった。犯行声明は出ていないが、当局は即座に「AQによる犯行」との見解を示した。シリア危機勃発以来、政権を狙った初めての自爆テロである。

いうまでもないが、自爆テロで民間人を巻き添えにするという行為は、本来のシリア反体制派の主義主張とはかけ離れている。また、離脱兵や地域の自警団あがりのFSA兵士は、襲撃してくる政権軍兵士を迎え撃ち、時には待ち伏せして戦うが、自爆するという発想はなかなか出てこない。やはり自爆テロは「聖戦の中で自爆すれば、それは殉教行為であり、天国に行ける」というジハーディストの発想に直結する。

6 http://csweb.brookings.edu/content/research/essays/2015/thebeliever.html
7 http://www.thedailybeast.com/assad-henchman-heres-how-we-built-isis

ちなみに米国のある統計[8]では、２０１１年に全世界で起きた自爆テロは計２７９件で、うち２５９件がスンニ派過激派あるいはジハーディストによるものだった。12月のダマスカスの自爆案件がそのひとつで、シリアで起きた唯一のケースである。ところがその後８カ月の間にシリアで25件の自爆テロが発生している。つまり、２０１１年12月を契機に、シリアの反アサド武装勢力の中に、それまで主流であったＦＳＡなど世俗主義の組織とは別のグループが台頭したとみられる。

当初、反体制派の間では、ダマスカスの自爆テロを「政権側の自作自演である」とする見方が強かった。彼らにいわせると、タイミングが絶妙過ぎたのだ。

事件発生は、アラブ連盟が初めて送る停戦監視団の先遣隊がダマスカスに到着した翌日である。政権側の過剰な暴力行使を咎めるためにやってくる停戦監視団の目の前で、政権中枢機関が自爆攻撃を受けたのだ。「反体制活動は平和的な抗議運動なんかではない、テロリストの破壊行動なのだ」とする政権のプロパガンダに、強い説得力を与えることになる。

また、クファル・スーサ地区といえば、アサド政権を支える軍や治安機関関連施設が集中する、政権の心臓部のひとつである。そんなところがみすみす自爆テロにあうとは、都合がよすぎないか？　反体制派がそんな素朴な疑問を抱くのも無理はない。

しかし、年を明けた２０１２年1月6日にまたダマスカスで単発の自爆テロ、さらに2月10日には第二の都市アレッポでも、二人の犯人による二重自爆テロが発生した。そして1月末に、それまでまったく無名であった「アブ・ムハンマド・ジョラーニ」を名乗る人物が、新組織「シャームの民のための支援（アラビア語で「ヌスラ」）戦線」の結成を宣言するビデオがネット上に流れた。

続いて2月29日にはその「ヌスラ戦線（ＮＦ）」が1月のダマスカス攻撃、2月のアレッポ攻撃の犯行声明ビデオを流した。特に後者はダマスカス攻撃の実行犯の生前メッセージも含んでおり、信憑性が高い。

忽然と現れたNFの正体は、当初謎に包まれていた。

指導者アブ・ムハンマド・ジョラーニのクニヤ（複数の語からなる名前の最後の部分。通常苗字や出自を示す）にあたる「ジョラーニ」とは、ゴラン高原を指す。シリア南部地方出身を暗示する名だが、それが本名である保証はない。地下活動をやるために本名を隠しているのだから、むしろゲリラ名には本来の出自とは関係ないクニヤを用いている可能性のほうが高い。

NFと、後に出現するISILの幹部や戦闘員は大抵、地名や都市名、国名（シャーミー＝シリア出身、バグダーディ＝バグダード出身、ハラビ＝アレッポ出身、マスリ＝エジプト人、シシャーニ＝チェチェン人など）を名乗ったが、偽装しているケースのほうが多いだろう。

ジョラーニは2016年にアル・ジャジーラ・テレビにカミングアウトするまで、一切画像や映像を公開しなかった。前記のNF結成ビデオでも、ジョラーニは音声しか出していない。このため、その年齢や風貌も長く謎のままだった。

NFは都市部でのテロだけではなく、アレッポ北方のトルコとの国境地帯から南はヨルダン国境地帯、そしてラッカやデイルッズールなどユーフラテス川沿いの都市近郊でも部隊を組織し、政権軍と戦った。

シリア反体制派武装勢力は、元来が村や町、あるいは血族単位の、自警団のように成立したものが多い。だから、少々組織が拡大しても、活動範囲は特定の町や、村落部に限定される。発足から2018年の北部への退去に至るまで、ダマスカス北部のドゥーマ市を根拠にしたイスラム軍（JI）が、その典型であ

8　http://www.longwarjournal.org/archives/2012/08/suicide_bombings_bec.php

る。その点、シリアの各地で同時に作戦行動をとれるＮＦの動員力と組織力は際立っていた。

各地のＮＦ部隊は、往々にして地元のＦＳＡ部隊と合同作戦を行った。そして死を恐れない敢闘精神と、高い戦闘技術から、出現してほどなく「反体制派の最強部隊」という評判を確立させたのである。

過激で戦闘的なスンニ派のイスラム主義を奉じ、戦闘経験が豊富。メンバーには外国人もいるが、多くはシリア出身者。これらの特徴から考えると、ＮＦの正体はＡＱ系の組織で、その戦闘員は米軍や政府軍との戦闘が続くアフガニスタンかイラクからの帰還者と推測がつく。

米国のクラッパー国家情報局長官は、2月17日の段階で、「12月以降のダマスカスとアレッポの爆弾テロはＡＱの手口だ。よって、イラクのＡＱがシリアに拡張しつつあると考える」と上院軍事委員会に報告している[9]。

しかし、ＮＦはこの後、1年以上にわたり、その正体を秘匿した。ＡＱであることが明らかになると、「反体制派はテロリストである」というアサド政権の言説を強化してしまうし、ＦＳＡ部隊との提携協力や、戦闘員のリクルート、反体制支援国や民間からの資金集めにも支障が出る。ジョラーニ本人が1年後の音声メッセージで認めるように[10]、様々な情勢判断から、ＮＦはＡＱとの関係を公表しなかった。

（3）ホウラ虐殺事件

反体制派の武装化が進み、各地で政権軍と武装反体制勢力との衝突が頻発すると、「アサド政権北遷説」ともいうべき観測が語られるようになった。

いよいよ首都ダマスカスを維持できなくなった場合、アサド政権はアラウィ派の本拠地というべきラタキアからタルトゥースに至る地中海岸と、その後背地の山岳地帯に逃れる。そしてそこにアラウィ派のミニ国家をつくるのでは、とする見方である。

アサド政権中枢のエリートはアラウィ派だけではない。そもそも、バッシャール・アサドの世代のアラウィ派エリートの多くは、ダマスカス生まれあるいはダマスカス育ちである。北西部のいわゆる「アラウィ山地」を必ずしも郷里とは考えていない。同地域には首都ダマスカスやアレッポの代替となるほどのインフラ投資もされてこなかった。そう考えると、「アサド政権北遷」の可能性は低い。事実、政権は断固ダマスカス死守の方針をとった。

しかし、2012年春先から初夏にかけての政権軍の動きには、「アラウィ国家樹立」もしくは沿岸地帯とダマスカスの連結維持を重視する意図がうかがわれた。「アラウィ国家」足り得る地域の境界に位置するスンニ派の街や村落を、重点的に攻撃したのだ。

2011年から12年にかけて、中部の都市ホムスが「シリア革命の首都」と称されるほどの激戦地となった理由も、同じ視点から理解できる。ホムスはダマスカスとアレッポを結ぶ南北の幹線道路と、沿岸部と内陸部を結ぶ東西の幹線道路の交差点に位置する。預言者ムハンマドの教友で、イスラム勢のシャーム征服を指揮したハーリド・ビン・ワリード将軍の廟が所在するスンニ派の聖地でもある。住民の大多数はスンニ派だ。しかしすぐ西側のナサーラ（「ナザレ人イエスの信徒」＝キリスト教徒のこと）渓谷はその名のとおり、主にギリシア正教会のキリスト教徒集住地域だ。ホムス市にはこの地区出身のキリスト教徒も

---

9 http://www.telegraph.co.uk/news/worldnews/middleeast/syria/9087927/Al-Qaeda-probably-responsible-Syrian-suicide-bombings-US-spy-chief-claims.html
10 第8章参照

住んでいる。そして、ナサーラ渓谷の北側がアラウィ山地にあたる。

ハーフェズ・アサドの支配がはじまって以来、ホムスにはアラウィ派が多数移住し、２０１１年には同市人口のおよそ4分の1にも達していたという。[11]このため、ホムスの町自体がアラウィ派とスンニ派住民の宗派紛争の最前線となった。

２０１２年5月から6月にかけて、政権側はホムス市北西のホウラ市、[12]ハマー市北西のクベイル、そしてラタキア県の山岳地帯にあるハッフェの3都市を激しく攻撃した。その結果、ホウラでは5月25日に住民１０８名が、またクベイルでも6月7日に78名が殺害されている。[13]

ホウラとクベイルで起きたことは極めて似ている。どちらもスンニ派の村で、被害者のほとんどは女性と子どもを含む非戦闘員だったことだ。生存者の証言によれば、村はまず政権軍による激しい砲爆撃を受けた。その後、近郊のアラウィ派の村から「シャッビーハ」の名で知られる政権支持の民兵部隊が村内に侵入した。そして一軒ずつ民家に押し入って、銃やナイフで住民を殺害していった。文字どおりの虐殺行為である。

アサド一族の出身地カルダーハに近いスンニ派の街ハッフェでは、ＦＳＡ部隊が立てこもり、政権軍に包囲され、猛烈な砲爆撃を受けた。ホウラやクベイルの虐殺事件の再現が危惧されたが、結局13日になってＦＳＡが同市から退去した。[14]

地図でみれば一目瞭然だが、ホウラ、クベイルは「アラウィ国家」の領域に想定される地域と、スンニ派地域の境界上に、ハッフェは「アラウィ国家」領内に位置する（図6）。これらの地域が反体制派の支配下に入れば、「アラウィ国家」の住民はいつ敵の襲撃を受けるかわからない。ダマスカスやアレッポとの交通も脅かされることになる。そんな地域での作戦を活発化させたということは、アサド政権が万が一

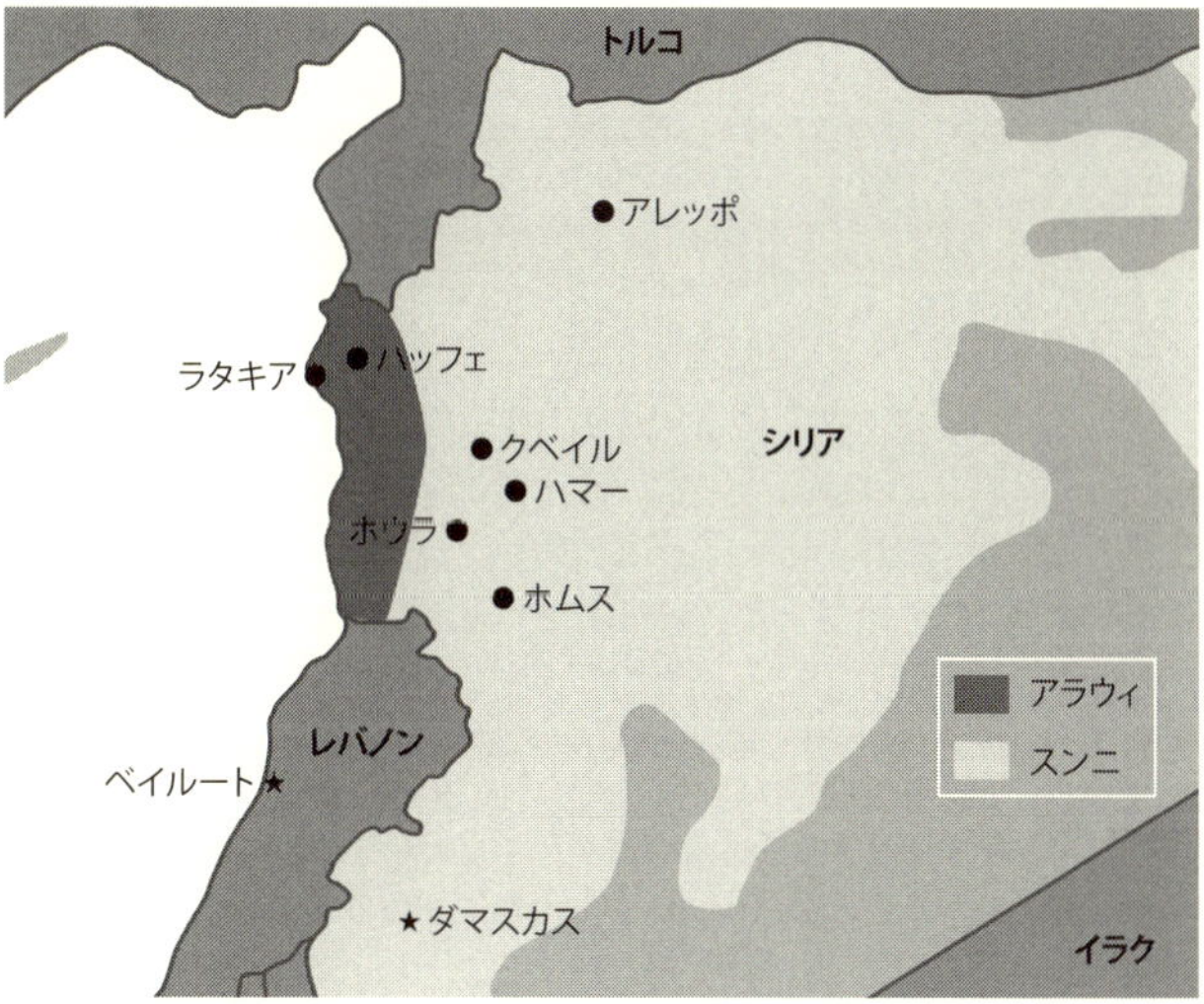

図6アラウィ派の人口集中地域（濃い網掛部分）

https://www.washingtonpost.com/news/worldviews/wp/2012/10/18/whos-fighting-who-in-syria/?utm_term=.5b0a931bc31b に、ホウラ、クベイル、ハッフェの位置を記入

の場合に備え、「政権北遷」の準備も整えておこうとした結果かもしれない。

なお、実際の虐殺行為を働いた「シャッビーハ」は、アサド政権の正規軍を補完する、いわば予備部隊のような存在である。シリア危機の当初から反体制派弾圧に加担し、悪名高い。「シャッビーハ」とは、「幽霊のようなもの」を意味するアラビア語だ。ハーフェズ・アサドの時代に、同人の従兄弟ら親族が組織した密輸団や暴力団が起源とされる。バッシャールの時代になると、ほと

11 http://www.mei.edu/content/map/alawi-community-and-syria-crisis

12 「ホウラ」はこの一帯の地域名かつその中の街の名前。虐殺事件が起きた町は「タルドゥ」だが、「ホウラ虐殺事件」の名が報道では定着しているので本書でもその表記に習う。

13 http://www.telegraph.co.uk/news/worldnews/middleeast/syria/9317692/Syria-full-horror-of-al-Qubeir-masacre-emerges.html

14 http://www.telegraph.co.uk/news/worldnews/middleeast/syria/9328720/Syrian-rebels-withdraw-from-Al-Haffe.html

んど死語となり、その名が表に出てくることは稀であった。しかし、シリア危機がはじまるとともに、再び大々的に用いられるようになった。

シリアの正規軍（そのほとんどは陸軍）は危機勃発時点で約22万人の兵員を擁していたとされる。[15] しかし、その圧倒的多数を占めるスンニ派の兵士や将校の離反や命令拒否が相次ぎ、たちまちのうちに兵員不足に陥った。それを埋める存在として台頭したのが「シャッビーハ」である。スンニ派地区と境界を接するような地域であれば、政権軍がどこまで守ってくれるかわからないので、自警団的に発足したグループもあっただろう。政権にとってみれば、非武装のデモ参加者に対する暴力的な弾圧や、民族浄化的な住民追放行為など、政権として表立ってはやりづらい、汚れ仕事の請負人として重宝する側面もあったはずだ。

その成り立ちや法的地位、指揮命令系統の曖昧さ、規律の欠如などの点において、「シャッビーハ」は、FSAの体制側バージョンといえるかもしれない。

正規軍とは別の民兵組織による残虐行為や、対立するコミュニティの住民追放＝民族浄化は、いずれもレバノン内戦、ボスニア内戦、ルワンダ内戦などで顕著にみられた特徴だ。2012年5～6月にかけて「アラウィ国家」領域の周縁部で相次いだ宗派色の強い紛争を経て、シリア危機はいよいよ本格的に内戦へと転化していく。

なお、ホウラ虐殺事件は、国連の停戦監視団が活動する中で起きた。西側諸国はこの事件を激しく批判し、シリアからの大使召喚措置をとっている。誰がどうみても政権軍とシャッビーハが引き起こした事件であるのに、アサド政権は頑として責任を認めなかった。

政権は事件後、カーセム・スレイマン准将（有名なイラン革命防衛隊のスレイマーニ・コドゥス軍司令官とは同名の別人）を団長に、「調査団」を結成した。スレイマン団長は、事件後1週間もおかずに「犯行は6

00～800名の武装テロリストによるもの。犠牲者は親政権の立場をとる住民だった」という、あり得ない「調査結果」を発表した[16]。それからほどなく、シリア外務省のマクディスィ報道官[17]とアサド大統領本人が、「事件は責任をアサド政権にかぶせるための国際的陰謀」と発言している。

当時の戦闘状況や国際関係、そして当事者たちの証言などを踏まえると、アサド政権のこのような責任転嫁が、まったくの嘘であり詭弁であることは、シリア専門家でなくとも誰にでもわかる。

ホウラ事件だけではなく、2013年の東グータ地区、2017年のハーン・シャイフーン、2018年のドゥーマでの化学兵器攻撃に際しても、政権は同じように荒唐無稽な論理で、反体制派の犯行であると主張した。

アサド政権は、ISILのようにテレビカメラの前で犯罪や残虐行為を誇示するようなことはしない。しかし、ISILとは桁違いの規模で、淡々と人道犯罪を積み重ねている。大量虐殺が発覚すると第三者の犯行現場へのアクセスを妨害し、時間稼ぎをした上で「証拠はない」と反論し、敵対勢力の仕業だと主張する。大規模な戦争犯罪が露見した際の政権側のこの対応は、ほとんどパターン化して、この後も度々繰り返されることになる。

15　2011年版ミリタリー・バランスによる。
16　http://www.telegraph.co.uk/news/worldnews/middleeast/syria/9328720/Syrian-rebels-withdraw-from-Al-Haffe.html
17　後に政権から離反、いわゆる「カイロ・グループ」と呼ばれる反体制派の一派を率いて、露主導の国際会議等に参加することになる。

第6章　転機

シリア危機にはいくつかの重大な転換点がある。

危機勃発以来、最初にやってきた大きな転換点は２０１１年夏のシリア国民評議会（ＳＮＣ）と自由シリア軍（ＦＳＡ）の結成であろう。特に後者によって、シリア国民がシリア国内で起こした民主化要求・反政府行動が、外国の支援を受ける武装闘争へと質的に転換した。反政府勢力の武装化がそれ以前からはじまっていたことは第5章で記したが、ＦＳＡの結成により、反体制派（とその支援諸国）の目標は政治改革から軍事力による政権打倒にはっきりと転換した。

危機勃発から1年以上経過した２０１２年初夏の出来事は、より重要である。シリア危機が内戦に転化したのは、まさにこの時期であったといっても過言ではないだろう。この時期、まず首都ダマスカスで政権中枢幹部複数が爆殺される事件が発生した。２０１２年7月19日のことである。首都の真ん中で、政権中枢が攻撃に晒され甚大な被害を蒙ったのだ。

この事件とほぼ同時に、反体制派はシリア第二の都市で経済の中心都市アレッポ東部を占領（反体制派の視点では「解放」になる）した。こうして、それまでほぼ騒乱が及んでこなかったシリアの第一の都市と第二の都市が、完全に動乱の舞台に組み込まれた。

この結果、シリア国民はすべからくシリア内戦の当事者になってしまった。また「アサド政権崩壊」の可能性が急激に高まったことで、アサド大統領の側近や現職の首相までが泥舟から逃れるように続々と政権から離脱し、一部は反体制派に合流した。

当時はあまり注目されなかったものの、この大変動の結果として、さらに重要な事態が進展した。政権軍がダマスカスからアレッポに至る政権の心臓部を死守するため、僻地、特に人口密度の希薄な北東部から政権軍部隊を撤収し、西部に配置転換したのだ。この行動が、現在に至るシリア国土の分割につなかった。政権軍が撤退する地域の軍事的空白を、クルド人の左派勢力民主統一党（PYD）とその軍事部門である人民防衛隊（YPG）が埋めたからである。

さらには、このクルド勢力の動きが、トルコの対シリア政策を次第に変質させていく。

主要登場人物・政党・宗派名

○アーセフ・ショウカト：参謀次長
○アブドル・カーデル・サーレハ：タウヒード旅団軍事司令官
◉タウヒード旅団
◉（クルド）民主統一党（PYD）
◉人民防衛隊（YPG）
◉クルド労働者党（PKK）

（1）ダマスカス国家保安局本部爆破事件

首都ダマスカスでは、2012年7月15日以降、市街地での戦闘が本格化した。主戦場となったのはミダーン、タダームン、ハジャル・アル・アスワドなど、市南部の一角である。スンニ派地区とパレスチナ難民キャンプ（ヤルムーク）、そしてシーア派の聖地ザイナブ廟などに隣接し、宗派間の緊張が高い地域だ。

また、北東部のドゥーマ市からカブーン、バルゼにかけての東部地域でも、FSAの各部隊が政権軍との戦闘を繰り広げた。一括りに「東グータ」と呼ばれるこの地区では、この後も反体制派が地歩を固め、2018年まで長期にわたり政権側にとって目の上のたんこぶのような存在になる。戦闘地域はさらに国会議事堂や中央銀行など国家の主要機関が集中する一画にまで及んだ。

ＦＳＡはこの攻勢を「ホムスとミダーン支援のためのダマスカスの火山・シリアの地震」作戦と名付け、シリア全土で政権軍に総攻撃を仕掛けるよう促す声明を発出した。[1] 当時ＦＳＡのスポークスマンとしてメディア露出の多かったカーセム・サアドッディーン[2]は、「ＦＳＡは戦場をダマスカス郊外から市内に移した。ＦＳＡの装備する兵器は軽火器だけだが、それで十分だ。ダマスカス全市制圧に向け明確な計画ができあがっている」と語っている。[3] ダマスカス市内での攻勢は、思いつきではなく、ＦＳＡ各部隊が周到な準備を経て実行した合同作戦であったことを示唆している。

政権側はゴラン高原でイスラエルと対峙する部隊の一部をダマスカスに呼び戻した。また、初めてダマスカス上空にヘリコプターを投入し、ＦＳＡが侵入あるいは占拠した地域を空から攻撃し、防戦に努めた。

ダマスカス市の広範な地域で前例のない激戦が続く中、7月18日午後に、同市都心部のラウダ地区にある国家保安局本部ビルで大きな爆発が起き、建物が半壊した。この時、ビルの会議室にはラージャハ国防相、ショウカト参謀次長、トルクマーニ副大統領軍事顧問（前国防相）、ビフティヤール国家保安局長官ら、反体制派武装勢力の鎮圧作戦を立案・指揮するアサド政権の中枢幹部の多数が集まり、作戦会議を開いていた。

シリア当局は、爆発により前述の4名が死亡したと発表した。シャアール内相も重傷を負い、一時は死亡説が流れたが、命はとりとめた。バッシャール・アサド大統領本人は会議には参加しておらず、難を逃れた。大統領の弟で、政府側の最精鋭部隊を指揮し、弾圧の総指揮者と内外でみなされるマーヘル・アサドは、シリア危機発生後メディアへの露出が極端に少なくなっており、事件発生時どこにいたのかも謎だ。このため、「マーヘルも会議に出席しており、両足切断の重傷を負った」「マーヘルはロシアに運ばれ下肢切断手術を受け、辛うじて一命をとりとめた」といった噂が飛び交った。シリア人の人気歌手ジョルジュ・ワスーフがマーヘルとのツーショット写真をフェイスブックに投稿し、マーヘル健在が広く証明されるのは、およそ2年を経た2014年6月のことである。[4]

ショウカトはバッシャールとマーヘルの姉ブシュラ・アサドの夫である。つまりアサド一族のインサイダーの一人なのだが、ブシュラの結婚には父ハーフェズだけでなく、兄で1998年に事故死したバーセルも反対していたとも噂される。前記のマーヘルは、ある時このショウカトと口論し、ピストルでこの義兄を撃って重傷を負わせたという記事さえ流布した。[5] これらの噂の真偽は不明である。しかしそんな話がいくつも流布したのは、ショウカトがアサド・ファミリーの一員でありながら、政権の真の意思決定者たち——義父、義兄、義弟たち——にとって心許せる相手ではなかったからであろう。

ショウカトはバッシャール・アサド政権成立から2008年頃までは、相当に機微な工作活動に関わる

---

1 https://www.skynewsarabia.com/middle-east/33953-الجيش-الحر-يبدأ-معركة-تحرير-دمشق
2 ホムス市郊外のラスタン市出身の空軍大佐（パイロット）で、2012年2月に同僚らとともに政権からの離反とFSA参加を発表した。
3 https://www.theguardian.com/world/2012/jul/17/syrian-armed-rebels-fight-damascus
4 http://www.telegraph.co.uk/news/worldnews/middleeast/syria/10916855/Bashar-al-Assads-younger-brother-makes-rare-appearance-after-serious-bomb-injuries.html
5 https://www.thedailybeast.com/murder-mystery-of-assads-brother-in-law

フィクサー的な存在であったとされる。イラクへのジハーディスト送り出しや、2005年のハリーリ・レバノン元首相暗殺事件など、様々な事件の報道で、ショウカトの名が囁かれた。

2008年2月、ヒズボッラーの対外工作と軍事活動の指導者イマード・ムグニエがダマスカスで暗殺される事件が起き、その後にショウカト失脚説が流れた。しかしシリア危機が勃発すると、政権は退役済みの古参軍人や治安機関元高官を呼び戻し、治安関係の要職に再登用している。ショウカトもその流れの中で、再び政権中枢に返り咲いたとみられる。

このように噂と謎に包まれたショウカトであったが、2012年夏の爆破事件で死亡したのは間違いなく、葬儀も営まれた。[6]

シリア危機発生から1年4カ月、FSA結成からでもほぼ1年間、圧倒的に優勢な政権軍の前に、反体制派武装勢力はほとんどサンドバック状態で、一方的に打たれっ放しだった。国家保安局本部爆破が反体制派によるものであったとすれば、反体制派は初めてアサド政権に強力な一矢を報い、政権を脅かす能力を示したことになる。

しかし、ここでもシリア危機におなじみの陰謀説が出てくる。

国家保安局本部爆破は、高度に組織化された特殊工作である。要人の日程を正確に把握し、会議の開催時間と場所も把握し、その場所、その時間に爆弾を仕掛け、確実に起爆させる。政権側が厳重に秘匿管理するインテリジェンスに何重にも浸入し、突き破って初めて可能となる作戦だ。もし反体制派に2012年7月時点でそのような高度な諜報能力が備わっていたのであれば、なぜその後何年経っても政権を倒せないのか？

他にも、「結局この事件で殺害された治安機関高官たちは、アサド政権の真の中枢（バッシャールとマーヘル兄弟）にとって、邪魔あるいは危険な存在だった」とする見方もある。彼らはいずれも体制内のエリートだ。混乱を最小限に抑えて体制転換を図るためには、アサド本人を除去する一方で、体制内のエリートに権力を継承させればよい。本人たちが無実で、そのような意思がなくとも、反アサド諸国が彼らをアサドの後継者とみなす可能性もある。政権はその脅威を未然に摘み取ったのだ、と陰謀説は主張する。

犯行声明は少なくとも二つ出ている。一つはサラフィー風の「リワー・イスラム（イスラム旅団）」を名乗る組織、[7]もう一つは在トルコのFSA副司令官を名乗るマーリク・クルディ大尉によるものである。[8]しかし、いずれも当時者のみが知りうる生々しい情報を含んでいない。また政権側もその後この攻撃について、「外国の支援を受けたテロリストの仕業」とするのみで、それ以上の捜査結果を公表していない。

このように、犯行の背後関係が事件から6年を経た2018年末時点でも明らかになっていないので、陰謀説は根強くささやかれている。

先述したように、筆者は基本的にこの手の陰謀論は採用しない。世の中に陰謀がない、というのではない。むしろ、世の中には陰謀が溢れ返っている、と思っている。いつ、どこでも、誰もが、自己の利益を最大化しようと密かな画策をしているだろうから。問題は、いくつもの陰謀が企てられているのに、いつも同じ勢力の陰謀だけが成功するものだろうか、という点だ。

例えば「ユダヤの世界征服陰謀」「フリーメーソンの陰謀」、といった話は荒唐無稽である。「ユダヤ人」

6　もっとも、この事件の数カ月前にもショウカト死亡説は流れていた。前記デイリー・ビースト記事参照。
7　ダマスカス東方のドゥーマを拠点とする「リワー・イスラム」は、後に「イスラム軍」となり、有力な非FSA系武装勢力として台頭する。しかしドゥーマの「リワー・イスラム」と、犯行声明を出した組織が同一組織かどうかは不明。
8　http://www.nytimes.com/2012/07/19/world/middleeast/suicide-attack-reported-in-damascus-as-more-generals-flee.html

と呼ばれる人々は何十年、何百年にもわたり、国家の壁を超えて、ひとつの意思、ひとつの計画のもとに一糸乱れず行動するような人たちではない。「フリーメーソン」もそうだが、そんなことができる人間集団というものはあり得ない。

アサド政権は生き残りをかけて、日々陰謀をめぐらせている。それはおそらく事実だろうが、反体制派も、ジハーディストも、関係諸国もその点はみんな同じだ。誰もが陰謀を、おそらくは何重にもめぐらせている。アサド政権の陰謀だけがいつも成功して、何もかもが政権の思う通りに事態が進むわけがない。

2012年夏のダマスカス爆破テロ事件の真相を、筆者もいつか知りたいと思う。しかし現時点で判明している事実から判断する限り、事件はやはり反体制勢力が、おそらくは政権側の軍・治安機関内部に協力者を得て実行したものであると考える。

(2) 反体制派の東アレッポ制圧

筆者が政権の自作自演説を否定する理由がもうひとつある。この爆破テロが、反体制派がシリアの二大都市ダマスカスとアレッポで、大規模な攻勢を仕掛けるただ中で起きたことだ。危機発生以来、初めての反体制側の合同大作戦であり、準備と調整には相当な期間を要したはずだ。作戦に参加する各部隊首脳の間で、7月18日に首都で何が起きるか、何らかのかたちで情報が共有されていたと考えるべきだろう。

政権はラージャハ国防相の爆死後、間髪を入れずファハド・フレイジュ参謀長を国防大臣に指名し、反体制派との闘いを断固継続する方針を示した。そして激戦の末、7月末まではダマスカス市内各地に侵

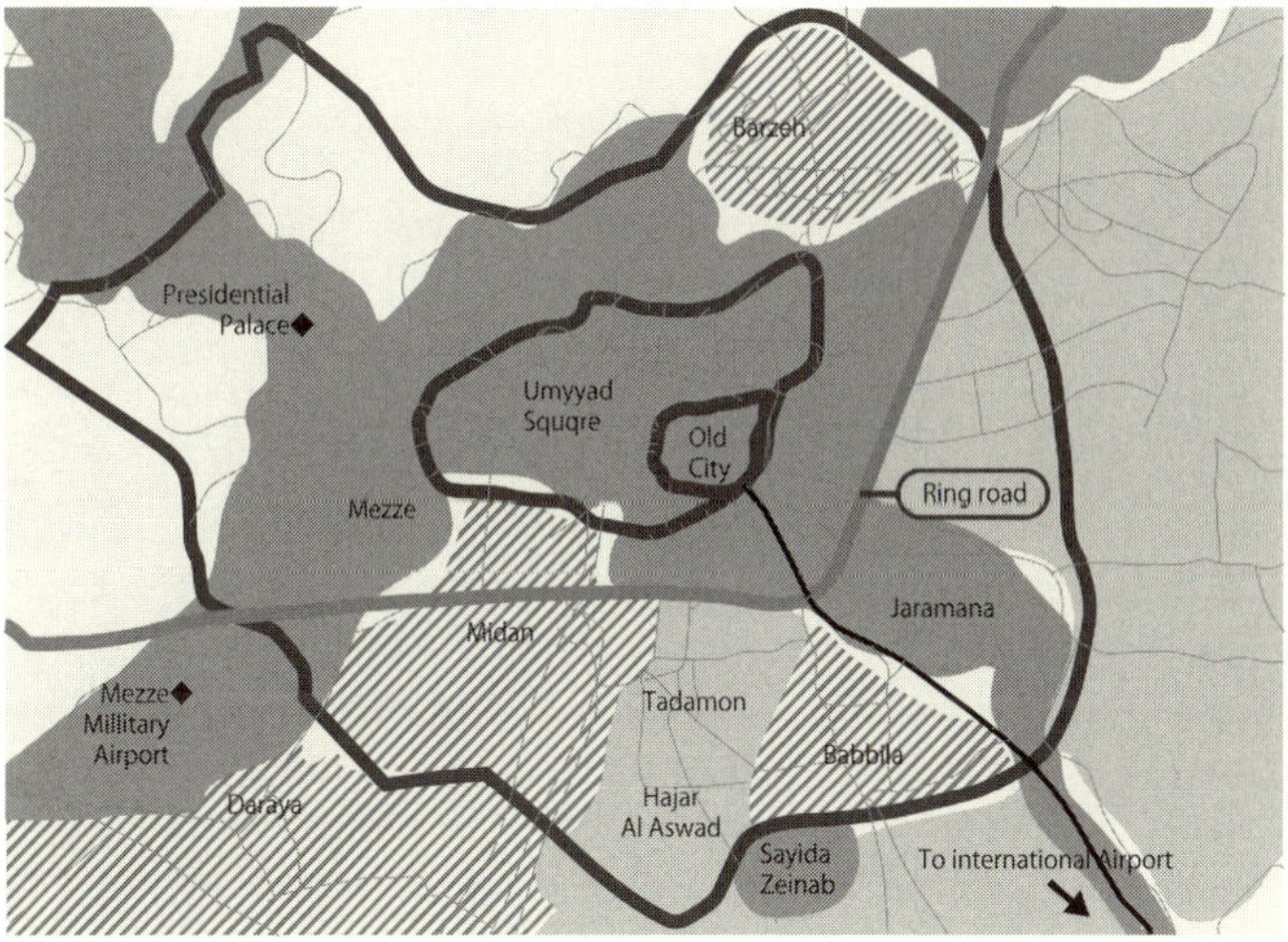

図７　ダマスカス周辺地図

（内側の環状線内は旧市街、次がダマスカス市中心部、外側の環状線内がダマスカス市行政区を表す）
https://gulfnews.com/news/mena/syria/warplanes-strike-damascus-outskirts-watchdog-1.1144025

入した反体制派武装勢力を排除することにほぼ成功した。

反体制派はダマスカス北東の東グータ地域、南西のダーライヤやマアダミーヤ・シャーム（西グータ地域）等、ダマスカスを取り囲む街や農村、そして市内のパレスチナ難民キャンプなど、相対的に貧困な地域に足場を築く（図７）。

地図でみれば、ダマスカスは反体制派支配地域に包囲されたかの印象を受ける。だが実際には周辺地帯の反体制派組織同士の連携は乏しく、兵力の点でも劣勢だった。そのため、この後数年間にわたりダマスカスの周辺部は個別に政権側に包囲され、絶え間ない砲撃と空爆にさらされることになる。最終的には、ロシア空軍の支援を受ける政権軍の包囲と攻撃で、ダマスカス周辺の反体制派支配地域は２０１８年夏までに、次々と開城した。政権軍が支配を回復し、生き残った武装勢力メンバーとその家族はイドリブ県やトルコ軍の実効支配地域へ追放された。

一方、アレッポの情勢はダマスカスとは対照的に進展した。市内が反体制派支配下の東部と、政権側が維持する西部に二分され、分断都市となったのである。もともと商都アレッポは富裕で、住民には政権支持者も多い。だからシリア危機発生後1年以上経過しても、市内では本格的な抗議行動も、武装組織の活動も起きていなかった。他方で、貧しいアレッポ周辺の村落部では早くから反政府抗議行動が起きた。自警団や離脱兵士らが町村単位で武装勢力を組織し、ＦＳＡを名乗っていた。

アレッポ県村落部のＦＳＡは２０１２年になって「アレッポ軍事評議会」を結成する。さらに7月にはその「アレッポ軍事評議会」の中から、大小20を超える武装組織が合流し「タウヒード旅団」が結成された。[9]「タウヒード」にはアラビア語で「一神教」と、「統一」の両方の意味がある。「タウヒード旅団」の場合、その意味は後者になる。アレッポ市征服のために結成された、周辺の反体制武装勢力の連合軍である。

「タウヒード旅団」結成の求心力となったのはマーレア出身の活動家、アブドル・カーデル・サーレハ（通称ハッジ・マーレア）であった。[10] マーレアはアレッポとトルコのキリスを結ぶ幹線道路上に位置する要衝の街である。サーレハはこの時31歳、穀物主体の食料品店の経営者で、マーレアでの反体制抗議行動に加わった後、武装闘争に転じ、私財をはたいて武装組織を立ち上げた。もっとも本人の弁によると、シリア危機がはじまるまで銃の扱いさえ知らなかったという。[11]

学歴が高いわけではなく（注11のオリエント・テレビの記事では、「学業を終えなかった」とあるので、高校あたりを中退したのかもしれない）、名家の出身でもない。軍事についても素人ではあったが、勇敢で謙虚なサーレハには、カリスマ指導者足り得る資質が備わっていたようだ。本人はかなり真面目なスンニ派のムスリムで、イスラム主義者であったが、宗派主義的な言動は弄しなかった。それで社会のさまざまな階

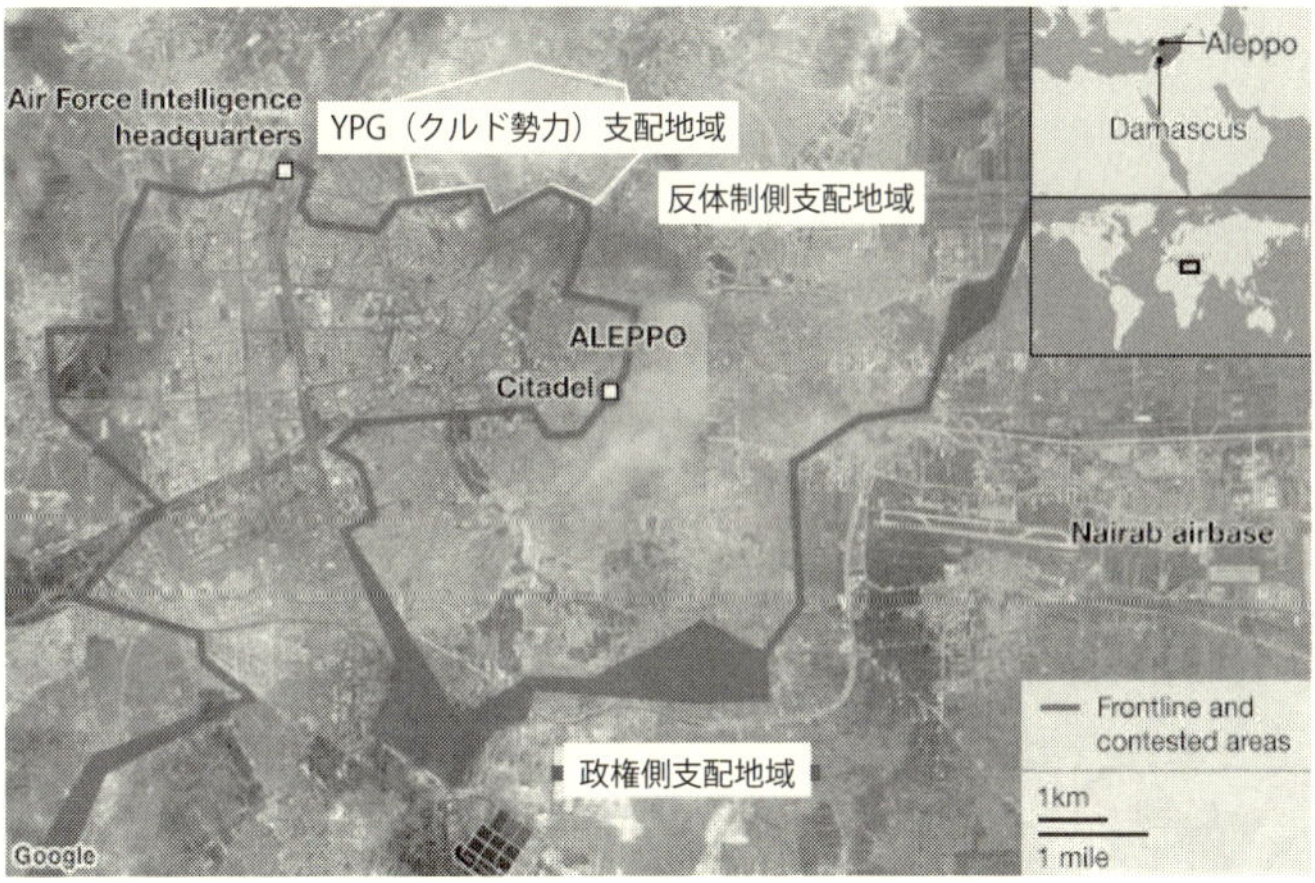

図8
アレッポ市周辺図
（2012年夏以降　線状の塗りの部分が政権側と反体制派支配地域の境界および戦闘地域）
https://www.bbc.com/news/world-middle-east-27180006

層の支持を集めた。

「タウヒード旅団」は最盛期には兵員1万人以上を要する、シリア北部の最有力勢力となった。この「タウヒード旅団」が、7月19日にはじまったアレッポ攻略作戦を主導した。

アレッポ市はアレッポ城のある旧市街を中心に、住宅地域が同心円状に広がるつくりの街である。政府や軍関係施設が集中する西部にエリート層が多く暮らすのに対し、東部にはイドリブ県やアレッポ県北東部など出身の移民労働者が多く、相対的に貧しい。「タウヒード旅団」の作戦が成功し、反体制派が政権側の兵力を追い出して支配するに至ったのはこの東部地域である。一方、西部と、北西部のクルド人地区シェイク・マクスード地区は反体制派の侵

9　http://www.thealeppoproject.com/wp-content/uploads/2016/05/Aleppo-Conflict-Timeline-2012-2.pdf
10　公式には組織のトップは年長のアブドル・アズィーズ・サラーメが務め、サーレハの肩書は「タウヒード旅団軍事司令官」である。
11　http://www.orient-news.net/ar/news_show/4076

攻をはね返し、政権側支配下に残った（図8）。

市街東部の奪還を目指す政権軍は、例によって東部地域を包囲し、激しい砲爆撃を浴びせた。市民は数十万人単位で難民あるいは国内避難民となり、市外に流出した。これまでほとんどシリア内戦の舞台脇にとどまっていたシリア第二の大都市、アレッポは、こうして突如として内戦の主戦場と化した。

（3）政権軍撤退と民主統一党（PYD）の台頭

ダマスカスとアレッポにおける情勢急変の影響は、シリア国土の北東部にも波及した。ダマスカスからアレッポに至る国土の心臓部を守るため、アサド政権の部隊が北東部の広大な地域から漸次撤退し、その空白をクルド人武装勢力が埋めたのである。[12]

クルド人は多民族国家「シリア・アラブ共和国」における最大の民族的マイノリティである。

周知のとおり、クルド人とは元来、言語的には印欧語族の一部で、広義のペルシア語であるクルド語を母語とする人々を指す。だからアラビア語を母語とするアラブ人や、トルコ語を母語とするトルコ人とは、別の民族集団とみなされる。本人たちのクルド民族への帰属意識も強い。こんにちでは主としてイラン、イラク、トルコ、シリア各国の山岳地帯、農村部、主要都市に集住する。その人口は3000万人を超えると推定され、「国家を持たない世界最大の民族」という表現がよく使われる。シリアにおいては、危機がはじまった時点で、約160万人、総人口の9％程度を占めていた。主な集住地域は北東部のイラク国境付近の農村地帯、そしてカミシリ市からコバネ（アラビア語名アイン・アラブ）を経て北西部のアフリン市に至る長大なトルコとの国境地帯である。イラク国境のイラク側、トルコ国境のトルコ側にもクルド人が多いので、国境をまたぐクルド人同士の地縁血縁関係も強い。また本章2項でも触れたように、同市とダマスカスには、数十万人規模のクルド人地区が存在する。

シリアのクルド人は宗派的にはほぼスンニ派ムスリムで一致している。しかし宗教的な保守性については様々だ。厳格に戒律を守って暮らす人や、排他的なイスラム過激思想に影響される人の割合が、アラブのスンニ派やトルクメン人のスンニ派と比較して、特に高い、低いとはいえない。もっとも、マルクス主義を掲げる民主統一党（ＰＹＤ）が最有力の政治勢力として台頭した事実をみると、シリアのクルド人社会の中には、共産主義・社会主義的な思想を受容しやすい何かがあるのかもしれない。

シリアはアラブ民族主義揺籃の地だ。しかも、ナセル大統領のエジプトと連合し、遂にはアラブ民族主義のバアス党独裁支配に至った国である。非アラブのクルド人が、そこでどのような差別と迫害を受けてきたかは想像に難くない。１９６２年に実施された人口調査に際して、10万人を超えるシリアのクルド人がシリア国籍をはく奪された。クルド系シリア人の人口は増え続け、２０１１年には30万人に達した。その多くが無国籍のままだった。

２００４年3月12日、クルド人人口が多いカミシリ市にデイルッズールのアラブ人サッカーチーム「アル・フトゥーワ」が遠征し、地元のチーム「アル・ジハード」と対戦した。イラクでサッダーム・フセイン政権が倒れ、ファッルージャを拠点にバアス党の残党やジハーディストが反米抗争を繰り広げた時期である。他方でイラクのクルド自治区は実質的な独立に向けて着々と地歩を固めていた。イラクにおけるス

12　シリアのクルド人に関するこの項の記述は以下のサイトに基づく。http://jcpa.org/article/the-future-of-kurdistan-between-turkey-the-iraq-war-and-the-syrian-revolt/

ンニ派アラブとクルド人の敵意と対立に影響され、カミシリでのこの試合のサポーター同士の衝突が、死者を出す惨事に発展した。

翌13日に行われたクルド人犠牲者の葬儀がさらに大規模な反シリア、反アラブの抗議行動となり、治安当局との衝突で死傷者が増えた。カミシリだけでなく、ハサカ、コバネ、アフリンなどクルド人が多い街と、ダマスカス、アレッポのクルド人地区でもこれに呼応したデモと衝突が起きた。デモ参加者の一部は暴徒と化して学校や政府施設を襲撃し、ハーフェズ・アサドの銅像を引き倒した。バグダッドでサッダーム・フセインの銅像が引き倒されたことにインスパイアされたのだろう。

暴動が5日目に鎮静化するまでに、30人以上の死者が出た。「カミシリ蜂起」と呼ばれるこの事件は、政権側の情報統制にも関わらず、ＰＫＫ系列のテレビ局が詳報したため、トルコやイラクのクルド人社会にも伝わった。その結果、各国でも連帯するクルド人による抗議行動が発生している[13]。

このように、シリアのクルド人は、本来はアサド政権にとって決して忠実な支持基盤ではない。むしろ、最も先鋭に反体制行動をおこす可能性が強い危険な存在だった。だからこそ、アサドは危機収拾のためクルド人にも「アメ」を撒いた。ハサカ県のクルド人にシリア国籍を付与する大統領令第49号を２０１１年4月に発令したのだ。

同時に政権は「ムチ」も行使した。２０１１年10月にはカミシリ市の反体制派活動家マシュアル・タンモの私邸に武装集団が押し入り、タンモを銃殺した。タンモはリベラルな民主的複数政党制の国家づくりを訴える「クルド未来運動」の党首で、シリア国民評議会（ＳＮＣ）のメンバーでもあった。政権側は当然犯行を認めていない。しかし、タンモが以前に投獄され、暗殺未遂にもあっていたことから、タンモの家族と支持者らは政権による暗殺とみなした。タンモの葬儀が営まれた翌日にはカミシリはじめ各地のクルド人地区で数万人が参加する大規模な抗議デモが起こり、治安部隊との衝突でさらに死傷者が出た。[14]

シリアのクルド人の間には、タンモのようにSNCに共鳴する反体制派や、イラクのクルド民主党（KDP）と関係の深い勢力、イスラム過激派勢力など、様々な政治勢力が存在する。しかし、シリア危機の混乱の中、圧倒的な軍事力と組織力を背景に、次々と既成事実をつくって独占的な支配権を築いたのは、民主統一党（PYD）と、その軍事部門にあたる人民防衛隊（YPG）である。

PYDは、トルコで1980年代から反体制武装闘争を続けるクルド労働者党（PKK）の姉妹組織である。というより、PKK自体、ハーフェズ・アサドの庇護と支援を受けた指導者のアブダッラー・オジャランが、シリア領およびシリアの実効支配下にあったレバノンのベカー高原を拠点に作った組織だ。[15]そもそもがトルコ国籍とシリア国籍のクルド人の混成部隊なのである。PKKとPYDの指導部には同じメンバーが重複して参加している。[16]

トルコやイラク（PKKの軍事司令部はイラク領内のカンディール山地に存在）からの兵站補給ルートを持ち、実戦経験豊かな戦闘員を擁するPYDが、林立するシリアのクルド系勢力の中で、抜きんでた存在となったのは自然のなり行きであった。

---

13 http://www.kurdwatch.org/pdf/kurdwatch_qamischli_en.pdf
14 http://www.nytimes.com/2011/10/09/world/middleeast/killing-of-opposition-leader-in-syria-provokes-kurds.html
15 第2章参照。
16 http://setav.org/en/assets/uploads/2017/05/PYD_YPG_En.pdf

２０１７年７月以降、ダマスカスからアレッポに至る国土の心臓部防衛が、アサド政権の急務となった。政権軍の部隊は北東部のクルド人集住地域から撤退し、空白をＹＰＧが埋めた。こうしてカミシリやハサカ、コバネ、アフリン、さらにアレッポ市内のシェイク・マクスード地区などがＰＹＤの実効支配下に入った。

アサド政権は完全にこれらの地域を手放したわけではない。ハサカやカミシリのような都市では行政機関は維持した。小規模な治安部隊も残し、アラブ人口が多いハサカ市などは政権軍支配地区とＹＰＧ地区とにゆるやかに分断された。支配権の引き渡しは無血で行われ、その後も政権軍とＹＰＧの目立った衝突は起こらなかった。このため反体制派はＰＹＤを、「アサド政権と共謀してクルド独立国をつくろうとする分離主義者」と激しく非難した。事実、これ以降ＰＹＤはもっぱらＦＳＡと、後にはヌスラ戦線（ＮＦ）やＩＳＩＬなどのジハード勢力と交戦し、アサド政権とは暗黙の協力関係を維持することになる。

シリア北東部は、シリアの穀倉地帯であり、トルコ・イラク両国と国境を接する戦略上の要衝だ。またその南方にはシリアの重要な外貨獲得源である油田やガス田が広がる。西部死守の必要に迫られたのは理解できるとしても、北東部の放棄は、実質的なシリア分割につながる。アサド政権は、なぜこんな決断をしたのか？

トルコ対策だろう、というのが筆者の見解だ。反体制派を政治的・軍事的に支援し、自分を追い詰めてきたトルコのエルドアン大統領に対する、アサドの強烈なしっぺ返しである。アサドはエルドアンとトルコの政治家が最も困り、嫌がること、つまりＰＹＤによるトルコ・シリア国境地帯の支配への道を解放したのだ。

国境地帯がＰＫＫの支部ともいうべきＰＹＤ支配下に入れば、トルコがＰＫＫを壊滅させるのはほぼ不可能になる。シリア領内に戦略的縦深を得たＰＫＫは、兵站補給、戦闘員のリクルート、退避など、ゲリラ戦を続ける上であらゆる面で有利になる。

トルコは２０１２年末からＰＫＫとの停戦交渉を再開するが、散発的な攻撃と衝突は続き、結局２０１５年以降に和平交渉を放棄。翌年夏にはついにＦＳＡを押し立てて、ＩＳＩＬ打倒を口実にシリア領内に直接侵攻し、ＰＹＤによる国境地帯支配に抵抗することになる。

アサドの狙いどおり、ＰＹＤの勢力伸長はトルコにとってアサド打倒どころではない大問題となったのだ。

（4）メディア戦争

戦争といえばプロパガンダである。

メディア上での戦いが、時と次第では実際の戦場以上に重要になる。自らの正義を主張し、返す刀で相手の非道を訴える。そうすることで味方の士気を高め、敵の士気を貶め、国際世論を味方につける。彼我の軍事力に圧倒的な差があり、まったく勝ち目がない場合、弱者にとってプロパガンダは実際の戦闘よりはるかに重要だ。

中東現代史に興味のある人なら、ヤセル・アラファトの率いるファタハが、どのようにしてパレスチナ解放運動の主流派にのしあがったかをご存知だろう。アラファトは、イスラエルにどんなにコテンパンにやられても、それを「圧倒的に有利な敵シオニストを前に、一歩も退かず奮闘」と喧伝した。

ベイルートで包囲されレバノンからの退去を強いられても、世界中のメディアの前で、にこやかにＶサインを掲げ、退却ではない、前進なのだ、と強弁する。メディアを活用したそんなイメージ操作に成功し、アラファトと彼の組織ファタハは、パレスチナの大義の代表者という地位を確立させた。

シリア危機の場合、アラファトの時代とはかなりメディアをとりまく環境は変化していた。インターネットとSNSの飛躍的な発展である。

ハマーで大虐殺が行われ、アラファトがベイルートを追われた1982年当時、そのようなツールは存在しなかった。アラファトは外国メディアがカバーしてくれたので、撤退を前進と強弁できた。しかしハマーのムスリム同胞団（MB）は、メディアにカバーしてもらえず、虐殺の事実が世界に広く知られることはなかった。

2011年になると状況は変わる。反体制活動家は自分のスマホや携帯電話で政権側の容赦ない弾圧と暴力を撮影し、SNSに投稿して拡散させるようになった。各地で抵抗運動を組織する地域調整委員会（LCC）も自治体単位でメディア事務所を立ち上げ、システマティックに情報を発信した。

カタールのアル・ジャジーラ、サウジアラビア（とUAE）のアル・アラビーヤなど、反体制派支援国が所有する衛星テレビは、特派員がシリアから追放されても、現地の活動家が発信する画像や映像を用いて政権の暴虐を暴き続けた。

政権側も持てる力を動員して、メディア上の闘いに臨んだ。とはいえ、その持てる力には限界がある。反体制派を支持する西側やアラブ諸国の巨大メディアに対し、シリア国営通信や、ヒズボッラー系、イラン系のテレビ局や新聞では、国際的な影響力の点で、まったく勝負にならない。だからシリア危機の1年目までは、メディア戦争では反体制派が圧勝という状況だった。

しかし、皮肉なことに反体制派が勢力を伸ばし、反体制派支配地区にメディアが入ると、それまであまり知られていなかった反体制派側の非人道的行為や犯罪が表に出てくるようになった。例えば東アレッポを制圧して間もなく、「タウヒード旅団」がベッリ一族を処刑した事件である。

ベッリ一族はスンニ派であるが、アサド政権との関係が深く、シリア危機においても政権側による反体制派弾圧に加担してきた。そのため、「スンニ派のシャッビーハ」と呼ばれ、反体制派の憎悪の的となっていた。東アレッポを制圧した「タウヒード旅団」は、この一族のメンバー4人を探し出し、拘束して拷問し、一列に並べさせて有無をいわさず銃殺した。その一部始終が撮影され、メディアに流れたのだ。[17]

これよりはしばらく先の話であるが、2013年5月には、ホムス周辺のFSA司令官による人肉食事件が発生し、世界を震撼させている。

当時この地区ではFSAの「オマル・ファルーク旅団」という部隊が活動していた。この組織のリーダー、ハーリド・ハマド（通称アブ・サッカール）が、戦闘で殺害した政権側兵士の遺体を前に、カメラに向かい「バッシャールの犬どもよ、貴様ら全員の心臓と肝臓はこうやって食らってやる。神は偉大なり」そう言うなり、ナイフで遺体の胸部を切り裂き、心臓を抉り出し、それを口に運んだのである。その映像がYouTubeに流れ、瞬く間に全世界に拡散した。そのインパクトは強烈だった。

後にG8サミットで、キャメロン英首相との合同記者会見に臨んだプーチン露大統領が、反体制派への兵器支援を検討する西側諸国を当てこすり、「反体制派は、敵を殺すだけでなく、遺体を切り裂きその内臓をカメラの前で食らうような奴らだ。こいつらに本気で武器を渡すつもりか?」と言い捨てた。キャメロンには反論の言葉がなかっただろう。「穏健反体制派」とされるFSAが引き起こしたこの事件で、反

17 http://www.telegraph.co.uk/news/worldnews/middleeast/syria/9445064/Syria-rebels-condemned-over-execution-of-Assad-loyalists.html

体制派が蒙ったダメージの大きさは計り知れない。

なお、アブ・サッカールは後にBBCに対して、「自分の兄弟たちと、叔父、叔母、隣人が政権軍に殺された」「(心臓をえぐった) この政権軍兵士のスマホから、同人が懇願を無視して母娘をレイプし、殺害する映像が見つかった」などと弁明に努めている。[18] サッカールは後にヌスラ戦線に身を投じ、2016年にイドリブ県で起きた反体制派内部抗争で戦死した[19]という後日譚がある。


このように反体制派は、メディア戦争においていつも優勢なわけではなく、失点も重ねている。しかし反体制派が大きく勢力を広げた2012年7月当時は、「マーヘル・アサドは国家保安局爆破事件で重傷を負い、ロシアで両足切断の治療を受けた」「バッシャール・アサドはもはやダマスカスを維持できぬと悟り、家族と共にラタキアに逃れた」等々、フェイク・ニュースをせっせと流していた。後者には「アサド夫妻はもはや陸上では誰も信用できず、ラタキア沖合のロシア軍艦上で暮らしている」という手の込んだバージョンも派生し、流れた。

このような出所不明な怪情報が、一部で信用されたのは、2012年7月から8月にかけて、実際に政権の要人が相次ぎ離反・逃亡したからである。

7月6日、マナーフ・トラース准将がトルコ経由で国外逃亡したことが報じられた。[20] マナーフはハーフェズ・アサドの親友で1972年から2004年まで、実に30年以上にわたり国防相を務めたムスタファ・トラースの子息である。アサド家とトラース家は家族ぐるみで40年を優に超える交流を続けた。マナーフはバッシャール・アサドの幼馴染であり、一緒に軍事教練も受けた仲である。まさに政権のインナーサークルの人間だ。

トラース家はホムス北方のラスタン出身のスンニ派である。ラスタンは反体制派が強く、政権側の苛烈な弾圧にさらされた地域だ。マナーフは故郷と親友アサドの板挟みになって、悩んだ挙句、政権から離反する道を歩んだ。

そのわずか1週間後、今度は駐イラク大使であったナワーフ・フィラースが政権からの離脱と、バアス党離党を宣言するビデオ声明を出した[21]。フィラースは東部デイルッズール出身のスンニ派で、クネイトラ県、イドリブ県などの知事も歴任した高級官僚である。

8月6日、今度は現職のリヤード・ヒジャーブ首相がヨルダン経由で脱出したという報道が出た[22]時、筆者もさすがにこれはフェイクだろう、と思った。だが、事実だった。ヒジャーブもデイルッズール出身のスンニ派で、農業相から2カ月前に首相に任命されたばかりだった。ヒジャーブはこれより4年後の2016年に結成された最高交渉委員会の調整官（事実上の代表）として、一時反体制派の顔の一人となる。

18 http://www.bbc.com/news/magazine-23190533
19 http://www.telegraph.co.uk/news/2016/04/06/syrian-rebel-cannibal-killed/
20 http://www.bbc.com/news/world-middle-east-18734782
21 http://www.cbsnews.com/news/syria-ambassador-to-iraq-nawaf-al-fares-defects-from-assads-regime/
22 http://www.bbc.com/news/world-middle-east-19146380

第7章 反体制派再編・シリア国民連合の誕生

戦闘経験を積み重ねた反体制派武装勢力は、シリア国内で次第に支配地域を拡大していった。しかし、そのままでは革命は成就しない。

革命のためには、反体制派の政治指導部および軍事指導部を再編し、アサド政権と政府軍を代替する主体へと育てていかねばならない。

2012年の夏以降、シリアの内外でそのような機運と必要性が高まった。その機運が、シリア国民連合結成（11月）、最高軍事評議会結成（12月）となって結実する。反体制派の上げ潮ムードと期待を高める出来事であった。

主要な登場人物、組織、宗派名

○ヒラリー・クリントン：米国務長官
○ムアーズ・ハティーブ：シリア国民連合初代議長
○サリーム・イドリス：最高軍事評議会参謀総長
◉シリア国民評議会（SNC）
◉ムスリム同胞団（MB）
◉シリア国民連合
◉最高軍事評議会
◉アル・カーイダ（AQ）

（1）クリントン米国務長官の思惑

２０１１年は4年に1回のアメリカ大統領選挙の年である。この年の11月6日に、民主党の現職オバマ大統領が共和党のロムニー候補を破り、再選を果たした。これにより、シリア危機へのオバマ政権の基本政策――アサド政権の正統性は認めず退陣を促すが軍事介入はしない――が向こう4年間継続する可能性が高まった。

第1次オバマ政権で国務長官を務めたヒラリー・クリントンは、オバマ再選以前から、第2次オバマ政権で国務長官を務める意向はないと表明していた[1]。クリントンは２００７年にオバマと民主党の大統領候補の座を争い、敗れている。

オバマ退陣後の２０１６年の大統領選を狙うクリントンは、おおむね無難かつ堅実に国務長官の職務を果たしてきた。最後になってベンガジで駐リビア米大使殺害につながる領事館襲撃事件や、公務で私用の電子メール・アカウントを使用していた問題などが噴出したのは事実だ。しかし、それらは致命傷にはならず、クリントン批判も高まらなかった。むしろ米国世論はクリントン続投を支持していた。そんな中、あえて国務長官ポストから離れると決めたからには、いろいろな思惑があったはずだ。

後に健康問題が明らかになった事実から考えれば、「休みたい、激務から解放されたい」という率直な思いもあっただろう。「第2次オバマ政権は第1次政権より支持率を下げるかもしれない。次の大統領選を狙うなら、オバマから距離を置いておいたほうが得策」との計算もあったかもしれない。しかし、対シ

1 http://www.haaretz.com/world-news/u-s-secretary-of-state-hillary-clinton-to-step-down-in-january-take-time-off-1.472572

リア政策におけるオバマとの意見の対立も、クリントンが留任を拒んだ一因だったと思われる。

第２次オバマ政権発足後にニューヨーク・タイムズ紙は、「２０１２年夏、クリントンはペトレイアスＣＩＡ長官と共に、シリア反体制派の選抜・軍事訓練プログラムを提案したが、オバマは認めず採用しなかった」と報じた。[2] この報道をクリントンは肯定も否定もしていない。しかし、２０１６年の大統領選挙に立候補した時のクリントンの公約のシリア関連部分をみると、報道はおそらく事実であろう。

２０１１年夏に、クリントンはＮＡＴＯのリビア空爆を支持した。シリアでも、反体制派武装勢力が継続的な戦闘能力を示したのを見て、反体制派を支援し、アサドを除去してしまうのが米国の国益に叶うとクリントンは判断したのではないか。ニューヨーク・タイムズは、ホワイトハウスが、「反体制派に武器を供与すると、それが誰の手に渡るか管理しきれない。既にシリアのアル・カーイダ（ＡＱ）系組織は何の制限もなく（反体制派への）支援国から武器を入手している」ことを懸念していたので、クリントンとペトレイアスの提案を蹴った、とする。

米国は１９７９年のソ連軍のアフガニスタン侵攻後、アラブ人を中心としたムジャヒディーンに大規模な軍事支援を提供した。そのアラブ・ムジャヒディーンだったオサーマ・ビン・ラーディンが後にＡＱを結成し、反米闘争を開始したのは周知の事実である。その苦い経験を踏まえると、オバマとホワイトハウスの懸念はもっともである。

つまりシリアにおいては、反体制派にまとまりがなく、どこの誰が入り込んでいるのかわからない状態が問題なのだ。反体制派を再編し、責任ある人物を指導部に据え、ＦＳＡの戦闘員を、末端に至るまで明確な指揮命令系統に組み込む。それができれば、米国も、シリア・フレンズ諸国も、胸を張って反体制派を軍事支援することが可能になる……。

おそらくはそんな判断から、クリントンは残った任期のかなりのエネルギーを、シリア反体制派の再編につぎ込んだ。

(2) シリア国民評議会の拡大発展

クリントンが具体的に問題視したのは、当時の事実上の在外反体制派政治指導部であったシリア国民評議会(SNC)である。米大統領選を1週間後に控えた2012年10月31日、クリントンは外遊先のクロアチアで、「SNCはシリア内戦の最前線で戦い命を落としている者たちを吸収すべきだ」、と主張した。さらに、「シリアから亡命して何十年も経っているような人たちが代表というのはおかしい。今後SNCをシリア反体制派の顔としては認めない」と酷評した。

この時点でクリントンは各方面に手を回し、米大統領選の直後に、カタールで新たな反体制派政治主体選出のための会議を開催する準備を進めていた。[3]

第2章で触れたが、SNCは2011年8月にイスタンブールで結成を宣言している。[4]

2 http://www.nytimes.com/2013/02/03/us/politics/in-behind-scene-blows-and-triumphs-sense-of-clinton-future.html
3 http://www.nytimes.com/2012/11/01/world/middleeast/syrian-air-raids-increase-as-battle-for-strategic-areas-intensifies-rebels-say.html
4 http://carnegie-mec.org/diwan/48334?lang=en　310名の議員の選出はその後漸次行われ、初代議長ブルハーン・ガリユーン選出は10月。

ＳＮＣは、ムスリム同胞団（ＭＢ）の他、シリア国内にとどまって自治体単位で反政府活動を組織する非武装組織の地域調整委員会（ＬＣＣ）、バッシャール・アサドの大統領就任直後の民主化運動に参加した知識人グループ「ダマスカス宣言」、クルド民族評議会、アッシリア人組織など、シリア内外の様々な組織の連合体として誕生した。

このリストをみれば、宗派や民族、イデオロギーのモザイク社会であるシリア国民を、できるだけ広範に代表するため、雑多なグループを無理に寄せ集めて作った組織が、ＳＮＣだとわかる。当然ながら、その内部ではありとあらゆる課題をめぐり対立があった。

武装闘争をするのかしないのか。

外国の軍事介入を求めるのか、拒むのか。

シリア国内にとどまって抵抗するのか、それとも国外で、外国の庇護下で活動するのか。

アサド打倒の暁に、どんな国家を作るのか。イスラム法が支配する国なのか、リベラルな複数政党制の民主主義国家なのか。

従来通りのアラブ国家なのか、それともクルド人などマイノリティの自決権をより尊重する連邦国家なのか。

アサド政権を倒す……その一点を除けば、新しい国家のかたちについて何一つ合意できない。クリントンが指摘したとおり、ＳＮＣの上層部には亡命歴が長く、現実のシリア社会から遊離してしまっている古参の反体制活動家が多い反面、シリア国内で活動するＦＳＡ以下の武装グループは含まれないという問題もあった。

しかし、西側諸国とサウジアラビアが最も懸念したのは、ＳＮＣの中核にシリアのＭＢがいる事実である。

これより半年ほどさかのぼる2012年6月に、エジプトは2回にわたる選挙でムハンマド・ムルスィを大統領に選出していた。MBの人間が、大統領となるのはエジプト建国以来初めてのことだ[6]。中東全域の世俗的な政治勢力と、議会制民主主義を奉じる西側諸国、そして絶対王政を敷くサウジアラビアやアラブ首長国連邦などの君主国家群は、いずれもこの展開に驚き、懸念をあらわにした。

MBは一般に「穏健イスラム主義」勢力といわれる。

イメージとしてはスーツを着たイスラム原理主義者である。パリっとした仕立てのいいジャケットに身を包み、よく手入れされた髭をたくわえるムルスィや、ハマースのマシュアル前政治局長の風貌が典型だろう。ガチガチのサラフィストやジハーディストは、スーツは着ないし、ネクタイも締めない。欧米の服装を真似る必要はない、と考えるからだ。

MBは違う。服装にせよ、先進技術にせよ、さらには議会制民主主義や選挙に至るまで、欧米由来のモノや思想、制度であっても、よいものは採用する。

MBの目指すところはサラフィー主義やジハーディストと同じだ。究極的にはイスラム法が支配するイスラム国家の樹立が目的である。ただし、そこに至る過程が急進的ではなく、漸進的である点が、過激派とは違う。

過激なイスラム主義者は、議会制民主主義を異教徒が作り出した統治システムとして拒否するから、そ

5 http://www.bbc.com/news/world-middle-east-15155804
6 憲法の規定に従い、ムルスィはMBの政党である自由公正党を離党している。第10章参照。

もそも選挙に参加しない。そして武装闘争――彼らにとっては「聖戦」――を通じた社会変革を追求する。

ＭＢは、社会の啓蒙活動からはじめる。貧困層への教育支援、医療支援活動などを通じ、イスラム教が本来目指す公正な社会に向けて、草の根で地道に取り組む。ムスリム国民を啓蒙し、強力な集票マシンを組織し、議会選挙で票を伸ばす。そうやって、あくまでも既存の政治システムの中で合法的に権力を掌握すると、社会のイスラム化に向けて最後の仕上げをする。

ＭＢが追求する社会変革は、漸進的とはいえ、とどのつまりは革命であり、社会体制の根本的な転換である。

どこの国のＭＢでも、指導部には名家出身者もいるが、難民キャンプや農村出身の貧困層も少なくない。だから王族が国家機関のすべてを掌握する君主国にとっては脅威となる。また、そもそもサウジやＵＡＥのような君主国には民主選挙という制度自体がなく、ＭＢが合法的に勢力を拡大する余地がない。これまで両国は、自国内のＭＢの動きを警戒し、厳しく取り締まってきた。

「アラブの春」は、ＭＢにとって飛躍のチャンスだった。

最初に政権が倒れたチュニジアでは、その後の政権移行プロセスの中、民主選挙を通じてＭＢ系の「ナハダ（ルネッサンス）」党が国政の中心に躍り出た。

エジプトでもムバラク体制崩壊後の混乱の中、組織力に勝るＭＢが台頭した。自由公正党という政党をつくり、議会選挙や大統領選挙に参加し、世俗主義の牙城である司法界の再三の介入・妨害にもかかわらず、ついに大統領の地位を握った。

この進展に対し、米オバマ政権と西側諸国は、極めて複雑な立場に置かれた。

「アラブの春」は独裁政権に対する民衆の正当な抗議行動であり、その結果生じた体制転換と、その後の民主的な政権移行プロセスを全面的に支持する。これが西側諸国の建前上の立場である。

ところがその結果、社会のイスラム化を追求するMBが政権を掌握してしまった。

社会のイスラム化とは、究極的には議会制民主主義の否定である。しかも、MBはそのパレスチナ支部であるハマースがそうであるように、根本的にユダヤ国家イスラエルの生存権を認めない。そのような政権を、米欧諸国が歓迎できるだろうか？

サウジアラビアは、そもそもオバマ政権が長年の同盟者であったムバラクを一切救援しようとせず、体制が崩壊するのを傍観したことに憤った。ましてや、そのムバラクの後釜に、よりによってMBがおさまってしまったのだ。老いたアブダッラー国王がMBへの憎悪とオバマへの不信を募らせたとしても無理はない。

同じペルシア湾岸の君主国でありながら、カタールの立場はサウジアラビア、UAEとは対照的で、MB支持である。これについては第2章で触れた。

草の根レベルの社会活動を通じ社会変革を追求するMBは、カタールを支配するサーニ家にとっても本来は脅威であるはずだ。しかしカタールはMBを遠ざけるのではなく、抱きこんで、アラブ世界における外交政策でサウジアラビアと張り合うためのツールとして利用した。その政策は、MBと思想的に親和するトルコの公正発展党（AKP）にも受け入れられた。

カタールとトルコは以前からハマースを支援したが、「アラブの春」がはじまって以降は、チュニジア、リビア、エジプトでも、MB系の勢力を支援した。そしてシリア危機がはじまると、SNCの中枢にいるMBを支援した。

ＳＮＣは初代議長にパリのソルボンヌ大学教授のブルハーン・ガリユーン、二代目にクルド人のアブドル・バーセト・セーダなど、世俗的な知識人やマイノリティ出身者を選び、対外的な顔とした。しかし、これはいわゆるショーウィンドウ人事である。「トップはこんなにリベラルな人たちなんですよ」と敢えて強調するのは、実際の組織がリベラルではないからである。

ＳＮＣのコア・メンバーの中にはアハマド・ラマダーンやムハンマド・ファルーク・タイフール、ナズィール・ハキーム、ハイソム・ラハメなどＭＢ内に公式な地位を持つメンバーに加え、ルアイ・サーフィ、ハサン・ダルウィシュ、フセイン・アブドルハーディなど、ＭＢのフロント・グループのメンバーも多く入り込んでいた。[7]

２０１２年11月にクリントンがサウジアラビアと協力して行ったのは、ＭＢが牛耳るＳＮＣを拡大し、非ＭＢ分子を送り込むことにより、相対的にＭＢの比重を下げるという作業であった。

同月８日から11日までドーハで開かれた会議は、新たな反体制派連合組織である「シリア革命と反体制勢力のための国民連合（以下、「国民連合」と省略）」の結成を宣言した。議長にはダマスカスのウマイヤ・モスクの導師ムアーズ・ハティーブ、副議長にはダマスカス出身の古参活動家リヤード・セイフとホムスの名家出身のソヘイル・アタシの両名が選出された。

発足時のメンバーは60名、うちＳＮＣからは22名だった。[8] しかし、残りの38名の中にはシリアＭＢの前最高指導者アリ・サドルッディーン・バヤヌーニや国民連合事務局長でカタール拠点のビジネスマン、ムスタファ・サッバーグなど、明らかにＭＢの関係者が含まれており、「ＭＢの比重を下げる」という組織再編の本来の目的がどれほど達成できたかは疑わしい。

政策面でも、国民連合はその綱領に

「アサド政権の除去」

「アサド政権の治安機関の廃絶」

「アサド政権との対話・交渉拒絶」

を掲げた。従来のＭＢの対アサド全面対決路線の踏襲である。

なお、初代議長ハティーブは後に政権との対話路線に傾き、そのために辞任することになる。

新たな反体制派統一政治主体としての国民連合の誕生を、シリア反体制派を支援する「シリア・フレンズ諸国」は歓迎した。サウジやカタールなどの湾岸諸国も、アラブ連盟も、国民連合をアサド政権に代わるシリア国民の正統代表と認知した。オバマ米大統領も、1カ月後の12月11日に、テレビ局とのインタビューで国民連合を「シリア国民の正統な代表として承認する」と発言した。

翌日、モロッコのマラケシュで開催された「シリア・フレンズ諸国」会合は、さらに踏み込んで「国民連合を、シリア国民の唯一の代表として全面的に承認する」と宣言した。[9]

7　http://carnegie-mec.org/diwan/48334?lang=en　３１０名の議員の選出はその後漸次行われ、初代議長ブルハーン・ガリユーン選出は10月。

8　http://www.bbc.com/news/world-middle-east-15155804

9　http://www.dw.com/en/group-recognizes-syrian-opposition-as-sole-representative-of-syria/a-16446901

（3）最高軍事評議会創設

国民連合発足から1カ月を経た2012年12月15日のことである。シリア国内で反体制武装勢力として活動するFSA系組織の幹部550名がトルコ南部の町アンタルヤに集まり、統一軍事司令部結成を協議した。

この会議は、サリーム・イドリス少将を総司令官（参謀総長）に選出した。また、シリア全土を東部（デイルッズール）、北部（アレッポ、イドリブ周辺）、ホムス、中西部（ダマスカス周辺）、南部の5戦線に分割し、各戦線に6人ずつ司令官を任命した。

この司令官ポストには、政権から離反した職業軍人19名と、叩き上げのゲリラ司令官11名とがバランスよく配分された。イドリスとこの30人が構成する司令部は「自由シリア軍最高軍事評議会」と名付けられた。その位置付けは国民連合直結の軍事司令部である[10]。国民連合がシリア反体制派の亡命議会とすれば、最高軍事評議会はその傘下軍隊（FSA）の参謀本部にあたる。

サリーム・イドリスはホムス県出身の軍事工学専門家で、入隊後、旧東ドイツに留学し、博士号まで取得したインテリである。シリア危機勃発時にはアレッポ軍事アカデミーで軍事工学を教授していたが[11]、2012年7月に離反し、反体制派に身を投じた。離反してから半年も経ずして、イドリスがシリア全土の反体制派武装勢力の総司令官の地位を得た理由はわかっていない。ただ、イドリスには既成政治勢力との結びつきがなく、どの勢力からも中立な存在とみられたことが大きかったと思われる。

また、米国は知識人然としたイドリスなら、よもやFSAをヌスラ戦線などの過激派と提携させたり、兵器を横流ししたりする恐れはないと判断したのかもしれない。

シリア内戦では、各国の専門家が、偏った情報と分析を流し、国際世論を混乱させる例が目立つが、実はその逆の現象も起きている。

つまり、シリアとは何の関わりもない個人——利害関係のしがらみもない——が、独自の関心からシリア情勢を追って、ブログを開設し情報発信するうちに、その情報の正確さが広く認知されるケースである。そんなブログの代表格が、「ブラウン・モーゼス」である。

英国のいわゆる「軍事オタク」が、ネット上に流れたシリア内戦の映像から、利用されている兵器の種類や性能などを特定し解説するブログだ。内戦初期から、反体制派がどのような武器を用いているかを紹介し、謎に包まれた関係国の反体制派軍事支援状況を推測する大きな手掛かりを提供し続けた。後には2013年夏の東グータにおける化学兵器攻撃の際にも、それが間違いなく政権側による犯罪であることを立証した。

その「ブラウン・モーゼス」は、2013年に入ってから、反体制派の使用兵器の中に、旧ユーゴスラビア製、特にクロアチアの兵器が目立ちはじめたことを指摘した。この指摘を踏まえ、ニューヨーク・タイムズ紙は、「サウジアラビアの資金提供を受けて、ヨルダンがクロアチアで1990年代の内戦当時の銃器を大量に調達し、シリア反体制派に供給している」と報じた[12]。サウジ、ヨルダン、クロアチアの3カ国関係者はニューヨーク・タイムズ紙に対し、事実関係を否定あ

---

10 http://www.etilaf.org/مكونات-الائتلاف/مجلس-القيادة-العسكرية-العليا-للجيش-الحر. http://carnegie-mec.org/diwan/50445?lang=en
11 http://carnegie-mec.org/diwan/53185?lang=en
12 http://www.nytimes.com/2013/02/26/world/middleeast/in-shift-saudis-are-said-to-arm-rebels-in-syria.html

るいは取材を拒否しており、記事の内容が事実であると断定はできない。しかし3カ国情報機関の極秘工作を3カ国関係者が認めるはずはないから、おそらくこの記事の内容は事実か、事実に限りなく近いと思う。

反体制派が「シリア・フレンズ」諸国の要望に応え、国民連合と高等軍事評議会を設置したことが、反体制派への兵器供給の増加につながったのだろう。しかし、この時期の反体制派支援強化が、内戦の軍事的均衡を崩し、反体制派有利な状況を生み出すことはなかった。

その理由の第一は、同じニューヨーク・タイムズの記事が指摘している。

イランもアサド政権への武器供給を加速させていたのである。さらにその数カ月後には、ヒズボッラーがいよいよ本格的に内戦に参入したことが明らかになる。

第二の理由は、反体制派が本当に必要としていたものが提供されなかったからである。

反体制派が本当に欲しいのは、クロアチア軍のお下がりの自動小銃や対戦車砲ではなく、対空兵器だった。内戦が全国的に拡大し、アレッポ県やイドリブ県の広大な村落部がまるごと反体制派の手に落ちると、アサド政権軍はいよいよ空軍力に強く依存するようになった。反体制支配地区をヘリコプターや爆撃機で空爆し、逆に反体制派に包囲され孤立した地区には武器、戦闘員、食料、生活物資を空輸する。

政権側にあって、反体制側にはないもの、それが空軍である。

次第に兵力の点で劣勢となりつつある政権軍にとって、空軍こそが戦場での優位を維持する最後の切札だった。実際、反体制側の死傷者——戦闘員・民間人ともに——の圧倒的大部分は、政権側の空軍力によってもたらされている。このため、反体制派は早い時期から西側諸国による「飛行禁止区域」設定か、さもなければ対空兵器の提供を求めてきた。

「飛行禁止区域」設定は1991年の湾岸戦争後に、イラクの南北で米軍以下の多国籍軍が実施した前例がある。その結果、サッダーム・フセインは南部のシーア派地区、北部のクルド地区への無差別攻撃ができなくなった。

一方、対空兵器供与の例はアフガニスタンにみられる。侵攻してきたソ連兵相手に戦うムジャヒディーンに対し、米国はストリンガー・ミサイルを大量に供与した。ソビエト空軍は甚大な被害を受けて、撤退に追い込まれた。

シリアでは、「反体制派」の中にジハーディスト過激派がいることを恐れ、米国はいずれにも踏み切らなかった。このため、反体制派はじりじりと支配地域を広げつつも、アサド政権空軍の圧倒的な火力の前に多くの犠牲者を出し続けた。

2012年12月、ダマスカス東郊外（グータ地域）の反体制派は、同地にあるヘリコプター基地であるマルジュ・スルターン空軍基地を奪取する。[13] 戦車や迫撃砲弾のような鹵獲兵器とは違い、空軍基地は奪取しても利用することはできない。しかし、敵の空軍力利用を制限するには、反体制派にとってほとんど唯一の、しかし効果的な戦術であることは間違いない。

13 http://www.aljazeera.com/news/middleeast/2012/11/2012112510521120438 6.html

第8章　ISIL登場

２０１３年春から、シリア内戦に新たなプレイヤーが参入する。「イラクとシャームのイスラム国」、すなわちＩＳＩＬである。

ＩＳＩＬは広い意味でのシリア反体制武装勢力である。つまり、アサド政権を力で打倒するため、次から次へと誕生し、合同し、分裂し、消滅してきた、おそらくは何百という武装集団のひとつに違いない。

しかし、他の集団とは根本的に異質な、不気味きわまりない部分がＩＳＩＬにはある。その徹底的な独善性であり、残虐さである。


２０１４年夏以降、シリアに渡航した二人の日本人男性が相次ぎＩＳＩＬの人質となり、翌年１月末に惨殺される事件が起きた。二人目の犠牲者となったフリージャーナリストの後藤健二氏は、世界各地の紛争地域での取材経験が豊富で、内戦化したシリアにも幾度か渡航し、貴重な報道を行った実績がある。その後藤氏が、なぜ外務省の度重なる制止を振り切り、有志連合の空爆下、情勢が極度に緊張するＩＳＩＬの支配地域に単身向かったのか？　しかも、知人の湯川氏が既にそこに囚われていると知りながら。

傍目には自殺行為にしか見えない。

しかし筆者は、おそらく後藤氏はＩＳＩＬの異次元の暴力性と、不条理な体質を読み誤ったのだ、と思う。

湯川氏が人質となるよりほぼ1年前、まだＩＳＩＬが誕生を宣言して間もない２０１３年7月末に、ひとりのカトリック聖職者がラッカを訪れ、そのまま行方不明になっている[1]。

イタリア出身でイエズス会に所属するパオロ・ダルオーリョ神父は、30年にわたりシリア中部の砂漠地帯にある聖ムーサ修道会で信仰生活を送ってきた。シリア危機がはじまると、神父は反体制派に共鳴し、アサド政権を公然と批判したため、２０１２年に国外追放された。

しかしＩＳＩＬが出現し、シリア北部でＩＳＩＬとクルド勢力の衝突が頻発すると、敢えてトルコからシリアに入国し、両者の停戦を仲介する目的でラッカに赴き、そこで消息が途絶えた。「神父はＩＳＩＬに殺害された」という情報がいったん流れたが、後にそれを否定する情報も出ている。[2]

ラッカがＩＳＩＬの支配から解放された後の２０１８年末現在も、ダルオーリョ神父の消息は不明のままだ。しかし、神父がＩＳＩＬと他の人々の間を調停するため、はるばるラッカまで出向き、そこでＩＳＩＬに身柄を拘束されてしまったということは、間違いないだろう。

ダルオーリョ神父は30年間、宗派を問わず、シリアの人々の間に深く溶け込んで暮らしてきた。アラビア語にも堪能な神父は、たとえＩＳＩＬといえども、心を開いて話し合えば、わかりあえるはずだ、と思っていたのではないか。

後藤氏も、十分な知識と流暢な英語を武器に、シリアで取材経験を重ねてきた。

ＦＳＡ系あるいはイスラム戦線系列の武装組織に怪しまれ、身柄を拘束されたこともあったらしい。しかしその度に、自分が中立のジャーナリストであって、スパイではないこと、そんな人物を拘束するよりは、自由に取材させてアサド政権の暴虐を世界に伝えたほうが、組織にとっても余程プラスになること、などを説明して納得させたのだろう。ほとんど英語ができず、そのため武装組織に捕まった最初の犠牲者、湯川遥奈氏とは状況が全く違っていた。後藤氏が通訳をして、武装組織につかまった湯川氏

1 http://www.reuters.com/article/2013/08/19/us-syria-crisis-priest-idUSBRE97I0DT20130819#VeT1mdytCORsPwT.97

2 http://www.catholicnewsagency.com/news/report-kidnapped-jesuit-priest-alive-in-syria/

を解放させたこともあるという。

このような経験が、後藤氏をして「ＩＳＩＬといえども、話せばわかりあえる。取材も許してくれるだろうし、拘束された湯川氏についても、無害な存在であると自分が説明すれば、ＩＳＩＬはきっと解放するだろう」と楽観させたのではないだろうか。

残念ながら、ＩＳＩＬは「話してわかる」ような相手ではなかった。

ＩＳＩＬには、越えてはならない一線というものが存在しない。、相手が反体制派であろうと、同類のジハーディストであろうと、自分たちと対立する者に対しては徹底的に残虐に行動する。多神教徒は人間扱いせず、一方的に攻撃し、殺害し、捕虜となった女性は奴隷として所有し、売買する。敵や異教徒、不信心者への侮蔑や憎悪を子どもたちの頭脳に刷り込み、子どもたちに捕虜を処刑させる。

ＩＳＩＬの行動基準は、シリア内戦に参加してきた他のプレイヤーたちとは根本的に異なる。

もっとも、これは他のプレイヤーたちのほうが、高い倫理で動いている、ということではない。事実、収容所で何万人も餓死させ、拷問や超法規的処刑で殺害し、非戦闘員の頭上に樽爆弾や化学兵器を振りそそぐといったアサド政権軍の行為は、ＩＳＩＬ以上に非難されるべきだ。その他のプレイヤーも、様々な人道犯罪を犯している。

しかし、他のプレイヤーたちと違い、ＩＳＩＬには、自分たちの行為が犯罪であるという自覚はない。だからそれを糊塗し、隠蔽することもしない。代わりに、ビデオに収めてリクルートのための宣伝材料とする。さらにおぞましいのはそれに惹かれて世界各地から青年や女性、そして家族さえがＩＳＩＬに参加しようと参集したことだろう。

ＩＳＩＬの出現は、世界を震撼させた。ＩＳＩＬは、シリア内戦に登場するとほぼ同時に、最も世界の耳目を集めるプレイヤーとなった。
シリア内戦の本筋はアサド政権と反体制派の争いであり、ISILは、本来脇役であるはずだ。しかし、ISILをタイトルにした書籍が世界各地で何冊も出版されたことが示すように、ISILの動向は、まるでシリア内戦の本筋であるかのように報じられるようになった。ISILの登場によって、シリア内戦を理解する作業は、一層複雑で困難なものとなった。

主要登場人物・組織・宗派名

○アブ・バクル・バグダーディ：ISIL指導者
○アブ・ムハンマド・ジョラーニ：ヌスラ戦線司令官
○アイマン・ザワーヒリ：アル・カーイダ最高指導者
◉アル・カーイダ（AQ）
◉ヌスラ戦線（NF）
◉イラクとシャームのイスラム国（ISIL）
◉イラク・バアス党

（1）ヌスラ戦線の正体暴露

2013年の4月上旬、イラクのアル・カーイダ（AQ）組織である「イラクのイスラム国（ISI）」

のメディア部門、「アル・フルカーン（聖クルアーンの意）」が作成した音声メッセージがインターネットに流れた。[3]

ＩＳＩは反米闘争とシーア派に対する執拗・残虐な攻撃で有名になり、２００６年に米軍に殺害されたヨルダン人アブ・ムスアブ・ザルカーウィの組織の後身である。一時はイラクのスンニ派地域を席巻した。米軍はこれに対し、２００７〜２００８年にイラク派遣軍を大幅に増派した。また「覚醒委員会（サフワ）」と呼ばれるスンニ派部族部隊を組織し、効果的に掃討作戦を進めたため、ＩＳＩは退潮した。

２０１０年にはそのリーダー、アブ・オマル・バグダーディと副官が米軍に殺された。アブ・バクル・バグダーディが後継に就任したが、党勢回復の気配はみられなかった。

アブ・バクル・バグダーディは、一時米軍がイラク国内に設置した「キャンプ・ブッカ」と呼ばれる収容所に拘束されていた。だから、その際の古い顔写真がメディアに出回った。ただし、その1枚だけである。２０１３年4月の時点で、バグダーディの音声やビデオは他に公表されていなかった。そのため、「フルカーン」が初めてバグダーディの音声メッセージを流した時に、そもそもそれが本当にバグダーディによるものかどうかはわからなかった。

しかし、その問題は意外なかたちで、しかも速やかに決着した。「ヌスラ戦線（ＮＦ）」のアブ・ムハンマド・ジョラーニ司令官自らが、このバグダーディ声明への反論と回答を、ネットに流したのである。

これにより、二つのメッセージがいずれも本物であること、またバグダーディとジョラーニが仲間割れを起こしているという事実が、満天下に示された。

もっとも、ある程度アラビア語がわかり、かつビン・ラーディン以来のＡＱの歴史やイラク・シリア情勢の基礎知識がある人であれば、ジョラーニの音声が出る前に、バグダーディのメッセージは本物だと直感しただろう。

メッセージは、若干しゃがれ気味ながらよく通る声で、明晰な発音で読み上げられていた。その文章は格調高い正則アラビア語だ。リズムとテンポがよく、綺麗な脚韻を踏んでおり、まるで音楽のように、聞く者に不思議な高揚感を与える。話の内容を吟味する以前に、何となく説得されてしまうような危うさがある。「卓越した説教師」それが筆者の抱いた話者への第一印象である。

「アラビア語はアッラーが聖クルアーンを伝えた神の言葉」と信じるムスリムにとって、説教師のアラビア語が美しければ美しいほど、説得力は高まる。厳格なムスリムは音楽を堕落・退廃した娯楽であるとして排するが、美声による格調高い説教や、聖クルアーンの朗誦を収録したCDは喜んで買い求める。

筆者はシリア内戦がはじまってから、体制側、反体制側の政治家、武装勢力リーダーらの様々な演説を聞いてきた。また、それ以前には、ヒズボッラーのナスラッラー議長が、正則アラビア語とくだけた口語を絶妙のバランスで配合させ、聴衆の心をつかみ、高揚させる職人芸をみてきた。

バグダーディのメッセージは、それらのどれと比べても、ほとんど異次元というほどに完成度が高かった。カリスマ的な説教師、天性のアジテーターとでもいうべきか。

この時流れたメッセージのポイントは二つある。

---

3 http://www.nytimes.com/2013/04/10/world/middleeast/Iraq-and-Syria-jihadists-combine.html

まず、ＮＦがほかでもないＩＳＩの別動隊である事実の暴露である。

ＮＦは他の武装勢力が用いない自爆テロを多用した。しかもダマスカスやアレッポ等大都市の中で、民間人を巻き添えにすることもいとわなかった。ＮＦの戦術には、誰の目にも過激なＡＱの影響がみてとれた。しかし、一年以上にわたり、ＮＦはその素性を隠し通した。

「アサド独裁政権の圧政からの解放と自由を勝ち取るためのシリア国民の戦い」

これが「シリア革命」の建前である。

その中に国際テロ組織ＡＱの過激分子が混じっていれば、おかしな話になる。「革命」の主体はシリア国民ではなく外国人戦闘員ということになるし、「革命」の結果、アサド政権よりも一層強権的、抑圧的、狂信的な神権支配体制が生まれるかもしれない。そうなればシリア国民の幅広い支持も、「革命」に共鳴する外国や外国人からの政治・財政支援も失うだろう。何よりも、アサド政権が反体制派を十把一絡げに「テロリスト」視し、徹底的に弾圧してきたのは、やはり正しかった、ということになりかねない。

ＮＦはそんな配慮から、慎重に素性を隠してきたに違いない。

「解放区」においてはイスラム法の厳格な適用を直ちには強制せず、他の勢力と協調して統治にあたるなど、住民との摩擦を避ける努力もしてきた。

おそらくはその背景には、現地勢力との協調を重視するＡＱ中枢の方針があったのであろう。ところが、バグダーディは、メッセージの中でＮＦのジョラーニ司令官を「我々の一員であり、我々が選んで他の兵士とともにシリアに送った……今こそ、ＮＦはＩＳＩの一部であると公表する時期である」と暴露している。出自を懸命に隠してきたＮＦの苦心を台なしにしたのだ。

もうひとつのポイントは、ＮＦ解体とＩＳＩＬへの統合である。

「ＩＳＩを廃し、ＮＦも廃し、『イラクとシャームのイスラム国（ＩＳＩＬ）』に統一する」

バグダーディはそう宣言する。対等合併の印象を受けるが、直後に「ＮＦの旗は廃し、ＩＳＩの旗を採用する」と明言しているので、実態は吸収合併である。

つまり、これまでＩＳＩは傘下部隊であったＮＦがまるで独立勢力であるかのように振る舞うのを許してきたが、今後は許さない、自分の命令に服しろ、と言っているわけだ。

二日を経ずして流れた音声メッセージで、ジョラーニはバグダーディに反論した。[4] ジョラーニの音声はこれより1年以上前のＮＦ結成メッセージで既に周知されており、この時の声はまぎれもなく同一人物のものだ。ただ、トーンは前回とずいぶん違った。ＮＦ結成メッセージでは、ジョラーニは完成された原稿を落ち着いた低音でおごそかに読み上げていた。これに対し、今回の反論メッセージでは、その声音から荘重さと自信が消え、当惑がまざまざと伝わってきた。

ジョラーニはＮＦ解体とＩＳＩＬへの統合という話を「メディアで知った、何の相談も受けていない」とする。バグダーディがＮＦ創設メンバーを支援し、シリアに派遣したことは認め謝意を示しつつも、組織を解散してＩＳＩＬの指揮下に入れとの要求は拒んだ。そして、バグダーディを飛び越えて世界のＡＱの総帥であるアイマン・ザワーヒリへの忠誠を誓った。

要は、バグダーディに対し、

「俺はあんたの子分なんかではない。俺が仰ぐのはジハード界のトップ、ザワーヒリ師だけだ」

4 http://english.alarabiya.net/en/News/middle-east/2013/04/10/Syria-s-al-Nusra-Front-refutes-al-Qaeda-merger-but-pledges-support.html

と、啖呵を切ったわけだ。しかし、どのみちＮＦの正体はＡＱである、と認めたことになる。ジョラーニとしては不本意だったろうし、だからこそ、それを読み上げる声に当惑がにじみ出たのだろう。

オサーマ・ビン・ラーディンが殺害された後の２０１３年４月の時点では、バグダーディとジョラーニは、全世界のジハード界の二大スターといってよい。その二大スターの間で発生したこのメディア上のバトルは、いわばジハーディスト業界の裏話の華々しい暴露合戦であった。

本来であれば闇の世界にとどまる話が、ちょっとした行き違いが原因で、対立するグループのトップ同士のバトルとして表に出てしまったのだ。もっとも、さすがにそれはまずいという判断が双方ともに働いたのであろう、この後いったんこの手のメディア上の応酬は止まる。

しかし１カ月もすると、ロイター通信のマルヤム・カルーニ記者が、「バグダーディは既に部下らと共にシリア国内に本拠を移している。ＮＦの戦闘員の多くはＩＳＩＬに合流し、ジョラーニは地下に潜伏している」との特ダネを報じた。[5]

バグダーディは自分の面子を潰した元部下とその一派を放置することなく、粛清するために自らシリアに乗り込んだのだ。

（３）ザワーヒリ仲裁の失敗

２００１年に米国同時多発テロ事件を起こし、世界のスンニ派ジハード組織の代名詞となったＡＱは、２０１３年春までに、世界に拡散する緩やかなネットワークへと変貌していた。

「アラビア半島のアル・カーイダ（ＡＱＡＰ）」が活動するイエメン、「シャバーブ」の東アフリカ、「マグレブ地方のアル・カーイダ（ＡＱＩＭ）」の拠点である北アフリカなどが、主要な活動地域であった。

だが、今やシリアが、世界のジハーディストにとって最もホットな場所と化している。何しろ、アラブ・イスラム世界の心臓部である。ヨーロッパやロシアからも近いので、世界中のジハーディストが渡航しやすい。そして「アラウィ派の圧政者相手にスンニ派国民が聖戦を繰り広げる」紛争の構図も、イブン・タイミーヤ[6]を奉ずるジハーディストにとってはわかりやすい。そのシリアで、傘下組織の仲間割れが公然化すると、立場を失うのはＡＱ最高指導者のアイマン・ザワーヒリである。

ザワーヒリは、はるか彼方のアフガニスタンの潜伏先から、バグダーディ、ジョラーニ、そして仲裁者に指名したアブ・ハーリド・スーリー[7]宛に書簡を出して「仲間割れはよくない。従来どおり、イラクではＩＳＩ、シリアではＮＦが、互いに協力しながらやっていくよう」との趣旨の裁定を下した。[8]

これがバグダーディはじめ、ＩＳＩＬ指導部の癇に障った。ザワーヒリ裁定には、ジハーディストの世界観と論理にとって、決定的な弱点があった。

5　http://www.reuters.com/article/us-syria-crisis-nusra-idUSBRE94G0FY20130517

6　13世紀にこんにちのシリアに生まれ活躍したスンニ派法学者。アラウィ派を「ヌサイリ」と蔑称で呼び、断固討伐すべき背教者と断じたので、現代のシリアのジハーディストの精神的寄り処となっている。

7　シリア出身のベテラン・ジハーディストで、故ビン・ラーディン、ザワーヒリ両名の側近とされる。シリア危機後に帰国して反体制派に身を投じ、サラフィー系の反体制武装勢力アハラール・シャーム（ＡＳ）の幹部となっていた。同人の存在は、ＡＳとアル・カーイダが結びついている証拠として度々引用される。

8　http://www.aljazeera.com/news/middleeast/2013/06/2013699425657882.html
https://archive.org/stream/710588-translation-of-ayman-al-zawahiris-letter/710588-translation-of-ayman-al-zawahiris-letter_djvu.txt

ジハーディストの究極の目的は、ただ一人のカリフが統治し、イスラム法が施行される統一イスラム国家の建設である。そのためには、欧米諸国が第1次世界大戦後に勝手に中東に引っ張った国境線や、諸国の利益にかなうように勝手に作った――とジハーディストは考える――既存の国家群を認めるわけにはいかない。ところが、ザワーヒリ裁定は、「イラクはＩＳＩ、シリアはＮＦに」、と、「異教徒による、人為的な」イスラム世界の分断を認めてしまった。ジハーディストとして本来譲れないはずの根本原則を譲ってしまったのだ。

バグダーディにとっては、「ザワーヒリ裁定」は、ジハーディストとしての自らの正統性を確信し、1年後にカリフ制イスラム国家の再興を宣言する契機になったのだろう。同時に、おそらく世界のジハーディストの多くが、忠誠対象をザワーヒリ以下のＡＱ指導部から、ＩＳＩＬのバグダーディ指導部に置き換えるきっかけとなった。

ザワーヒリ裁定をＩＳＩＬ指導部が拒絶した理由はほかにもあっただろう。

もともとＩＳＩＬの中枢幹部には、イラク・バアス党員の元軍人が多い。つまりサッダーム・フセインの、世俗的・脱宗教的なイデオロギーに感化された経験の持主である。フセイン時代に、ジハーディスト弾圧に関わっていた者さえいてもおかしくない。彼らは、世界のジハード界の総元締のように振る舞うザワーヒリには、何の権威も、魅力も感じなかっただろう。

ＩＳＩＬの幹部たちは、イラクで何年にもわたり米軍やイラク政府軍と戦ってきたという自負がある。アフガニスタンの山中から時折メッセージを発するだけの「ＡＱ最高指導者」を内心侮蔑していたかもしれない。

また、イラク人の間に往々にしてみられる、エジプト人（ザワーヒリはエジプト出身）に対する優越感も[9]

混ざっていたかもしれない。

バグダーディはザワーヒリ書簡がメディアに流れてほどなく、6月15日に新たな音声メッセージを出し、「(ザワーヒリの)書簡ではなく、アッラーの命令に従う。ＩＳＩＬはＩＳＩＬのままである」と、ＮＦの独立を認めない方針を改めて示した。[10]

(3)「ウィキバグダーディ」とＩＳＩＬ・バアス党の関係

さて、ここまで書いたのは、表沙汰になり、報道されたストーリーである。

実際には、ＮＦとＩＳＩＬの対立には表には出ていない様々な物語がある。

対立が表面化してから八カ月を経過した２０１３年12月以降、「ウィキバグダーディ」名義のツイッターアカウントの書き込み[11]がはじまり、そう主張するようになった。もちろん、ツイッターを含めてＳＮＳ上のデータを、そのまま信じ込むのは危険だ。

第6章の「メディア戦争」の項で触れたが、シリア内戦では、ほとんどありとあらゆる当事者と関係者が、それぞれの立場のプロパガンダ手段として、膨大な数の情報を投稿し発信している。その中には、すぐに嘘と判明した要人らの死亡情報や、寝返り情報もある。

9　人口が多く貧しいエジプトからは、多くの出稼ぎ労働者がアラブ諸国に来て、底辺労働に従事する。また、独特の方言、カイロ等のエジプトの街の不潔さや喧噪、混沌も、エジプト人に対する差別感情の源となる。
10　http://archive.arabic.cnn.com/2013/middle_east/6/16/zawahri.qaeda/index.html
11　https://justpaste.it/10cf8

しかし、シリアでは、中立的な視点の外国メディアによる自由な報道、特に現地からの報道が不可能に近い現実がある。だから、シリア報道においては、ある程度偏った立場からのものとわかっていても、特定の情報源に依拠せざるを得ない局面も頻繁に出てくる。おそらくその代表が、英国を拠点とする「シリア人権監視団（ＳＯＨＲ）」情報だろう。

シリアで反体制運動がはじまった２０１１年3月から、この組織はシリア各地で起きたデモや当局との衝突、死傷者等に関する詳細な情報発信を開始した。

ＢＢＣやＣＮＮなど影響力のある西側メディアは、当初ＳＯＨＲ情報を引用する際には、ＳＯＨＲが反体制派系の団体であると留保をつけていた。しかし、そのうち国連機関や赤十字等、第三者機関が死傷者数の統計をやめてしまい、引用できるのはＳＯＨＲだけになってしまった。そうなると、いちいちＳＯＨＲについての注釈はつかなくなった。

世界のシリア報道でほとんど絶対的な権威を持つに至ったＳＯＨＲだが、その代表の正体さえ不明である。ＳＯＨＲのラーミ・アブドッラフマーン代表は、シリア国内で数回逮捕された後、ハーフェズ・アサドが死んだ日に英国のコベントリーに亡命した反体制活動家で、スンニ派ムスリムであるという[12]。しかし、同じ反体制派のオリエントＴＶは、アブドッラフマーンは偽名で、本名ウサーマ・スレイマン、バニヤース出身のアラウィ派であると報じている[13]。

「ウィキバグダーディ」が発信する情報は、ＳＯＨＲほどには市民権を得ていない。特に西側メディアでの引用は限定されている。その理由としては、すべてがアラビア語で綴られていることがある。また、明らかにジハーディストが、ジハーディストの視点から発信しており、非ムスリムには理解し難い部分があるのも事実だ。そして、恐らくは決定的なことに、このアカウントの持ち主が匿名であり、誰がどんな意図で発信しているのかが特定できない。NFやAQに近く、反バアス党の立場から発信しているとの印象はあるが、それ以上のことはわからない。

つまり「ウィキバグダーディ」は、発信者不明の、いわば怪文書である。すべてを事実として受け入れるわけにはいかない。しかしそこに書かれていることは、公になったISILとNFの対立の背景として、なるほど、と思わせる内容を含む。ドイツ誌「シュピーゲル」等がまとめたその後の報道内容ともかなりの程度符合する。英語で書かれたISIL関係の研究レポートでも、その内容が事実として採用されている例がある。[14]

組織としてのISILの中枢に、イラク・バアス党の元関係者が少なくないことは周知の事実である。しかし、バアス党の思想や行動様式がISILのそれにどれだけ影響しているかという点については、専門家の間でも意見は分かれる。

「ウィキバグダーディ」は、バアス党の影響が重大だと評価している。というより、おそらくはそれへの批判が、「ウィキバグダーディ」の執筆動機になったらしい。「イスラム国家に反対するわけではない。イスラムを騙ったバアス党の浸透と支配に反対しているのだ[15]」という、発信者の基本的なスタンスを示すツ

12 http://uk.reuters.com/arricle/uk-britain-syria-idUKTRE7B71XG20111208
13 http://www.orient-news.net/ar/news_show/6921
14 例えばソウファン・グループのレポート http://soufangroup.com/wp-content/uploads/2014/10/TSG-The-Islamic-State-Nov14.pdfや、ブルッキングス研究所のレポート https://www.brookings.edu/wp-content/uploads/2016/07/iwr_20160728_profiling_nusra.pdf 後者は出典をウィキバグダーディであるとは明記していないが、内容は重なっている。
15 2014年4月4日付ツイート。

イートもある。

「ウィキバグダーディ」は、ISILの組織の意思決定機構の中枢に元イラク・バアス党の軍人が少なからずいることや、元シリア・バアス党員で政権側による反体制弾圧に加担していた人物らが、後にISILの地区司令官となって権勢をふるう例を指摘する。

これらの指摘が事実であれば、ISILは表向き、狂信的なカルト集団という装いをしているが、それはカバーに過ぎない。ISILの実態は、組織の敵や被支配者のみならず、味方や同志であるはずの構成員さえも徹底的に監視し、粛清する恐怖の警察組織ということになる。そう考えたほうが、四方八方を敵に回し、米軍とロシア軍の両方から攻撃を受けながら、この組織がなぜ2018年末時点でも、しぶとく生き残っているのか、理解しやすくなる。

そんな観点から、筆者はこの「ウィキバグダーディ」の物語は、すべてではないにしても、かなりの程度、真実を含むと考えている。ここでその一部を紹介する。

「ウィキバグダーディ」は、ISILの表の顔としてのアブ・バクル・バグダーディ以上に、その参謀役であったイラク人「ハッジ・バクル」に大きな焦点を当てる。「ハッジ・バクル」は間違いなく実在した人物で、本名サミール・アベド・ムハンマド・ヒルファーウィ[16]、元バアス党員かつ軍人である。[17]アブ・バクル・バグダーディの前任者アブ・オマル・バグダーディが、参謀役のエジプト人アブ・オマル（ハフェス）・ムハージルとともに米軍の爆撃で殺害された時、アブ・バクル・バグダーディは組織の中枢メンバーではなかった。シューラ委員会のメンバーでもなく、住居はファッルージャだった。

にもかかわらず、アブ・バクル・バグダーディは、組織の意思決定機関マジュリス・シューラ（諮問評議会）によってISI指導者に選ばれた。この際にアブ・バクルを担ぎあげ、多数派工作を行ったのがハッジ・バクルである。以降、ハッジ・バクルは2014年1月に、シリアの反体制武装勢力との抗争で戦死するまで、アブ・バクルと一心同体となり、組織の維持強化を主導した。

アブ・バクル指導部の鉄の支配を徹底するために、ハッジ・バクルはイラク・バアス党の手法、すなわち組織の構成員に対するスパイ監視活動や、脅迫・暗殺という、文字通りの「テロ」手段を用いた。「ウィキバグダーディ」によれば、ISILの中にはハッジ・バクルが直轄する組織構成員を対象とする粛清部隊さえ存在する。

ちなみに「ウィキバグダーディ」の最初のツイートは「アブ・バクル・バグダーディのシューラ評議会は100パーセント、イラク人で構成される。他国人はシューラ評議員になれない。バグダーディが信用しないからである」こんな具合にはじまっている。

シリア危機がはじまると、組織内の不満分子、特にイラク人が組織の中枢を独占することに不満を抱くシリア出身の戦闘員らが、シリア参戦を強く望むようになった。アブ・バクルとハッジ・バクルは当初、シリア人戦闘員らの大量離脱や分派活動が起きることを警戒し、戦闘員のシリア渡航に反対した。しかしシリアで流血の事態が続くと、血気にはやる義勇兵志願者を統制しきれなくなった。

そこでハッジ・バクルは、シリア人のアブ・ムハンマド・ジョラーニをリーダーに、限定的に戦闘員を

16 http://www.spiegel.de/international/world/islamic-state-files-show-structure-of-islamist-terror-group-a-1029274.html
17 ソウファン・グループのレポート http://soufangroup.com/wp-content/uploads/2014/10/TSG-The-Islamic-State-Nov14.pdf では「共和国防衛隊大佐」。

シリアに送りこむことにした[18]。米国や他の反アサド武装勢力との不要な摩擦を避けるため、ＩＳＩのメンバーであることは隠す。また、組織の中核たるイラク人の参加は許さない、という条件である。

ところが、いざシリアに入ると、ジョラーニとその指揮下の義勇兵部隊ＮＦは、ハッジ・バクルらの想定をはるかに超えて有能だった。ＮＦは各地の戦場で高い戦闘能力と旺盛な士気をみせて、たちまち反政府武装勢力の中核的な存在になった。しかも活動地域の住民や他の武装勢力との間でも、それなりに安定した関係を築いた。こうして、ジハード界の指導者を目指すアブ・バクルにとって、ジョラーニは煙たいライバルになった。

さらには、米国のインテリジェンスの問題があった。いかに目立たないように振る舞っても、米国の情報機関はＮＦがＩＳＩのシリア先遣隊に他ならないことを当初から正確に把握していた。そして２０１２年12月には、早くも米国務省が、ＮＦを国際テロ組織に指定した。

皮肉なことに、米国から「テロリスト」と指定されたことで、ジハード界におけるジョラーニとＮＦの地位と名声が高まったのだ。だから、ＮＦがＩＳＩの傘下にあることを明らかにし、誰がボスかを世間に周知する必要がある、とバグダーディとハッジ・バクルは考えた。

バグダーディは「音声メッセージを発出し、ＩＳＩとバグダーディへの忠誠を表明するように」との司令をジョラーニに発した。

ジョラーニは「検討する」とだけ回答し、メッセージを出さなかった。

バグダーディが重ねてメッセージ発出を迫ると、ジョラーニは「そのようなメッセージの発出は、シリア革命にとって利益にならない。ＮＦの全指導部（マジュリス・シューラ＝諮問評議会）はこの見解で一致している」と回答し、明確にバグダーディの司令を拒絶した。このため、ハッジ・バクルとバグダーディは、NFにスパイを潜入させ、ジョラーニの行動を監視するとともに、「トルコ、シリア両国領内で、FSA幹部を暗殺せよ」との新たな司令を出した。

ISIにとっては、米国の支援を受けるFSAは、イラクで米軍に協力しISI掃討作戦を実施した、憎むべきサフワ（「覚醒評議会」＝スンニ派部族民兵）のシリア版に他ならない。当面は反アサドで共闘できても、いずれは確実に敵になる、と認識している。未来の災いの芽を早期に摘み取る、という口実で、NFに踏み絵を迫ったのだ。

NF側は、これに対しても「トルコはシリア革命（反体制運動）の強力な支援者である。そこで破壊工作を行うことは、ジハードの将来を損ねる」と、もっともな理由で拒絶した。

ここに至り、ハッジ・バクルとバグダーディはNF解散・ISILへの吸収合併を決める。そして、イラク人メンバー10人をシリアに派遣し、吸収合併構想に対するNFメンバーの意見を聴取させた。

NFのメンバーの中でも、組織の相対的に穏健・現実的な姿勢に反発する、過激なタクフィーリ主義者らは、当然吸収合併構想を歓迎した。しかし、構想に反対する者もいた。10人のメンバーはイラクに戻り、構想への賛否は半々であるとの聴取結果をバグダーディらに報告した。

これを受け、ハッジ・バクルとバグダーディは、直接シリアに乗り込み、自らの目でシリアの情勢を見

18　アビゼイド記者は、この時点でジョラーニはバグダーディとハッジ・バクルの信頼を得ており、ISIのニナワ県司令官という要職についていたとする。またアビゼイドはジョラーニ以下、ISIの先遣隊八名がシリア入りした時期を2011年6月と特定している。http://www.politico.com/magazine/story/2014/06/al-qaeda-iraq-syria-108214_full.html#.WZNqd1FJZPY

極めることにした。「イラクとシャームのイスラム国＝ＩＳＩＬ」建国を宣言しても、その最高指導者バグダーディ本人がシリアにいなければ、強い支持は得られないだろう、との判断である。

こうして、ＩＳＩＬ建国宣言の３週間前に、バグダーディらはシリアに入国した。「ウィキバグダーディ」は正確な地名は出していないが、「トルコ国境地帯、シリア人（国内）避難民のキャンプがあり、最も安全な場所」としている。ここを拠点に、バグダーディらはＮＦメンバーらと会う一方、ジョラーニに至急参集するよう求めたが、粛清を恐れるジョラーニは近づこうとはしなかった。

あらためて、バグダーディはジョラーニに対し、忠誠とＮＦのＩＳＩＬへの吸収合併宣言の音声メッセージ発出を司令した。ジョラーニは再度、「そんなことをすれば、ＮＦがこれまでに築いたシリアでの人気が台なしになってしまう。バグダーディらイラク人は、イラクに帰り、シリアには関わらないでもらいたい」と、明確に拒絶した。

ハッジ・バクルは、ＩＳＩＬへの統合を支持するＮＦ兵士の中から１０００人規模の部隊をバグダーディ親衛隊に編成し、ＮＦとの武力抗争に備えた。準備万端整え、ハッジ・バクルは件のアブ・バクルの「ＮＦ解散・ＩＳＩＬへの統合」宣言を公開した。

これが「ウィキバグダーディ」がツイッターで暴露したＮＦとＩＳＩＬの分裂劇の顛末である。

（４）「兄弟殺し」の一時鎮静化

シリアでは、ＩＳＩＬとＮＦの武力抗争は、すぐには目立ったかたちで発生しなかった。幹部や兵士の多くをＩＳＩＬに引き抜かれ、あるいは暗殺されたＮＦが、一時急激に弱体化したことによるのだろう。

その後、ザワーヒリ裁定の追い風で、ＮＦにはＡＱ中枢に忠誠を誓う戦士たちが結集し、党勢を建て直した。しかし結成後間もないＩＳＩＬも、ＮＦも、２０１３年夏時点では、内戦の主要戦場であるシリア北西部での大っぴらなジハーディストの同士討ちを回避した。

むしろ、アサド政権や、人民防衛隊（ＹＰＧ）相手の戦闘では、両者が協力する局面が目立った。有名なのが２０１３年８月に起きたアレッポ県のミンナグ空軍基地奪取[19]の作戦である。

反体制派武装勢力は前年末から包囲下に置いていたこの基地に総攻撃をかけて、陥落させている。空軍も対空兵器も持たない反体制派にとり、空軍基地や軍用空港が優先的な攻撃目標となったことは第７章でも触れた。

ミンナグ基地はアレッポ市の北西方向、トルコ国境に通じる戦略的地点に位置する。貯蔵する弾薬・兵器も多く、極めて重要な政権側の施設であった。従ってミンナグ基地失陥は、２０１３年を通じてアサド政権が受けた最大級の軍事的打撃であった。

この作戦には、ＮＦとＩＳＩＬが、ＦＳＡ傘下の諸隊とともに参加した。ＩＳＩＬは最後の突撃作戦の口火を切る自爆攻撃を実施した上、陥落後は捕虜とした政権軍将校を斬首処刑する映像を公開している。ＦＳＡアレッポ地区軍事評議会のアブドル・ジャッバール・アカイディ大佐は、陥落直後のミンナグ基地で、ＩＳＩＬの部隊司令官「アブ・ジャンダル」と並んで映ったビデオ[20]で、ＩＳＩＬの健闘を称えている。ＦＳＡが発足間もないＩＳＩＬと公然と共闘していたことを示す貴重な記録だ。

なお、ミンナグ攻略に先立つ７月22日にはＩＳＩＬはイラクのアブ・グレイブ、タージ両刑務所を同時

19　http://www.bbc.com/news/world-middle-east-23585886
20　https://www.youtube.com/watch?v=MEJQYnqrndA

に襲撃。警備員ら30人近くを殺害し、囚人約500名を解放するという大がかりな作戦を成功させている。これはバグダーディの呼びかけで1年前に開始された「壁破り」作戦の一環だ。[21] シリアで比較的おとなしくしていたのは、本拠地イラクでの活動が忙しかったせいかもしれない。

もっとも、8月中旬以降、10月にかけて、ISILは北部のユーフラテス川沿いの都市ラッカで、「預言者末裔旅団」などのFSA系組織や、アハラール・シャーム、NF相手に小競り合いを繰り返し、最終的にこの町を独占支配するに至る。[22]

ラッカはアッバース朝の第5代カリフ、ハルーン・ラシードが夏の王宮を構えた古都だ。2013年3月に、シリアの県都としては初めて反体制派が奪取した。そのラッカが、わずか半年ほどでISILの事実上の首都になってしまったのだ。

さらに2013年秋には各地でISILと他の反体制派部隊との衝突が発生し、NFも反体制側でISILと激しく抗争することになる。

---

21 http://www.reuters.com/article/2013/07/23/us-iraq-violence-alqaeda-idUSBRE96M0C720130723#C31U8mby6r7jSJVs.97
22 この時期のラッカの状況については http://aljumhuriya.net/16310 に詳しい。

第9章 ヒズボッラーの本格参戦

レバノンはシリア危機と内戦の影響を最も大きく受けた国のひとつである。

１９２３年のフランスによる委任統治まで、シリアとレバノンは実質的にひとつの国であり、不可分の文化圏に属していたこと。両国国境をまたいで広がる部族社会や宗派集団の存在。レバノンの国境線のほとんどはシリアに隣接していること、などが原因で、１９４３年に両国が別個の国として独立して以降も、お互いに隣国情勢の影響を受けやすい。１９７１年のハーフェズ・アサドによるシリア政権の掌握以降、特にその傾向は強まった。

１９７５年にレバノン内戦がはじまり、翌年にはＰＬＯとレバノン左派の連合軍がキリスト教徒マロン派主体の政権と民兵を打倒しそうになった。すると、シリアが軍事介入して、左右両勢力の均衡を回復させた。

１９８２年のイスラエル軍のレバノン介入で、いったんシリアはレバノンから追われる。しかしその後はヒズボッラーを筆頭とするレバノン国内の反イスラエル勢力を通じて、じわじわとイスラエルと、遅れて介入した米仏軍とを追い詰めた。ついにはサウジアラビアとともに進めた「ターイフ合意」を錦の御旗に掲げ、１９９１年の大統領官邸攻略作戦で、レバノン内戦を終結させた。

それ以降のレバノン「第二共和制」では、アサド政権はレバノンの事実上の宗主国として振る舞った。シリアはレバノンの歴代大統領や国会議員の選出にまで細かく介入し、レバノン政治を牛耳ることになった。

２００５年のラフィーク・ハリーリ元首相暗殺事件を機に、シリアの実効支配に反対するレバノン国民が大規模な抗議行動を起こす。この反アサド勢力（３・14勢力）に、米仏両国とサウジアラビアが肩入れした。シリア軍はレバノンから全面撤退し、形式的にはシリアのレバノン支配は終わる。しかしその後は、親シリア勢力の筆頭格であるヒズボッラーが、アサド政権にかわるレバノン政治の新たなキングメーカーとなった。

大統領には元国軍司令官の中道政治家ミシェル・スレイマン（マロン派）、首相にはやはり中道のナジーブ・ミカーティ（スンニ派）、しかし政治決定における最大のキングメーカーはヒズボッラー（シーア派）という指導体制で、レバノンは2011年の「アラブの春」を迎える。[1]

レバノンにはシリア危機の最初の2年だけで、100万人規模の難民が押し寄せている。[2] この数は300万人とされるトルコ、80万人のヨルダンに次ぐ多さである。[3] しかし、レバノンの人口（500万人）や国土面積は、トルコとは比較にならないほど小さい。しかもレバノンは1948年以来、40万人に達するパレスチナ難民を抱えている。これらを踏まえると、難民受け入れ負担の重さという点では、レバノンはトルコを凌駕するだろう。

隣国で発生したこの未曾有の大混乱が、脆弱なレバノン政治の均衡を破壊し、シリア内戦がレバノン

1　ハリーリ元首相暗殺事件から2011年までのレバノン政治情勢については拙著「レバノン 混迷のモザイク国家」を参照願いたい。（現在電子書籍のみの販売。左記 Yondemill のサイトから試し読み、購入可能）
https://www.yondemill.jp/contents/36467
2　国連難民高等弁務官（UNHCR）の統計で、登録済み難民が71万人以上。ただしレバノンの場合、シリア危機開始以前から多くのシリア人が就労していたので、実際には150万人はいる、という推計もある。
https://jia.sipa.columbia.edu/online-articles/exploring-status-syrian-refugees-lebanon#_ftn1
3　流入した難民の概数は2017年時点の国連統計に基づく。

に波及する……。シリア危機発生当初から、レバノン国民も、そして世界の中東ウォッチャーも、そのような懸念を表明した。

しかし、2018年末時点まで、レバノン情勢は急激に悪化することなく、持ちこたえている。いくたびか、国内政治勢力同士の緊張を高める事件は発生した。シリアのアサド政権やジハーディストはレバノン国内でテロ事件を起こしたし、首相ポスト、大統領ポストのいずれも、空白期間が長期に及んだ。しかし、いずれの問題も、レバノン国家の存続と治安を根本から揺るがすほどの危機には発展しなかった。

これはやはり、1975~1990年の内戦を経たレバノン国民と政治エリートたちの間に、「内戦を再燃させては何もかもおしまいだ。どんな代償を払おうとも、レバノン国内を戦場にしてはならない」という強いコンセンサスがあるからだろう。そしておそらくはそのコンセンサスは、レバノン各勢力の支持者であり、シリアの内戦当事者の支持者でもある関係諸国――米、英、サウジアラビア、カタール、イラン等――の間においても存在する。

とはいえ、それがレバノン人のプレイヤーがシリア危機・内戦に関与しなかった、ということを意味するわけではない。

ミカーティ内閣と、その後継政権（タマーム・サラーム内閣、第2次サアド・ハリーリ内閣）は、一貫して「シリア内戦への不干渉」を外交政策のトップに掲げた。しかし、レバノンの政治勢力と治安機関はそれを尊重せず、様々なかたちで隣国の内戦に関わった。

3・14勢力（反アサド派）は、系列メディアに加え、サウジアラビアやカタールが抱える巨大な汎アラブ・メディア（「アル・ハヤー」、「シャルク・アル・アウサト」両紙、「アル・ジャジーラ」TV、「アル・

アラビーヤ」TVなど）を総動員し、シリア反体制派の宣伝戦を支えた。それに留まらず、極秘に兵站・軍事支援に関わる者たちもいた。

また3・8勢力（親アサド派）の筆頭ヒズボッラーも、傘下の衛星テレビ「アル・マナール」、シンパの「アル・アフバール」紙などで親アサド・キャンペーンを繰り広げた。同時にレバノン国内での地下工作、さらにはシリアへの派兵と、シリアへの関与を確実に深めていく。

主要な登場人物・組織・宗派名

○ウィサーム・ハッサン：ISF情報部長
○ハッサン・ナスラッラー：ヒズボッラー議長
○アハマド・アスィール
◉内務治安部隊（ISF）
◉ヒズボッラー
◉キリスト教マロン派

（1）内務治安部隊（ISF）情報部長暗殺事件

2012年10月19日の夕刻、学生や通勤客が帰宅する時間に、ベイルートのアシュラフィーエ地区で大きな爆発が起きた。標的になったのは自動車で、乗客3名が即死した。爆弾の量はTNT火薬換算で30kg

相当と大きく、周辺の建物に多くの損害を与えた。また通行人も巻き添えとなって負傷し、当初は死者8名以上と誤って報じられた[4]。

ほどなくこの犠牲者の一人がウィサーム・ハッサン内務治安部隊（ISF）情報部長であることが公表され、世界的なニュースとなった。

ISFとはレバノン内務省傘下の警察組織である。

主要宗派間のバランスを考慮して政府の要職を配分するレバノン式人事がこの組織にも適用され、ISFの歴代トップはスンニ派が務める。

ちなみに国軍司令官と国軍情報局長官はマロン派、参謀総長はドルーズ派、内務省傘下の公安総局長官にはシーア派が任命されるのが慣例である。

2005年のハリーリ元首相（スンニ派）暗殺事件後、親シリア（アサド政権）とみなされたISFのハッジ長官は解任され、ハリーリ家に近いアシュラフ・リーフィが後継に任命された。リーフィは親シリア派が抑える他の情報機関や、ヒズボッラーへの対抗上、ISF情報部を拡充し、ハリーリ暗殺事件の捜査や、反アサド派要人警護に尽力した。国軍情報局は中立、公安総局は3・8勢力寄りなので、実質的にISF情報部が3・14勢力側の情報機関となったのである。

そのトップとして、3・8勢力の憎悪と警戒を一身に集めていたのが、ウィサーム・ハッサン准将だった。

ハッサンはハリーリ暗殺事件当日に、事件発生を知っていたとしか思えない行動をとり、難を逃れている[5]。このため、国際捜査団は一時、ハッサンを容疑者扱いしたらしい。しかし、ラフィーク・ハリーリの子息で政治的後継者のサアド・ハリーリはハッサンを庇った。結局ハッサンは殺されるまで、ISF情報部長として3・8勢力およびアサド政権との暗闘を繰り広げた。

この間、2006年にはハッサンの副官サミール・シャハーデが暗殺未遂にあった挙句、一時亡命している。また、2008年には携帯電話の通話データ解析を通じ、ハリーリ暗殺事件とヒズボッラーの関係を初めて解明した部下のウィサーム・アイード大尉が暗殺された。[6] 2012年1月には、ハッサン本人に対する暗殺計画も発覚している。[7]

シリア危機勃発以降は、ハッサンとISFはサウジアラビアの資金を用い、CIAやサウジの情報機関と提携して、シリア反体制派への武器供与をコーディネートしていると噂された。[8]

最終的に犯人がハッサンの除去を決めたのは、暗殺事件の数カ月前、2013年8月と思われる。ISFが、囮捜査によって、ミシェル・サマーハ元情報相を逮捕したときである。[9]

サマーハはキリスト教徒で、かつては反シリアのカターイブ党のメンバーだったが、レバノン内戦中に親シリアに転じ、2007年には米国の経済制裁を受けた人物だ。そのサマーハが、シリア情報機関の要請に応え、何と自らの車で爆発物をレバノン国内に持ち込み、トリポリ周辺のレバノン北部でのテロ実行

4 https://www.theguardian.com/world/2012/oct/19/lebanon-divide-assassination-security-chief
5 「レバノン 混迷のモザイク国家」 https://www.yondemill.jp/contents/36467 参照。
6 https://www.theguardian.com/world/2012/oct/19/lebanon-divide-assassination-security-chief
7 http://www.naharnet.com/stories/en/28139-rifi-assassination-attempt-was-targeting-hassan
8 https://www.alahednews.com.lb/66199/7/-# [illegible]. WZiyihJZPY
9 http://www.naharnet.com/stories/en/49451

を企てた。

当時トリポリ市内ではアラウィ派居住区のジャバル・ムフセンと、隣接するスンニ派地区の一部住民が武装し、断続的に戦闘が発生していた。いわばレバノン国内で唯一、シリア内戦の代理戦争が起きている場所だったのだ。そんなところで、当事者のどちらかを狙った大規模テロが起これば、各地で報復合戦がはじまり、レバノン全土が内戦化しかねない。極めて危険な破壊工作だった。

サマーハは文民であり、元大臣である。

そんな立場の人物が、隣国情報機関の工作員となって自らテロを行うなど、信じがたい話だが、サマーハが情報機関のエージェントと交わした肉声が録音されていた。それだけでなく、本人が爆弾を車両に積み込む映像まで録画されており、それがメディアに流出した。エージェントはＩＳＦがシリア情報機関に埋め込んだ二重スパイだった。それに気づかず、このエージェントを介してサマーハにテロ実行を司令したのは、シリアの国家保安局長官のアリ・マムルークだった。

これより20日前に起きた、ダマスカス治安本部爆破事件で大物幹部の多くが死傷した後、実質的なシリア情報機関のトップと目される人物である。

レバノン司法当局はサマーハの身柄を拘束するとともに、サマーハとマムルークをテロ謀議の首謀者として後に起訴する。ＩＳＦは動かしがたい証拠を突きつけて、アサド政権によるレバノン国内での破壊工作を完璧に潰したのだ。

アサド政権が何らかのかたちでハッサンに落とし前をつけさせることを、誰もが予測していた。そして実際に、それから70日を経てハッサンが殺害された。

レバノンで２０００年代に起きた政治家・政府関係者の一連の暗殺事件と同様、ハッサン暗殺事件についても、捜査結果は断片的にしか公表されておらず、裁判もはじまっていない。従って、事件がヒズボッラーの犯行であると断定はできない。しかし、ハリーリ暗殺事件については、既にレバノン国際特別法廷が6人を容疑者として起訴している。その全員がヒズボッラーのメンバーである。他の暗殺事件や未遂事件についても、ヒズボッラーの関与がメディアにおいては相当詳しく報じられている。[10]

ハッサンが殺害されたのはキリスト教徒地区の真ん中にある同人の隠れ家だった。しかも、前日までハッサンは外遊しており、極秘のうちに帰国していた。つまり、犯行グループは、秘密工作のプロ中のプロであるハッサンの行動を、完全に捕捉し、きっちりと抹殺したことになる。そのような作戦をレバノンで実行できる組織は、ヒズボッラー以外にはあり得ないと筆者も考える。

ハッサン暗殺は、シリア情報機関の大失敗を受けて、ヒズボッラーが代理で実行したのだろう。

(2) クサイル攻略戦とヒズボッラーの役割

奇しくもハッサンが殺される前日、2012年10月18日に国連事務総長の潘基文が、安保理決議第1559号履行状況の半年次報告[11]を出した。決議第1559号については第2章で簡単に触れた。2004年にアサド政権がレバノン大統領選挙へ介入の動きをみせた際に、シラク仏大統領(当時)が中心となって、米仏サウジなど、おなじみの反アサド陣営諸国が提出し、可決した決議だ。レバノンでの

10 たとえば2012年のブトルス・ハルブ議員暗殺未遂事件。http://www.naharnet.com/stories/en/47294
11 http://www.haaretz.com/resources/misc/1559Report.pdf

自由で公正な大統領選挙の実施、駐留シリア軍の撤退、ヒズボッラーの武装解除などを求めている。結局、シリア軍撤退以外は何も実現しておらず、事務総長はその後も半年ごとに「決議は履行されていない」という報告書を上げてきた。

２０１２年10月の報告は、第34節で、ヒズボッラーがシリアに派兵し反体制派と交戦していることに触れ、レバノン政府の不干渉政策に反すると批判している。報告書が指摘するとおり、この時期にはヒズボッラーがアサド政権側に立ってシリア内戦に軍事介入しているという報道が散見された。

しかし、その後、２０１２年末から２０１３年初めにかけて、反体制派は徐々に地歩を固め、政権側の損失と消耗が増大していく。政権がますます空軍力に依存するようになったのは、その結果である。

ヒズボッラーも、この時期から方針を転換した。アサド政権の正規軍の補助部隊としてではなく、状況次第では政権側の主力としての戦いぶりを見せるようになった。

その最初の戦場が、ホムス市南西の街、クサイルだった。

ダマスカス、アレッポに次ぐシリア第三の都市にして、「シリア革命の首都」ホムスでは、バーバ・アムル、ハリディーヤなど市内のいくつかの区画を反体制派が占領し、政権軍と対峙してきたが、それだけではない。周辺の農村部と都市も、早くから反体制派武装勢力の拠点となった。

ホムス北西で政権から離反したマナーフ・トラース准将[12]の故郷ラスタンと、南西のクサイル市がその代表である。

クサイルはホムスとレバノン北東部のベッカー高原を結ぶ街道上にある。ベッカー高原北部はレバノン南部と並ぶヒズボッラーの拠点地域だ。クサイルを反体制派に制圧されると、ヒズボッラーにとっては大きな脅威になる。またクサイルには、アラウィ派の本拠地であるシリアの地中海岸地域と首都ダマスカスを結ぶ街道も通る。アサド政権としても、一刻も早く奪還して、ホムス市の完全制圧につなげたい戦略上の要衝だ。このため、2013年4月初めごろから、アサド政権軍とヒズボッラーは本格的にクサイル奪回作戦を開始した。

クサイルの攻防は激戦となった。

ヒズボッラー側の死傷者も増え、遺体が相次ぎレバノン国内に送還され葬儀が行われると、もはやクサイルでのヒズボッラーの軍事的関与を隠すことは難しくなった。ヒズボッラーのナスラッラー議長は4月10日にテレビ演説を行い、「シリア内戦はアサド政権を倒すための米・イスラエルの陰謀である。決してこの陰謀を成功させてはならない」「クサイル周辺には定住したレバノン人が3万人いるが、シリア国軍には彼らをタクフィール主義者[13]から守る余力がないので、ヒズボッラーが守るしかない」そんな論理で、クサイルでの戦闘にヒズボッラーが参加していることを認め、正当化した。[14]

なお、クサイル攻防戦には、レバノンのジハーディスト勢力も参加している。

レバノン南部の街サイダに、反アサド、反ヒズボッラーのスタンスで知られるアハマド・アスィールという スンニ派導師がいた。アスィールは以前から、ヒズボッラーが武装していることや、国政を牛耳っていることを公然と批判し、デモや座り込みなどの抗議行動も組織してきた。

そのアスィールが、数十人規模の義勇兵団を組織してクサイルに送りこみ、後には自ら現地に乗り込ん

12 第6章参照。
13 異教徒や異宗派、さらには同じスンニ派を異端扱いし、攻撃を正当化する過激派を指す。ヒズボッラーがスンニ派ジハーディスト過激派を指して用いる言葉。
14 http://www.al-monitor.com/pulse/originals/2013/05/hassan-nasrallah-speech-hezbollah-syria.html

だ。迷彩服を着込み、前線の塹壕を行進する映像をネットに流した後、ちょうどナスラッラーが演説したところに帰国している。[15]

クサイルの戦いにレバノンからヒズボッラーとスンニ派ジハーディストの双方が関与した事実は、シリア内戦がレバノン人の一部にとっては他人事ではなく、スンニ派とシーア派の宗派紛争の延長に他ならないことを示している。

クサイルは結局2013年6月5日に陥落した。

市街中心部への最後の突入作戦はヒズボッラー部隊が敢行した。ヒズボッラーはそれまでのシリア正規軍の補完部隊の立場から、時と状況によってはアサド政権側の主力となって、反体制派と対峙することになる。

一方のアハマド・アスィールとそのシンパは、6月末にサイダで死者17名を出すレバノン国軍部隊襲撃事件を引き起こした。逃亡したアスィールは2015年8月にレバノン当局に身柄を拘束された。[16]

15 http://www.naharnet.com/stories/en/81574
16 http://www.bbc.com/news/world-middle-east-33946842

第10章

化学兵器問題

２０１３年の夏、シリア内戦を取り巻く地域情勢や国際情勢に大きな変化が立て続けに起こる。その前年、２０１２年の夏はシリア危機が一気に本格的な内戦に変化した「転機」だったが、２０１３年夏の出来事も、後の内戦の行方に及ぼした影響の甚大さでは、前年に劣らない。

その出来事とは、イラン大統領選挙におけるハッサン・ロウハーニの当選と、エジプトの軍事クーデターによるムルスィ政権崩壊、それに続くムスリム同胞団（ＭＢ）弾圧である。

そしてエジプト情勢の進展がまだまだ世界の耳目をひきつける中、今度はシリアで大規模に化学兵器が使用された。それが米露両国を含む国際社会を巻き込んだ大騒動に発展することになる。

主要登場人物・組織・宗派名

○ハッサン・ロウハーニ：イラン大統領
○ムハンマド・ムルスィ：エジプト大統領
○アブドル・ファッターハ・スィースィ：エジプト国防相（後に大統領）
◉ムスリム同胞団（ＭＢ）
◉タマッロド（「反乱」）

（1）イラン大統領選挙とロウハーニ大統領の誕生

2013年6月14日に行われたイランの大統領選挙で、中道派と改革派が支持するハッサン・ロウハーニ候補が、大方の予想を覆し、第1回投票で過半数の票を集め、アハマディネジャード大統領の後継に選出された。[1]

世界がこの選挙に強い関心を寄せた理由は二つある。

一つは、イランが核開発問題をめぐり国際社会と激しく対立していたこと。特に米国は国連やEU諸国とも協調して、イランに何重もの経済制裁や金融制裁を科してきた。それでも核開発プログラムを断念しないイランに対し、米国とイスラエルは、サイバー攻撃やイラン人核開発研究者らの暗殺など、あらゆる手段を用いて妨害した。そんな中、断固核開発継続を唱える強硬保守派の大統領が選出されたらどうなるか？　イランは核開発制限の交渉を拒絶し、最悪の場合、イスラエルか米国が軍事力行使に踏み切り、中東全域が戦場となる黙示録的なシナリオが現実になりかねない。

もう一つの関心は、２００９年大統領選挙後の出来事に関係する。

前回にあたるこの選挙では、現職で保守強硬派のアハマディネジャードが再選を果たした。しかし、敗れた改革派のミル・フセイン・ムサウィ、マハディ・キャッルービの両候補と、その支持者たちは、選挙不正があったと主張し、結果に納得しなかった。改革派の抗議運動は首都テヘランを中心に各地での街頭デモに発展した。

１９７９年のイラン革命以来、初めて起きた全国規模の大衆抗議行動である。まさに「アラブの春」を先取りする事件であった。

体制側は国民の正面からの挑戦に震撼した。そして治安部隊と、バシージと呼ばれる民兵組織――シリ

1　http://www.bbc.com/news/world-middle-east-22916174

アのシャッビーハに相当するといえるだろう——を動員して、蜂起を力で鎮圧した。このやり方も、「アラブの春」に直面した独裁者たちの対応の原型である。

2013年の大統領選挙後にも、結果次第では急激に治安情勢が悪化する懸念があった。結局、ロウハーニは単独で50・7パーセントを獲得し、2位で16・6パーセントのガリバーフ・テヘラン市長に大差をつけた。不正に票を操作したところで、ごまかせるような差ではない。誰もが認めざるを得ない明白な国民の審判が下ったので、選挙後の混乱は起こらなかった。

ロウハーニ新大統領が前任アハマディネジャードとは違い、国際社会に融和的な外交政策をとり、核合意を成立させ、長年に及ぶ経済制裁が解除されることを、多くのイラン国民が期待した。ロウハーニはその期待に応えた。

ロウハーニと、ムハンマド・ジャワード・ザリーフ新外務大臣は、米国以下のいわゆる「P5プラス1（国連の常任理事国である米・露・英・仏・中と独）」との核開発制限交渉に真剣に、かつ前向きに取り組んだ。その結果、イランとP5は2013年11月に暫定合意、さらに2015年7月には最終合意するに至った。中東全域を巻き込む大戦争勃発の危険は遠のき、イランを苦しめた石油禁輸などの厳しい制裁措置は、この後2018年にトランプ米大統領が一方的に合意を破棄するまで、段階的に解除されていく。

しかし、ロウハーニ大統領の登場は、シリア内戦にはほとんどインパクトを及ぼさなかった。イランで保守強硬派が政権を失うと、核開発問題だけでなく、シリア問題でもポジティブな影響が起きると期待する向きもシリア内外にはあった。

アサド政権を全面的に支えてきたイランが態度を変え、西側諸国や湾岸アラブ諸国との協調を模索する。ヒズボッラーをレバノンに撤退させ、軍事的解決一辺倒のアサド政権に圧力をかけ、反体制派との和平交渉が始動する、という期待である。だがこれはまったくの期待外れに終わった。

かねてから、「イラクやシリア、レバノン、イエメンなどへのイランの軍事介入や、親イラン勢力支援活動を主導するのは、ハメネイ最高指導者に直結する革命防衛隊である。イランの大統領や政府の役割は限定されている」そんな観測があったが、ロウハーニ大統領の登場で、その観測が正しかったことが証明された。新政権になっても、シリアにおけるイランのプレゼンスはまったく低下しなかったのだ。むしろ、アサド政権の立場が苦しくなればなるほど、イランはヒズボッラーやイラクのシーア派民兵組織とともに、シリアにおける軍事的関与を強化し、あくまでもアサドを守る姿勢を貫いた。

(2) エジプトの軍事クーデター

エジプトでは2012年6月に、二度の投票を経て、ムハンマド・ムルスィが大統領に選出された。「アラブの春」でムバラク大統領の長期政権が倒れた後、エジプト内政は混沌を極めた。世俗的な革命勢力、軍と司法を中心とした守旧派、そしてムバラク時代には非合法化されていたムスリム同胞団（MB）が三つ巴の政争を続け、政権移行プロセスは遅延した。なんとか議会選挙が2011年11月から2012年1月にかけて実施されると、MBの政党、自由公正党（FJP）が第一党となった。

軍は大統領選挙の第2回投票前日に議会を停止させるが、本選ではMBのムルスィ[2]が元空軍司令官・ムバラク時代の閣僚で、守旧派のアハマド・シャフィークを破り、大統領となった。軍は本選でのムルスィ

2 大統領は特定政党に所属できない憲法規定に基づき、公式にはムルスィはFJPから離党している。

の勝利は避けられないと判断し、MBへの権力集中を避けるため、事前に議会を停止させたのだろう。

ムルスィの大統領就任は、中東のイスラム政治運動史上の画期的な事件である。エジプトより先に独裁政権が倒れ、政権移行プロセスがはじまったチュニジアでも、既に2011年10月の議会選挙でMB系の「ナハダ」党が第一党となっていた。[3]だから、ムルスィの勝利は「『アラブの春』の勝者は、MBと、それを支援するトルコやカタールである」という印象を決定的に強めることになった。MBと敵対するサウジやUAEは、当然これに眉をひそめた。

また、「アラブの春」を原則支持した米オバマ政権も、パレスチナのハマースの兄弟組織であるエジプトのMBが大国エジプトの政権を掌握したことに困惑を隠せなかった。

エジプト国内でもムルスィ政権の敵は多い。軍と司法は政権移行期を通じて、MBの権力掌握を妨害した。反ムバラク運動を主導した若手の世俗派活動家らは、組織力で勝るMBに革命を乗っ取られた、と憤慨した。また、人口の5パーセント程度を占めるキリスト教徒（その大半はエジプト土着のコプト教徒）[4]も、イスラム主義者の政権誕生を警戒した。ムルスィが過激なサラフィー系勢力を政権に登用したことで、懸念はさらに高まった。

ムルスィ政権発足後、ひと月あまりの8月5日、シナイ半島のガザ、イスラエルとの国境地帯で、エジプト国境警備隊の基地が武装集団に襲撃され、16名が殺害される惨事が起きた。[5]この事件をめぐり、むざむざ襲撃を許した軍を批判する世論が高まった。そんな中、ムルスィは突如ムハンマド・フセイン・タンターウィ国防相ら軍の最高幹部複数を退役させ、後任に軍情報局長のアブドル・ファッターハ・スィースィを任命した。

タンターウィは元帥で、ムバラク政権時代と併せて、20年以上国防相を務めている。革命後は最高軍事評議会議長として、政権移行期に大統領権限を代行した。つまりタンターウィはムバラク退陣後の実質的なエジプトの最高指導者であり、ムルスィとMBにとっては最も目障りな人物である。他方、タンターウィよりほぼ20歳年少のスィースィは敬虔なムスリムで、MBのシンパであるとの噂さえあった[6]。スィースィの世代の軍幹部とタンターウィら長老世代の間に一定の溝ができていたのは事実らしい。ムルスィはそれを利用して軍を支配下におさめようと、電光石火の手を打ったのだ。この後もムルスィ政権はシリア危機収拾のためイランやトルコに接近するなど「中東の大国エジプト」復活を目指す野心的な動きを見せる[7]。しかし、ムルスィの調子がよかったのは、せいぜい就任後半年くらいまでだ。

2012年12月後半、2回にわたる国民投票を経て、改正憲法が採択されるが、これが国論を二分した。そもそも憲法起草委員会のメンバー選任の段階から、「イスラム主義者の比率が高すぎる」と司法がクレームをつけて、議論を招いた。リベラル派やキリスト教徒の委員は、イスラム主義者が議論を仕切ることに抗議して、起草委員会の会合をボイコットした。野党は11月末に「救国戦線」という連合組織を立

---

3 http://www.bbc.com/news/world-africa-15487647

4 http://www.pewresearch.org/2011/02/16/how-many-christians-are-there-in-egypt/

5 http://www.independent.co.uk/news/world/middle-east/gunmen-kill-16-egyptian-soldiers-on-border-with-gaza-and-israel-8009200.html

6 http://www.timesofisrael.com/with-new-chief-a-new-generation-in-egypt-military/

7 http://www.reuters.com/article/us-egypt-president-iran-idUSBRE88M00L20120923

8 憲法改正案の問題点については以下参照。http://www.bbc.com/news/world-middle-east-20554079　なお、救国戦線は後に国民投票ボイコットから、参加して反対票を投じる方針に切り替えた。

ち上げ、改正案に反対するとともに、国民投票ボイコットを呼びかけた。[8]憲法改正をめぐるこの強引な政局運営が、国民の反発を招いた一因である。しかし、それ以上に重要なのは、ムルスィ政権による経済運営の失敗である。

未曾有の政治混乱と、相次ぐテロ事件のために、エジプトの重要な外貨獲得源である観光産業は低迷し、海外からの投資も伸び悩んだ。そんな中、政権運営経験がないどころか、ほんの数年前までは非合法化されていたMBの素人政権が、いきなり経済状況をバラ色に変えられるわけがない……。

部外者である筆者は、そう同情する。しかし当事者のエジプト国民にとっては、「せっかく命を張って革命を起こしたのに、生活状況が改善する兆しがまったくみえてこない」という状況は、やはり腹立たしいものであったに違いない。国民投票が行われた前後から、各地で反ムルスィのデモが組織され、治安部隊との衝突も発生した。この動きはさらに2013年1月25日の革命記念日に加速する。スエズ周辺ではサッカーのフーリガンの暴動なども加わって、[9]次第にエジプト全土が「アラブの春」当時のような騒擾状態に陥っていった。治安部隊と警察を掌握しきれないムルスィ政権には、それを食い止める術がなかった。

4月になると、ムバラク打倒に立ち上がった市民活動家らも加わって、全国的な反政府組織「タマッロド（反乱の意）」が結成される。この「タマッロド」の主導で、ムルスィの大統領就任からちょうど1年目の6月13日、カイロのタハリール広場で、ムルスィに辞任を求める公称50万人規模の大集会が開かれた。カイロのみならず、全国各地で同様の大集会が開催され、その規模はムバラクに退陣を求める集会を上回った。[10]

ここで、ムルスィの致命的な誤算が明らかになる。

前年の8月にタンターウィを引退させ、スィースィを国防相に任命した時、ムルスィはスィースィを

「政治的な野心はなく、シビリアン・コントロールに服する人物」――だから飼い馴らせる――と評価したはずだ。しかし、国民世論がわずか1年でMB政権から離れてしまったのに気付いたスィースィは、この決定的な局面で7月1日、ムルスィに対し「48時間以内に反政府派と合意するように。さもなくば軍が介入し、エジプトの未来のためのロードマップを実施する」と通告した。事実上の辞任勧告である。

政権を掌握して以来、ムルスィが進める性急な社会のイスラム化と、国軍を統制下に置こうとする動きに、軍側は相当な危機感を抱いていたはずだ。だから、国民がMBに幻滅しきったこの機を逃さず、「国民の要請に応える」という体裁を整え、軍事クーデターを発動したのである。

ムルスィはその日、深夜のテレビ演説で、辞任の意思がないことを発表する。

これを受け、スィースィは予告どおり、7月3日に軍部隊を動員してムルスィと、バディーア最高指導者、カタートニ政治局長などMBの中枢幹部を一網打尽にした。また、憲法を停止し、イスラム系の放送局やテレビ局を閉鎖し、最高憲法裁判所長官のアーディル・マンスールを暫定大統領に任命した。[11]

（3）各国の反応とラービア・アドウィーヤ虐殺事件

スィースィは7月3日にムルスィを逮捕すると、ライブでテレビ・カメラの前に現れ、ムルスィの大統

9 http://www.bbc.com/news/world-middle-east-16863190
10 https://www.theguardian.com/world/2013/jun/30/mohamed-morsi-egypt-protests
11 http://www.nytimes.com/2013/07/04/world/middleeast/egypt.html

領職からの罷免――もちろん、スィースィ本人はそれを「クーデター」とは呼ばないが――を発表した。この時、スィースィと軍幹部を挟んで、エジプト政界と宗教界の巨頭らも一緒に映像に収まった。政変は国民の広範な層の要望に応えた結果であり、「クーデター」ではないとアピールしたのだ。巨頭たちには、スンニ派世界法学者の最高権威であるアズハル大学のアハマド・タイイブ大ムフティ、コプト教会のタワドロス二世法王、野党連合「救国戦線」を代表するムハンマド・バラダイらに交じり[12]、サラフィー政党「ヌール」のジャラール・ムッラも含まれていた[13]。

ヌール党は2012年の議会選挙で大躍進し、MBの政党である自由公正党（FJP）の235議席に次ぐ123議席を獲得している。しかしその後にムルスィ政権から期待していた程の国政ポストを配分してもらえず、MBへの不満を高めていた。とはいえ、シャリーアによる統治を最終目標とするイスラム主義政党である点ではMBと同じだ。それなのに、ヌール党がMB放逐のクーデターを支持するのはかなり奇異な印象を与える。しかし、ヌール党をはじめ、サラフィー勢力がサウジアラビアの影響下にあることを考えると、納得がいく[14]。

実際、サウジアラビアはUAEとともに、クーデター直後にマンスール暫定大統領に祝電を送り、さらには当座の緊急財政支援として、それぞれ30億ドルずつの無償資金と借款を提供した[15]。いかに富裕な産油国とはいえ、これだけの資金をポンと拠出するのは簡単なことではないだろう。あまりに手回しがいいので、そもそもクーデターそのものにサウジが裏で糸を引いていたのではないかという疑問も提起された[16]。

逆にこのクーデターで友邦を失い、憤慨したのが、MBを支援するカタールとトルコの両国である。エジプト当局の追及を逃れたMB幹部は両国に亡命し、両国にメディアの拠点を置いて、スィースィと暫定政府への攻撃をはじめた。

米国のオバマ政権をはじめ、西側諸国もこのクーデターで極めて難しい対応を迫られた。「民主主義推進」の建前を守り、筋を通すのであれば、民主主義と文民統治の原則を踏みにじるクーデターを、当然否定すべきだ。しかし、ムルスィとMBは、クーデター発生時点で、既に統治能力を喪失していた。スィースィと軍が後戻りすることも考えられない。しかも西側にとっては同盟国であるサウジとUAEが公然とクーデターを後押しし、文字通りクーデターのスポンサーとして振る舞っている。この状況では、当面MBやムルスィの復権はあり得ない。それを前提に、エジプト暫定政権とつきあっていくしかない。

結局、西側諸国は、エジプト情勢への懸念を表明するだけで、結果的にはクーデターを事後承諾するという煮え切らない対応をみせた。

2013年のエジプトのクーデターは二つの意味で、シリア内戦に大きな影響を及ぼした。

一つは、サウジアラビアとカタール・トルコ陣営の亀裂である。

この3カ国がシリア反体制派の政治勢力・武装勢力にとって、域内の主要支援国であることは第2章で扱った。その3カ国の間で、MBへの対応をめぐりくすぶってきた亀裂が、ここで表面化し、決定的に悪化したのだ。この後、シリア反体制派内でも両陣営の代理戦争ともいうべき対立が生じた。中立派はどち

12 元国際原子力機関（IAEA）事務総長でノーベル平和賞受賞者
13 「ジャラール」はエジプト方言で「ガラール」になる。
14 http://english.ahram.org.eg/News/75631.aspx
15 http://www.reuters.com/article/us-egypt-protests-idUSBRE95Q0NO20130709
16 http://www.washingtontimes.com/news/2013/jul/30/saudi-arabia-accused-giving-egypt-1b-oust-morsi/

らかの陣営寄りとみられて反対陣営の支援を失わないように、慎重な立ち回りを強いられることとなった。

二つ目は、ジハーディストの論点が説得力を持つようになった点である。

ＩＳＩＬやヌスラ戦線（ＮＦ）のような強硬なジハーディストは、そもそも民主主義を信じないので、「既存の政治システム（民主主義）に参加しながら、緩やかな社会のイスラム化を目指す」というＭＢの政治戦術も否定する。そんなまどろっこしいことをやっていても、社会のイスラム化は達成できない。目的達成のためには聖戦あるのみ……。これがジハーディストの思想だ。

エジプトで起こったことは、まさにそのジハーディストの思想を補強した。長年の弾圧を耐え抜き、民主的な選挙によって合法的に政権を掌握したＭＢが、国軍のクーデターであっさりと政権を失い、再び非合法化されてしまった。そして「民主主義」を標榜してきたはずの欧米諸国も、結局はそのクーデターを追認している。やはり、イスラムと、西側諸国が作り出した民主主義の価値観とは相容れないものなのだ、社会をイスラム化するには、ジハードを遂行し貫徹するしかない……エジプトのクーデター以降、シリアのジハーディストたちはその思いを強くしただろう。

ジハーディストとＦＳＡの間で心が揺れていた戦闘員たちも、一挙にジハーディストの側になびいたのではないだろうか。

クーデター後のエジプトでは、ＭＢの支持者が暫定政府に対する抗議の街頭行動を組織し、たびたび治安当局との衝突に発展した。また、カイロ市内の広場等にテント村を設置し、泊まり込んでの抗議活動も続けた。最大規模のテント村は、ラービア・アドウィーヤ広場に設置された。内務省はたびたびテントの撤去を要求し、応じない場合は実力で排除すると威嚇した。しかしＭＢ支持者らが立ち退く気配はなかった。

8月14日、警察と治安部隊はラービア広場および近くのナハダ広場で、ブルドーザーや装甲車を用い、半日以上に及ぶ強制排除作戦を実施した。この作戦では催涙ガスや放水スプレーだけでなく、実弾も容赦なく用いられた。

保健相は民間人の死者数を２３５人と発表したが、実数ははるかに多いとみられる。[17] ＭＢはこの事件を「ラービア・アドウィーヤ広場の虐殺」と呼ぶ。

ラービア・アドウィーヤとはスーフィズムの女性聖人の名である。「ラービア」が数字の4を意味することから、この事件以来、片手を広げ親指だけを折るゼスチャーが、エジプトのＭＢ支持、暫定政府と軍への抵抗のサインとなった（画像参照）。トルコのエルドアン大統領もこのサインを折に触れて用いる。

17 http://www.nytimes.com/2013/08/15/world/middleeast/egypt.html

（4）グータ化学兵器使用

天安門事件を想起させる「ラービア・アドウィーヤ広場の虐殺」事件は、西側諸国の世論に大きな衝撃を与えた。この結果、しばらくは世界の中東関連報道はエジプトに集中したが、それもわずか1週間のことだった。ダマスカス郊外で化学兵器が大規模に用いられ、1000人を超える民間人が犠牲になるという特大級の事件が突発したため、世界の関心は一気にシリアに舞い戻った。

2013年8月21日未明から、ダマスカス東郊外のジョウバル、ザマルカ、アイン・テルマなどの地区と、南西郊外のムアダミーヤが砲撃を受けた。前者は東グータ地区、後者は西グータ地区と呼ばれ、いずれも反体制派支配地区である。攻撃直後から、呼吸困難や瞳孔縮小、痙攣、口から泡を吹くなど、化学兵器被害に特有の症状を起こし、苦しむ民間人と遺体の映像が大量に、ネットに拡散した。攻撃後にダマスカス周辺の三つの病院で治療を受けた患者数は3600人を超えた。死者数については当初1000人〜1500人という数字[18]が報じられた。

事件発生後20日を経過した時点で発表された米NGO「ヒューマン・ライツ・ウォッチ」の報告書[19]では、西グータで103名、東グータのザマルカで734名となっている。シリア国民連合以下、反体制派は事件発生とほぼ同時に、アサド政権軍部隊による化学兵器攻撃と断定し、政権を非難した。

「シリア・フレンズ諸国」のコア・メンバーである米、英、仏、トルコとほとんどのアラブ諸国も、アサド政権による攻撃であると当初からほぼ断定した。英国が主導して事件当日には国際調査団派遣を求める安保理決議案も提出している[20]。米国はホワイトハウスが8月30日に機密情報を部分的に公開しつつ、「政権軍がサリン等の神経ガスを用いた」と、ほぼ結論する分析結果を発表した。仏のファビウス外相は「アサド政権の犯行と確定すれば、軍事力を行使（し制裁）すべき」、イスラエルのヤアロン国防相も「アサド政権がまたしても化学兵器を使った」と発言している。

当のアサド政権は、化学兵器を用いたのは反体制派であると強弁し、犯行を認めなかった。露中両国は例によってアサドを国連の舞台で擁護し、安保理が国際調査団をグータに派遣することを妨害した。そして政権軍は翌日以降も徹底的に東西グータを砲爆撃で破壊し、第三者が犯行現場にアクセスすることを物理的に妨害した。

スウェーデン人のアッケ・セルストローム団長以下、シリアでの化学兵器使用の実態を調査する20名の国連調査団は、すでに8月18日にダマスカスに入っていた[21]。その経緯を説明する必要がある。

シリアは２０１３年時点で、１９９７年発効の化学兵器禁止条約に加盟していなかった。

しかも、核保有国イスラエルと40年来対峙するアサド政権が、「貧者の核」たる化学兵器を取得あるいは開発していないことは、およそ考えられない。アサド政権軍がマスタード・ガスやサリンなど、大量の化学兵器を備蓄していることは公然の秘密である。だからこそ、シリアが内戦化すると、各国情報機関は反体制派やジハーディストが政権軍の化学兵器を奪取し、拡散させることを真剣に危惧していた。

２０１３年３月に、アレッポ県の街ハーン・アル・アサルで、シリア内戦で初めて化学兵器が用いられ

18　後述のホワイトハウスの評価では子ども４２６人を含む１４２９人。
19　https://www.hrw.org/sites/default/files/reports/syria_cw0913_web_1.pdf
20　http://www.washingtoninstitute.org/policy-analysis/view/polarized-international-reactions-to-syrian-chemical-attack
21　http://www.bbc.com/news/world-middle-east-23747375

たとみられる事件が起こる。当時、この街では政権側と反体制側の支配地域が入り混じる状況だった。そのうち政権側支配地区に飛来したロケット弾が、住民と政権軍兵士の間に、化学兵器に特有の呼吸困難や痙攣などの症状を引き起こしたのである。シリア政府は攻撃による死者数を25人とした。また、「シリア人権監視団」はそのうち16名が政権軍の兵士であると認めた。アサド政権は、ロケットはアレッポ市の反体制派支配地区から発射されたものと主張、反体制派と、その支援国であるトルコ、カタールを非難した。

一方、現地で活動するFSA系の武装勢力は、反体制派は化学兵器を持っておらず、攻撃は政権軍による誤爆であると主張した。[22]

その後もシリア国内では化学兵器使用が疑われる事案がいくつか発生していた。そこで国連での調整を経て、ようやく8月18日に化学兵器に関する国連調査団がダマスカス入りを果たしたのである。

それからわずか3日後の未明に、まさにその調査団が泊るホテルから数キロ先の地点で、今回は疑いようもない化学兵器攻撃が、しかも大規模に発生したことになる。

「この状況と、この場所と、このタイミングでアサド政権が化学兵器攻撃を行うなど、あり得ない。全世界から『やはり化学兵器を用いているのは政権側だ』と思われてしまう」政権側はそう主張し、グータへの化学兵器攻撃の犯行を否認する。

もっともらしい言い分ではある。日本でも1995年の初頭、松本サリン事件へのオウム真理教の関与が疑われはじめた際に、教団と麻原彰晃は「サリンを用いているのは米軍である。オウムは被害者だ」と強弁したことがある。

言い逃れできないほど大量の状況証拠を突きつけられた時、犯人は、「誰もが自分を疑うのが確実な状況で、わざわざ罪を犯すわけがない。真犯人は別にいる。事件は自分に罪を被せようとする者の陰謀である」そう主張する。追い込まれた真犯人が、敵対者に罪をなすりつけようとするのはどの国でも珍しいことではない。

「クサイルの戦いの後、政権側は軍事的に優位に立っている。わざわざ国際社会の反発を招くことが必至の化学兵器を用いる必要がない」そういう見解もある。だが、2013年8月時点で、アサド政権に軍事的な余裕はあまりなかった。第8章で記したミンナグ空軍基地の失陥は、まさに8月6日の出来事である。この敗北で、政権軍は多くの兵士と武器・弾薬を失った。

化学兵器攻撃の舞台となったダマスカス周辺の情勢についても、政権側に焦りがなかったはずがない。ムアダミーヤやザマルカは、シリア中央銀行が所在するダマスカスの都心部から、それぞれせいぜい10キロメートル、5キロメートル程度しか離れていない。そんなところに1年以上、武装反体制派が居座っているのだ。包囲して兵糧攻めにし、連日砲撃し、空爆しているが掃討できず、逆に砲撃を受けることもある。そのような状況下で、現場の戦闘部隊は政権からいったいどれほどのプレッシャーを受けているだろうか。

そう考えれば、どんな手段を用いてでもグータの反体制派を掃討するという強い意思が、2013年8月当時の政権側には、当然存在したと推定できる。

いずれにせよ、筆者にはグータへの化学兵器攻撃はアサド政権側による犯行だとしか考えられない。

米英仏等、様々な機密情報――アサド政権と反体制派それぞれの所有兵器や部隊の動きに関する偵察衛

22 http://www.reuters.com/article/us-syria-crisis-chemical-idUSBRE92I0A220130319

星情報や、通信傍受記録、現地からの人的（スパイ）情報等――にアクセス可能な西側諸国も、同様の結論に達した。

（5）米国の屈服

そこで大きな問題が生じた。オバマ政権のいわゆる「レッドライン」である。

オバマ政権が、本質的にG・ブッシュ政権時代の苦い教訓を踏まえた「不戦政権」であること。だから、シリア危機が生じても、直接的な軍事介入を回避してきたことは第2章で説明した。オバマのこの姿勢は米国国内、そして中東の同盟国の反アサド強硬派からの強い批判を受けた。批判をかわすためにオバマが用いたロジックが、「レッドライン」構想である。グータ攻撃のちょうど1年前の2012年8月20日、オバマ大統領はアサド政権と反体制派に対し、生物・化学兵器の移動と使用を禁ずる警告を発した。

この日、オバマはホワイトハウスにおける会見で「我々にとってのレッドラインは生物・化学兵器の利用と移動である――もしそれが起きれば、自分の計算法・方程式は変化する――レッドラインを超えた者は重大な結果に直面する」と発言した[23]のだ。

これまではアサド政権の過剰な暴力行使に対して、米国は軍事介入をしてこなかったが、生物兵器や化学兵器を用いた場合は別だ、と言ったのだ。おそらくオバマは、いくらアサド政権が残忍で冷酷であっても、まさか自国民相手に化学兵器を使うはずはない、と考えたのだろう。あるいは、アサドはそこまで追い詰められていない、他にいくらでも兵器はあるのだから、と考えたのかもしれない。いずれにせよ、オバマはシリアへの不介入を正当化する口実として、この表現を用いたのであろう。

ところがその1年後、明らかにアサドはレッドラインを超えた。米国の情報機関の総意として、アサドがグータで化学兵器を用いたと結論し、ホワイトハウスもそれを認めた。そうなると当然、次のステップは米軍によるアサド政権への軍事攻撃になる。

8月27日、米国のヘーゲル国防相はBBCのインタビューで、前週に起きたグータの化学兵器攻撃はアサド政権によるものとの見方を示したうえで、「米軍の準備はできている。オバマ大統領のどんな司令が出ても対応できる」と明言した。[24] キャメロン英首相も「あのような殺戮と苦難を目撃した後に、傍観しているわけにはいかない」、フランスのオランド大統領も「化学兵器攻撃の犯人が誰であろうと、仏には懲罰する用意がある」と、米国に同調し、対アサド軍事行動開始を予告した。

同日、イスタンブールではシリア国民連合の首脳が米国のフォード駐シリア大使はじめ、西側諸国の外交団と会った。この会合では、具体的な空爆標的や方法についてまで踏み込んで協議が行われた。[25] ロシアはシリア在留の自国民の国外避難のオペレーションを開始した。ダマスカス周辺のシリア政権軍と治安情報機関が、空爆開始に備えて施設を移転しているという報道も流れた。[26]

もっとも、オバマ大統領本人の迷いを反映したのだろう、同日、カーニー・ホワイトハウス報道官は「大統領は軍事オプションに絞ったわけではない。また、(軍事攻撃を選択したとしても)アサド政権交替を

23 https://obamawhitehouse.archives.gov/the-press-office/2012/08/20/remarks-president-white-house-press-corps
24 http://www.bbc.com/news/world-us-canada-23847839
25 http://www.reuters.com/article/us-syria-crisis-idUSBRE97K0EL20130827
26 http://www.timesofisrael.com/syria-said-to-clear-out-security-installations-ahead-of-attack/

目的とするわけではない」と発言している。ヘーゲルやキャメロン、オランドらと比べると、かなり及び腰な印象は拭えない。

後になって考えると、「アサド政権交替を目的としない」、この言葉に、オバマのジレンマが集約されていたのだろう。アサド政権軍は明確な指示命令系統で動く正規軍である。FSAやジハーディスト、ヒズボッラーのようなゲリラ戦に特化した集団ではない。空軍施設や防空施設、そして通信ラインを破壊されると、正規軍は時々刻々と変化する戦況に迅速かつ的確に対応することが、極めて困難になる。

空爆に呼応して、東グータや西グータから反政府武装組織がダマスカス市内に突入してきたら、果たして政権側は首都を防衛できるだろうか？　もしできなかった場合、それは中央政府としてのアサド政権の死を意味する。まさに「政権交替」が起きてしまうのだ。いや、もっと恐ろしいことに、アサド政権をダマスカスから放逐した反体制派同士の抗争がはじまり、新政権がいくつもできたり、逆にいつまでもできなかったり、という泥沼の無法状態に陥るかもしれない。政権支持者やマイノリティに対する虐殺行為が起きる恐れもある。それらを防ぐためには、結局米軍地上部隊を派遣せざるを得なくなる。まったくアフガニスタンとイラクの二の舞ではないか。

オバマ政権は、アサドはもはや統治者としての正統性を失ったとして、たびたび退陣を求めてきた。しかしその意味するところは、あくまでもジュネーヴ合意に基づく秩序ある政権移行である。決して反体制派による軍事的な政権転覆ではないのだ。

さらにオバマの迷いを深める出来事が起こる。

8月29日に、英国下院が285対272票の僅差ながら、キャメロン首相のシリア軍事介入動議を否決したのである。

思い起こせば、英国は2003年のイラク戦争で、「サッダーム・フセイン政権が化学兵器開発を続けている」という米国の誤情報を根拠に参戦し、それ以来、イラクの泥沼からなかなか抜け出せなかった。厭戦気分、反戦感情の強さという点では、米国とまったく同じ条件なのである。キャメロンはシリアへの軍事介入に拒否感を抱く世論を説得できなかった。

ここで巧妙に立ち回ったのがロシアである。

アサド政権の崩壊を回避したいロシアは、化学兵器攻撃が起きてからも「アサド政権の仕業と決まったわけではない」と、米英仏による軍事介入に反対し続けた。実際には、介入を阻止する術がなかったというべきだろう。

2013年当時のロシアにはシリアに軍事的プレゼンスはなく、米英仏との戦争のリスクを冒す用意もなかった。だから、プーチンも一旦は腹をくくり、在留ロシア人の退避作業をはじめたのだ。しかし、オバマの逡巡を見て、プーチンは両人とアサドにとって最善の――そしてシリア反体制派にとっては悪夢のような――妙策を見出し、提示した。[27] シリアを化学兵器禁止条約に加盟させ、アサド政権の所蔵する生物・化学兵器を国連管理下で廃棄させる。つまり、アサド政権による化学兵器使用が二度と起こらないような国際的な管理体制を築くことと引き換えに、政権は軍事攻撃を免れる、ということだ。

これであれば、オバマも「シリアでの新たな戦争をはじめない」という公約と、「アサドに二度と化学

27 http://www.reuters.com/article/us-syria-crisis/russia-proposes-syria-chemical-weapons-deal-to-avert-u-s-strike-idUSBRE9880HY20130909

兵器を使わせない」さらには「米国やイスラエルの脅威となる化学兵器の拡散を阻止する」といった戦略的な目的をすべて達成できる。超大国の面子も失わずにである。

オバマはこのロシアの提案に乗った。米露両国の外相間で細部をめぐる交渉が行われ、9月14日にはシリアの化学兵器破棄合意が大枠で成立した。[28]

8月21日のグータ攻撃ではじまった新たなシリア危機は、こうして終息した。

米国が2013年9月に対アサド軍事攻撃を回避したことは、おそらくはシリア内戦史上の最大の転機だろう。この決定がその後の情勢に及ぼした影響の大きさ、深さは計り知れない。唯一の超大国が、自ら引いたレッドラインを公然と踏み破られたのに、懲罰行動をとらなかった。しかも、それを正当化するために、よりによってアサド政権の庇護者であるロシアの提言を受け入れた。中東における最大・最強の政治的・軍事的プレーヤーである米国の権威が完全に失墜した瞬間である。

米国の敵は、米国の弱腰を見て侮るようになった。

オバマに助け舟を出したプーチンは、オバマが土壇場で見せた弱さを内心ではあざ笑ったのではないだろうか。翌年4月に、ロシアは西側諸国の全面的な反対を押切り、クリミア併合に踏み切る。

アサドに至っては、どうやらこの後の国際管理下における化学兵器廃絶の約束さえもごまかし、履行しなかったようだ。国連が廃棄プロセス完了を宣言した後の2017年4月にイドリブ県で、2018年4月には東グータの一角ドゥーマ市で、新たな化学兵器攻撃が発生することになる。

他方、米国に裏切られたと感じた同盟者たちは、独自に反体制派への軍事支援を強化する。また反体制派の中でも、「だから米国を信用するなといったのだ」と説く過激な反米イスラム主義者の立場が相対的に強化される結果となった。

これが、２０１３年年末にかけてのイスラム主義勢力の大同団結――イスラム戦線の誕生――とＦＳＡの退潮につながっていく。

28 https://www.washingtonpost.com/world/us-russia-reach-agreement-on-seizure-of-syrian-chemical-weapons-arsenal/2013/09/14/69e39b5c-1d36-11e3-8685-5021e0c41964_story.html?utm_term=.f70165ebe1f6

第11章

イスラム戦線結成

シリアの化学兵器廃棄方法で合意した結果、それまでシリア情勢をめぐり対立を続けてきた米露両国は、一時的・部分的に連携関係に入った。これが、化学兵器問題だけではなく、そもそもの問題の根源であるシリア内戦をどうにか収拾せねばならない、という国際気運を醸成させた。

こうして国際社会はジュネーヴ第2会議開催に向けて動き出す。

しかし、バッシャール・アサド大統領の退陣を保証しないまま「政権移行」を含む政治的解決を話し合うという構想は、シリア反体制派内部で大きな議論を巻き起こした。

一方、しばらくなりを潜めていたISILはいよいよその本性を剥き出しにし、アサド政権と戦うFSAや他のイスラム系武装勢力を背後から次々と襲い、着々と勢力を拡大していく。

ジュネーヴ協議への反発と、ISILの脅威への対抗の必要性が、2013年末から2014年初めの反体制派の内部抗争、そして再編へとつながっていく。

主要な登場人物・組織・宗派名

○アフダル・ブラヒミ：国連・アラブ連盟合同特使
○アブ・バクル・バグダーディ：ISIL指導者
○アブドル・カーデル・サーレハ：タウヒード旅団軍事司令官
○アブ・ハーリド・スーリー
◉イラクとシャームのイスラム国（ISIL）
◉アハラール・シャーム（AS）

◉タウヒード旅団
◉イスラム軍（ＪＩ）
◉イスラム戦線

（1）ジュネーヴ第2会議開催

2012年6月30日、当時のコフィ・アナン・シリア問題担当国連・アラブ連盟合同特使が主導して、シリア危機収拾を目指す初の国際会議がジュネーヴで開催された。この会議を「ジュネーヴ第1会議」、その最終コミュニケを「ジュネーヴ宣言」と呼ぶ[1]。

ジュネーヴ宣言は、それ以来、シリア危機の平和的解決に向けたガイドラインとなった。しかし、この宣言が示す「政治移行プロセス」は、何一つ前進しなかったし、ジュネーヴ第2会議も開催されなかった。アナン特使は宣言採択の2カ月後には辞任してしまったし、アサド政権と反体制派は宣言の入り口部分――移行期にアサドは大統領の地位に残留できるのかできないのか――の解釈をめぐり真向から対立し、対話の余地がなかったからである。

つまり、ジュネーヴ宣言は、採択はされたものの、そのまま2年以上の間、棚ざらしにされた。

化学兵器の処理問題をめぐり米露両国の合意が成立したことが、この状況を変えた。

1　第4章参照。

２０１３年９月27日、国連安保理はシリアの化学兵器廃棄を定める決議第２１１８号を採択する。この決議は同時に「ジュネーヴ宣言を実施に移すため、シリア和平会議を一刻も早く開催する」ことを求めていた[2]。

アナンの後任として国連とアラブ連盟のシリア問題担当特使を務めるアフダル・ブラヒミ・アルジェリア元外相[3]らは、アサド政権と反体制派双方と調整し、この会議開催を準備した。しかし、シリア反体制派内部では、政治移行プロセスがはじまる前にアサドが退陣する保証がなければ、協議を開いても意味がない、という反対が噴出した。特に、現地で戦う武装勢力の間では会議参加に断固反対の意見が優勢であった。また、体制側は最大の支援国であるイランの参加を強く求めた。一時は潘基文国連事務総長もイランを会議に招待したが、シリア国民連合や米国の猛反発を受け、翌日には招待を撤回している。

このように事前協議が難航し迷走した結果、会議は当初予定されていた11月から大幅に遅れて、２０１４年１月22日になってようやく開催された。なお、便宜上この会議を「ジュネーヴ第２会議」と呼ぶが、ホテルの都合がつかず、当初の２日間は、近隣のモントルーが会場となった。

会議冒頭は全体会合で、公開セッションとなった。

主催者である国連の潘事務総長、ブラヒミ特使に続き、当事者であるシリアのムアッリム外相、国民連合のジャルバ議長[4]、ケリー米国務長官、ラヴロフ露外相など、参加した40カ国近くの外相が演説した。

ムアッリムは持ち時間の10分を優に超え、潘事務総長の注意も無視して40分強にわたり話し続けた。その中で反体制派を祖国に対する裏切者扱いし、反体制派を支援する諸国を、「手が血にまみれている」と批判した。

対するジャルバは、会議の数日前に報じられたシリアの獄中における大規模な拷問と虐殺の証拠写真[5]を参加者に提示した。そして、「政権は権限委譲の合意を結ぶべき。（この会議は）アサド退陣と、アサドおよびその取り巻きの犯罪者どもの裁判の前段である」と語り、アサドの即時退陣を求めた。[6]

この後、会議は非公開の直接交渉に移り、政権側と反体制側は停戦や包囲下に置かれた地域への緊急人道支援などを話し合った。しかし、相互に相手の正統性を全否定する両者の溝は埋まるはずもなかった。

協議は断続的に２月中旬まで行われたが、最終的にブラヒミ特使は２月15日になって会議の失敗を宣言し、シリア国民に対して、国際社会の無力を詫びた。[7]

ブラヒミの謝罪を報じるニューヨーク・タイムズ紙の記事によれば、この時点でのシリア内戦の死者は13万５０００人、住まいを追われ難民あるいは国内避難民となった人の数は９５０万人に及ぶ。このうち、会議の最初の10日間に殺害された人だけでも１９００人にのぼった。[8]

これほどの規模で人道危機が拡大しているのに、国際社会がまったくそれを制御できない。その現実に、

---

2 http://www.bbc.com/news/world-middle-east-2628442

3 国連アフガニスタン特使、アフガニスタン支援ミッション（ＵＮＡＭＡ）代表、国連イラク特使等、国連の紛争地域ミッションの要職を歴任した。https://globalpublicpolicywatch.org/2015/07/07/syria-the-failure-of-three-wise-men-lakhdar-brahimi/

4 国民連合の第2代議長で、北東部の有力アラブ部族シャンマルの出身。サウジアラビアとの関係が強いことで知られる。

5 「シーザー」と呼ばれる政権離脱者がリークした大量の遺体写真を、英国の検屍官３名が検証し、本物と認定した。報告書は http://i2.cdn.turner.com/cnn/2014/images/01/20/syria.board.of.inquiry.doha.jan.2014.18.1.version.x.to.print..pdf

6 http://www.bbc.com/news/world-middle-east-25836827

7 https://www.nytimes.com/2014/02/16/world/middleeast/after-second-round-of-syria-talks-no-agreement-even-on-how-to-negotiate.html

8 http://theconversation.com/geneva-2-talks-fail-to-achieve-promised-transition-for-syria-22165

国際紛争調停のスペシャリストとして名声を築いてきたブラヒミは深い絶望と、無力感を覚えたことだろう。

ブラヒミの謝罪会見からわずか18日後の３月５日、突然サウジアラビア、ＵＡＥ、バハレーンの３カ国が、カタールから大使を召還した。[9]

前年夏のエジプト軍事クーデターによって、カタールが肩入れしてきたムスリム同胞団（ＭＢ）のムスィ政権が倒された。一方、反ＭＢのサウジとＵＡＥは、公然とスィースィのクーデター政権を政治的・財政的に支援した。それ以来くすぶっていた、ＧＣＣ諸国内部の亀裂が噴出したのである。

また、３月18日にはロシアがウクライナ領であるクリミア半島併合に踏み切った。[10] 米国とＥＵは即時にプーチン露大統領の側近を含むロシアの政権高官らを対象に経済制裁を科し、後には制裁対象をロシアのエネルギー関係企業や金融セクターに拡大していく。米露両国関係は、冷戦後では最悪レベルにまで落ち込んだ。

これは、シリア内戦収拾に向けた国際的努力にとり、強い逆風となった。

カタールとサウジアラビアの対立も、別の意味でシリア内戦の解決を遠ざけた。シリア反体制派内部に強い影響力を持つ両国の対立は、反体制派の団結を一層困難にしたからである。

（２）反体制派を背後から襲う「ダーイシュ」

２０１３年春、「ヌスラ戦線（ＮＦ）」解体と、「イラクとシャームのイスラム国（ＩＳＩＬ）」への統合を宣するアブ・バクル・バグダーディの音声メッセージ発表により、ＩＳＩＬはシリアで衝撃のデビューを飾った（第８章参照）。ただし、その後数カ月間、ＩＳＩＬはしばらくなりを潜めていた。

戦場においてはアサド政権軍と対峙し、自由シリア軍（FSA）や、仇敵のNFにも協力した。ISILと反体制派との摩擦がそれほど目立つことはなかった。

しかし、米軍の空爆を免れたアサド政権軍が息を吹き返し、北西部や東部の各地で反体制派への攻勢を強めると、ISILが本性をあらわすようになる。

ISILはイラクにおける一連の破獄作戦で戦闘員を増強した。そして、アサド政権軍との前線から兵力を撤退させ、あろうことか政権軍との戦闘に兵員を送り防御が手薄となった反体制各派の支配地域を次々と攻略しはじめた。有り体にいえば、火事場泥棒である。ISILが重点的に狙ったのは、トルコとの国境検問所や東部の油田地帯など、兵站や産業、経済活動にとっての重要地域だった。

これこそISILのISILたるゆえんである。

「ダウラ・イスラミーヤ・バーキヤ・ワタタマッダド（イスラム国は存続し、拡大する）」

ISILのプロパガンダ・ビデオでおなじみのこのスローガンが、ISILという組織の理念を端的に示している。

何度も述べているように、ISILは、アサド体制打倒を目指し戦う他の組織とは、組織の存在理由がそもそも異なっている。反体制派は基本的にアサド政権を倒すために戦うが、ISILの場合、最優先すべきは「カリフ国＝イスラム国」の建国なのである。

かつて存在したが、その後消滅したカリフ国を、まず建国し、異教徒や敵国の妨害から守って「存続」させる。のみならず、全世界のイスラム化に向け、それを「拡大」させていく。そのために、必要な領土

9　http://www.bbc.com/news/world-middle-east-26447914
10　http://www.bbc.com/news/world-middle-east-26248275

と資源を、まず確保する。妨害する相手は、カリフの主権と権威を認めない「異教徒」か「背教者」なのだから、皆殺しにしても構わない……。

この論理が、ＩＳＩＬの行動原理である。だからこそ、ＩＳＩＬは他の武装勢力の様に、「○○運動」や「○○党」、「○○大隊」、「○○旅団」、「○○戦線」といった組織名を用いず、「イスラム国」を名乗るのである。

ＩＳＩＬは自分たちのリーダーであるアブ・バクル・バグダーディに忠誠を誓わない組織、つまりはＩＳＩＬ以外の全組織を、敵であると認識する。アサドと戦っているかどうかは関係ない。自分たちの「国」の正統性を認めず、「国」づくりにも協力しない、というだけで、十分に敵対行為とみなすのだ。だからＮＦだけではなく、ＦＳＡ系の諸部隊も、ＩＳＩＬの攻撃対象となる。

アサド政権と戦う各派にとって、ＩＳＩＬの行為は文字どおり、背後からのナイフの一突きである。留守にした拠点を奪われてしまうことを恐れていては、政権軍相手に腰を据えて戦ってはいられない。「ＩＳＩＬは、実はアサド政権と裏で手を結んでいる。その証拠に、ＩＳＩＬは政権と戦おうとはせず、もっぱら反体制派を攻撃している。また、政権側も、ＩＳＩＬ支配地区をほとんど空爆しない」そんなアサド・ＩＳＩＬ盟約説が、この時期に幅広く流布した。

実際には第８章で既述したミンナグ空軍基地だけではなく、他の地域でもＩＳＩＬとアサド政権軍は戦っているので、盟約説や通謀説は行き過ぎだろう。とはいえ、２０１３年末の時点で、ＩＳＩＬとアサド政権の双方にとって、ＮＦやその他のジハード組織、そしてＦＳＡを含む広義の「反体制派」が共通の敵であったのは事実である。

またその共通の敵との対抗上、アサド政権もＩＳＩＬも、可能な限り相手の戦力を温存させようとしたことも、アサド政権がＩＳＩＬの原油密輸ビジネスの大口顧客だったことも、事実である。だから、両者はこの時期、「暗黙の協力関係にあった」と表現しても、誇張には当たらないだろう。

結果として、反体制派はＩＳＩＬを蛇蝎のごとく忌み嫌うようになった。反体制派や、反体制派寄りのアラビア語メディアは、侮蔑的なニュアンスを込めて、ＩＳＩＬのことを「ダーイシュ」と呼ぶようになった。やがてそれが外国メディアにも転用され、オバマ大統領やオランド仏大統領らまでが用いるようになった。

ＩＳＩＬとは英語で Islamic State of Iraq and Levant の頭文字をつなげたものである。これをアラビア語に直し、同様に頭文字をつなげると「ダーイシュ」になる。「イスラム抵抗運動」の頭文字をつなげて、「ハマース」と呼ぶのとなんら変わらず、特に侮蔑的な意味合いはない。「ハマース」という言葉は「情熱」の意に重なる。だからハマースのメンバーはこの組織名をむしろ誇り、愛着を持っている。自らの組織を「ＭＢガザ支部」と名乗ったりはしない。

ところが「ハマース」と違い、「ダーイシュ」という発音・綴りのアラビア語はない。他方で、「ターイシュ（馬鹿げた）」、「ダーイス（踏みつける）」など、近い発音の言葉はあり、いずれもあまりよい意味ではない。

おそらくはそのせいだろう、反ＩＳＩＬの立場の人々は、憎しみと侮蔑を込めて、吐き出すように「ダーイシュ」と発音する。逆にＩＳＩＬのメンバーは、「ダーイシュ」の語を忌み嫌い、そう発音する市民がいたら、ただでは済ませない。

2013年11月中旬、アレッポ市内のザルズール病院で、ＩＳＩＬ戦闘員がアハラール・シャーム

（AS、次項で詳述）の戦闘員ムハンマド・ファーリス・マッルーシュを公衆の面前で斬首し、首級をさらす映像がネットに公開された。

事件に関するAS側とISIL側双方の発表内容はほぼ一致している。

マッルーシュは政権軍との戦闘で負傷し入院していた。麻酔で意識が朦朧とする中、政府側の捕虜になったのだと勘違いし、マッルーシュはシーア派を偽装するため、院内で「おお、フセイン」と口走ってしまった[11]。運悪く、病院にISILの戦闘員がいた。彼らはマッルーシュがシーア派であると思い込み、有無をいわさず病院から引きずり出して惨殺した。

一応、この件についてはISIL側が過失を認め、謝罪している。ただし、マッルーシュを殺害した犯人らを処罰したという話はその後聞かない。

筆者はすでにこの頃までに、シリア内戦の残虐映像にはある程度馴れていたつもりだった。それでも、マッルーシュ殺害の映像は二重の意味で衝撃的かつ不気味だった。ひとつは斬首し、首級をさらすという行為である。

日本史や世界史をひもとけば、ありふれた行為には違いない。現に日本でも明治10年までは斬首や梟首刑が実際に存在した。しかし、筆者が物心ついたころから、日本の出版物や公共の電波では、遺体やその一部が公開されることはまずなかった。だから、動画に映った生首というものを見たのは、マッルーシュのそれが最初である。

もうひとつは、マッルーシュの首級の容貌である。

ぼうぼうに伸びた髪と、顎鬚、口髭。

どうみても、ジハーディストの顔だ。それを、別のジハーディスト——たまたま髭の薄い青年二人であるが——が誇らしげに掲げて曝している。

第三者である筆者の目には、まさに「同士討ち」そのものに見える。さらにいえば、その野蛮な印象ゆえに、動物の共食いさえ連想させる。外見的にほとんど変わりなく、同じ宗教を信じ、同じ相手と戦っているはずの「仲間」であっても、いったん「異教徒だ、敵だ」と認識すると、平然とその首を掻き切ってしまう。そのあまりにもわかりやすい、単純な世界観と行動に、心底不気味なものを感じるのは、筆者だけではあるまい。

もっとも、マッルーシュ殺害事件は、ＩＳＩＬの謝罪と、他のゲリラ、ジハード組織の仲介があったので、ＩＳＩＬと他の反体制勢力との全面衝突を誘発するには至らなかった。

（3）イスラム戦線結成

マッルーシュ殺害事件の直後、11月17日に、アサド政権の空軍が、反体制派の軍事拠点となっていたアレッポ市内の歩兵学校を空爆した。

この学校の一室では、1年半前に東アレッポ攻略の立役者となったタウヒード旅団の幹部たちが会議中だった。タウヒードの軍事司令官アブドル・カーデル・サーレハも重傷を負い、トルコのガージアンテプ

---

11 http://archive.aawsat.com/details.asp?section=4&article=750339&issueno=12772#.Wa548chJZPZ
キリスト教徒が「ジーザス」や「聖処女（マリア）」を感嘆詞に用いるのと同様に、シーア派は、感嘆詞に「フセイン」の名を用いる。

市内の病院に搬送されたが、翌日死亡が発表された[12]。

空爆を実施した政権側が、タウヒード旅団首脳の会合開催の情報を掴み、サーレハを狙って殺害したかどうかはわからない。しかし、サーレハを中心に、シリア国内の有力反体制派武装組織が統合し、新組織の立ち上げを計画しているという噂は広まっていたので、政権側が先手を打った可能性はあるだろう[13]。

タウヒード旅団と、AS、「シャームの鷹」、「イスラム軍（JI）」など、7つの反体制派武装勢力はサーレハ殺害発表の4日後に、統合と新組織「イスラム戦線」の結成を発表した[14]。

アハラール・シャーム（AS）は、サイダナヤ刑務所「卒業生」のハッサーン・アッブードを中心に、ハマー県のガーブ平原出身者たちが作ったサラフィー系組織である。創設メンバーには古参のアル・カーイダ（AQ）メンバーのアブ・ハーリド・スーリーもいた。2013年末時点には、ハマー、イドリブ両県だけでなく、アレッポ県、ラッカ県、ラタキア県、さらにダマスカス周辺や南部にもプレゼンスを築いていた。おそらくは動員力の点でもシリア反体制派最大の組織である。

「シャームの鷹」は、ガーブ平原に隣接するイドリブ県のジャバル・ザーウィヤ（ザーウィヤ山地）を拠点に、同地出身のアブー・アイーサ・シェイクが率いる。シェイクもイスラム主義者でサイダナヤ「卒業生」だ。

「イスラム軍（JI）」は東グータのドゥーマの組織で、ザハラーン・アッルーシュ司令官以下、幹部のほとんどがドゥーマ出身のサラフィー組織である。ドゥーマと東グータではFSA系の武装組織がいくつも林立したが、競合を勝ち抜いて、首都周辺では最大の反体制派武装勢力に成長した。アッルーシュは父の代からサウジアラビアとの関係が深く、JIが有力勢力に成長した裏にはサウジの支援があったとされる。

タウヒード旅団と、これら3組織はいずれも1万人近い動員力を持つ。だから「反体制派最大の統合組織」というイスラム戦線のキャッチフレーズは、あながち誇張ではない（図9）。
イスラム戦線のトップにはアブ・アイーサ、政治局長にはアッブード、軍事司令官にはアッルーシュがそれぞれ就任した。

イスラム戦線の出現には、いろいろな意味合いがある。

第一に、反体制派のイスラム系有力組織が、ヒズボッラーやイラクのシーア派民兵の支援を得て攻勢に転じつつある政権軍と戦うため、統合により効率化を図った、という点だ。

第二に、これらの有力組織が、ＦＳＡ及び最高軍事評議会と決別した点である。

イスラム戦線結成を主導した4人――殺されたサーレハ、トップのアブ・アイーサ、アッルーシュ、アッブード――のうち、アッブード以外は、いずれも最高軍事評議会のメンバーだった。

彼らは1年間、ＦＳＡの傘下で活動してきたものの、思うような支援が得られなかった。なおかつＦＳＡ最高軍事評議会の政治指導部にあたる国民連合が、ジュネーヴ会議参加に傾いたため、ついていけなくなったのだ。もちろん、そんな建前とは別に、「西側諸国の支援を期待しても駄目だ、特に化学兵器の一件で、米国には本気でアサドを倒すつもりがないことが明らかになった。これならむしろ『イスラム』色

12　http://www.aljazeera.net/news/reportsandinterviews/2013/11/19/مقتل-عبد-القادر-الصالح-بميزان-نشطاء-سوريا

13　前述のジャジーラＴＶの記事中でも、著名なジャーナリストのハーディ・アブダッラーが「タウヒード旅団とアハラール・シャーム、シャームの鷹、イスラム軍の統合が18日に発表される予定だった。サーレハ殺害でそれが延期された。おそらく政権側はそれを察知していたのであろう」とコメントしている。

14　http://www.bbc.com/news/world-middle-east-25053525

図９　イスラム戦線主要構成組織の活動地域と指導者

http://studies.aljazeera.net/en/reports/2014/09/20149147499306405.html
https://www.joshualandis.com/blog/death-abdelqader-saleh/
https://www.thetimes.co.uk/article/zahran-alloush-hmcbscqxq67
https://www.nedaa-sy.com/en/news/1700

を強調して、サウジやクウェート、カタールなどからの民間支援を確保したほうが効率がいい」そんな計算もあっただろう。

そして第三に、反体制派にとっていよいよアサド政権以上の脅威となったＩＳＩＬに合同して立ち向かう狙いである。

イスラム戦線加盟組織は、ＡＱの「グローバル・ジハード」、すなわちシリアの外、全世界を舞台にジハードを遂行するという理念には興味はない。将来的にはシリア社会のイスラム化を目指すにせよ、当面の活動目的はアサド打倒に絞っている。だからＮＦがグローバル・ジハードを掲げない限りは、必要に応じて対アサドだけではなく、対ＩＳＩＬ戦においても、ＮＦと共闘した。

（４）ＩＳＩＬの後退

マッルーシュ殺害から1カ月半を経た２０１３年末、ＩＳＩＬは、今度はアレッポ県東部の町マスカネからＡＳの幹部フセイン・スレイマーン（アブ・ライヤーン）を拉致し、拷問の末に殺害した。

この事件が、反体制派全体のＩＳＩＬへの怒りを爆発させた。

アブ・ライヤーンはもともとアレッポ大学を卒業した医師で、民兵というよりは軍医として反体制運動に参加していた。２０１２年夏のアレッポ攻略作戦、２０１３年3月のラッカ攻略作戦などに参加した後、ＡＳからトルコとの国境検問所のひとつ、テッル・アビヤドの管理担当者に任命されている。シリア北部一帯では著名な活動家だった。ＩＳＩＬがアブ・ライヤーンを狙って殺害した理由は不明だが、捕虜交換でＡＳに返却された遺体の片耳が削がれていたという[15]。

アブ・ライヤーン殺害の報が伝わると、イスラム戦線とＮＦ、ＦＳＡ傘下のシリア革命戦線[16]などが一斉に、シリア北西部からトルコ国境に至る広大な地域で、ＩＳＩＬの拠点を攻撃した。それまでアサド政権軍と戦う各勢力を背後から個別に攻撃し、勢力範囲を広げてきたＩＳＩＬは、反体制派が結束して向かってくると、意外なほどの脆さを露呈した。「ウィキバグダーディ」がＩＳＩＬの黒幕として描く元バアス党の軍人ハッジ・バクルも、ＩＳＩＬがアレッポ周辺で総崩れする中、ＦＳＡのゲリラによって殺害され

15　http://www.aksalser.com/?page=view_articles&id=058e6dd8d4b2b4cd2c80c63d917868f0
https://www.newsdeeply.com/syria/articles/2014/01/10/syrias-second-revolt-against-isis

16　イドリブ県ジャバル・ザーウィヤを拠点とする組織。リーダーのジャマール・マアルーフは最高軍事評議会メンバーで、米国の支援を受けていた。

ている。

「ウィキバグダーディ」は、反体制派連合軍の攻勢に直面したＩＳＩＬ指導部の動揺ぶりを細かくツイートしている。

落ち目になったＩＳＩＬからは連日10～30人単位で離反者が出るので、その国籍を調べたところ、サウジ人が多く、チュニジア人やリビア人は少なかった。そこでバグダーディはサウジ人を自爆攻撃要員に回すとともに、チュニジアでのリクルート活動を強化し、欠員を補充したという。

また、例えばＡＳのような大きなグループを構成する小集団に賄賂を送り買収を図ったり、ＡＳやＮＦの「従軍説教師」で、ジハーディストの世界に影響力を持つクウェート人ホッジャージュ・アジャミやサウジ人アブダッラー・ムハイスィーニらの暗殺を図ったり、と様々な方法でこの危機に対処しようとした。

結局、ＩＳＩＬは戦線を大幅に縮小することになる。アレッポ県やイドリブ県等、反体制派の勢力圏にある拠点は放棄し、ＩＳＩＬはラッカまで撤退した。そしてそこで反攻の機会をうかがった。

この時、ＩＳＩＬがシリアで苦杯をなめた原因のひとつに、他の戦線で忙しかったことがある。

同じ時期、ＩＳＩＬは本拠地イラクで、マーリキ政権の政府軍やアンバール県のスンニ派民兵組織を相手に、大きな戦果を挙げている。２０１４年1月4日に、ファッルージャ市を攻略したのである。

ファッルージャといえば、２００４年、反米ゲリラ勢力の最大拠点として、二度にわたり米軍を苦しめた町だ。ラマーディに次ぐアンバール県の主要都市でもある。

ＩＳＩＬはファッルージャを攻略すると、２０１４年前半を通じ、そこを拠点にイラク政府軍との闘争を続ける。政府軍はファッルージャを包囲攻撃したが、奪還は叶わなかった。逆に、ＩＳＩＬはファッルージャからラマーディなどアンバール県の他の都市や村落にしばしば出撃した。これが6月のニナワ県、サラハッディーン県等、スンニ派地域全体を網羅する全面攻撃につながっていく。

ＩＳＩＬの前身ＩＳＩは全盛期の２００５〜２００７年でさえ、ファッルージャ・クラスの都市をまるごと占領支配することはなかった。ファッルージャ制圧は、シリア内戦への介入により、戦略的縦深を確保した結果といえる。

ＩＳＩＬはシリアで活動しにくい状況に陥るとイラク、逆にイラクの状況が悪化するとシリアへと、国境に制限されることなく、柔軟に展開するようになったのだ。

またファッルージャを制圧した同じ1月4日には、レバノン、ベイルート南郊外のハーラト・フレイク地区で自爆テロ事件が起き、多くの死傷者が出た。この事件でもＩＳＩＬが犯行声明を出している。

ハーラト・フレイクはシリアに派兵しアサド政権軍を支援するヒズボッラーの本拠地である。ＩＳＩＬはヒズボッラーへの報復として、その本拠地を狙ったのだ。「ＩＳＩＬ＝イラクとレバントのイスラム国」の「レバント」とは、「シャーム」、つまり現在のシリア共和国にレバノンやパレスチナ、イスラエル、ヨルダン等も加えた地域名である。従って、ＩＳＩＬの感覚では、レバノンは当然のごとく組織の活動範囲であり、征服対象である。しかもヒズボッラーはシリア内戦では当事者としてアサド政権と完全に一体化している。

このため、レバノン国内はこの後も度々、ＩＳＩＬの攻撃にさらされることになる。

（5）最高軍事評議会の消滅とアル・カーイダのＩＳＩＬ破門

イスラム戦線が誕生し、イスラム主義、サラフィー主義の武装勢力がシリア反体制派の主流となったことで、ＦＳＡの役割は相対的に低下した。特に、２０１２年末に反体制派武装勢力の糾合を目指して結成された最高軍事評議会は、その存在意義を失ってしまった。そして、最高軍事評議会にとどめをさす事件が起こる。

２０１３年12月８日、発足後間もないイスラム戦線が、ＦＳＡの武器弾薬や車両等の倉庫を襲撃したのである。

襲撃を受けたのはシリアとトルコのハタイ県を結ぶバーブ・アル・ハワ検問所から近い、アトメにある倉庫である。襲撃を受け、イドリス最高軍事評議会議長は、トルコに逃亡した、あるいはトルコ領内にいたとも報じられた[17]。

この事件はＣＩＡを通じて、反体制派に軍事支援を提供してきた米国にとってはまさに悪夢である。アサドを倒すために提供した米国製兵器が、イスラム戦線に紛れ込む過激派やジハーディストによって、自国の権益に向けられる恐れが高まったからだ。このため、米英両国は、シリア反体制派に対する表向きの「非殺傷性の支援（生活物資や医薬品、民生用の事務機器など）」提供を停止することを決めた。

おそらくこの事件が決定打となって、２０１４年２月中旬に、最高軍事評議会はイドリス議長を解任し、南部出身のアブドル・イラーヒ・バシールを後任に選んだ[18]。

一方、ＮＦとＩＳＩＬの対立も、前者がＦＳＡやイスラム戦線の側に立って北部でのＩＳＩＬ攻撃に参加したことから、一層激化した。

2月3日になって、アフガニスタン（あるいはパキスタンの部族地域）のAQ中枢の「総司令部」名で、「AQはISILを名乗る集団とは関わりをもたず、ISILの行動にも責任を負わない」という趣旨の声明をネット上に流した。

事実上の破門宣言である。

年初から続く反体制派との抗争の中で、ISILが各地で自爆テロを多発させ、反体制派地域の民間人の犠牲者が増大していた。これを放置すると、できる限り住民の中に溶け込もうとしてきたNFの努力が無駄になる、という政治的な判断だろう。

もっともイラクのISIはAQI（イラクのアル・カーイダ）そのものが単純に改名した組織ではない。AQIがいったん他の6組織とともに「ムジャヒディーン・シューラ評議会（MSC）」というアンブレラ組織に加入し、MSCが後にISIとなるという手続きを踏んでいる。[19]この経緯から、ISIL内部にも、「そもそもISILはAQの支部ではない」と、AQへの従属関係を否定する意見もあった。[20]その立場からみれば、AQの「宣言」は「破門」ではなく、「絶縁宣言」ということになる。

2月24日、アレッポ市内のASの拠点施設に5人組の武装集団が押し入り、銃撃戦を起こした後に自爆

17 http://www.nytimes.com/2013/12/12/world/middleeast/us-suspends-nonlethal-aid-to-syrian-rebels-in-north.html
18 http://www.bbc.com/news/world-middle-east-26224498
19 http://web.stanford.edu/group/mappingmilitants/cgi-bin/groups/view/1
20 代表的な論客が広報担当のシリア人、アブ・ムハンマド・アドナーニ。http://www.longwarjournal.org/archives/2014/05/isis_spokesman_blame.php

した。

この爆発で、アブ・ハーリド・スーリーを含む7名のASメンバーが落命した[21]。犯行声明は出ていないが、その手口と状況からして、ISILによるものであることはまず間違いない。少なくともASとNFの指導部はそう受け止めた。

スーリーは第8章にも登場した、NFとISILの紛争の調停者としてAQのザワーヒリ指導部の指名を受けた人物だ。その人物を殺すということは、「NFおよびイスラム戦線との紛争を止めよ」という調停を断固拒絶したことを意味する。

ISILを「破門」したAQに対する、これがISIL側の回答であった。

21 http://www.bbc.com/news/world-middle-east-26318646

第12章 カリフ国の出現

２０１４年初夏、ＩＳＩＬはイラク第二の大都市モスルの占領に成功した。このニュースは世界を驚愕させ、震撼させた。

構成員がせいぜい1万人に届くか届かないか程度の、しかもそのわずか数年前には、ほぼ壊滅に瀕したような過激派組織が、いったいどうやって10万人を超えるイラク政府正規軍を打ち負かし得たのか？モスルでイラク政府から莫大な資金と兵器を強奪したＩＳＩＬは、その後はいったいどちらの方向に進出するのか？　イラクの首都バグダード？　あるいはクルド自治政府の首都エルビル？　それとも半年前に追放された北シリアの諸都市？

新たに兵器と戦闘員を獲得して戦力を増強させたＩＳＩＬが、イラク・シリア両国を実質的に支配すると、両国に暮らすマイノリティや外国人、異教徒は一体どうなるのか？

世界各国の外交当局、治安情報機関、ビジネスや人道支援の関係者、メディア関係者らが、事態の進展に驚愕するとともに、今後の情勢展開の予測に追われた。

本書をここまで読んでいただいた方は、ＩＳＩＬのモスル占領を、まったく唐突な出来事とは思わないだろう。シリアに公に参戦した２０１３年以降、特に２０１４年初頭以来のＩＳＩＬは明白な戦略――シリアで獲得した資源をイラクに振り向け、アンバール県を手はじめにイラクのスンニ派地域で攻勢を仕掛ける――に沿って動いてきた。モスル占領はその動きの帰結である。

もっとも、それはモスル占領から4年以上が経ち、当時起こった様々な出来事の相関関係を整理した上で、はじめて述べることができる話だ。決して、当時の筆者がモスル陥落を予測しており、驚かなかったと言いたいわけではない。

事実、モスル陥落の報に接して、筆者も「そんなバカな……」と、呆気にとられた。関係各国、とりわけ2003年以来イラクでずっと戦ってきた米国が、いったいこの事態にどう対応するのか、見当すらつかなかった。

おそらくこの当時、世界中のシリア・ウォッチャー、イラク・ウォッチャーたちが、筆者と同じ混乱と困惑を経験したことだろう。

事態はそんなウォッチャーたちの困惑を尻目に、驚くべき速度で展開していく。

主要な登場人物・組織・宗派名

○マハディ・ガラーウィ：准将（ニナワ県警）
○アブ・アブドゥラフマン・ビラーウィ：ISIL軍事評議会議長
○アブ・バクル・バグダーディ：ISIL指導者
○アブ・ムハンマド・アドナーニ：ISIL広報担当官
○ガーセム・スレイマーニ：イラン革命防衛隊コドゥス軍司令官
○アイマン・ザワーヒリ：AQ最高指導者
○アブダッラー・ビン・アブドルアズィーズ：サウジ国王
○レジェップ・タイイップ・エルドアン：トルコ首相（当時）
○イマード・ジュマア：ISIL（及びヌスラ戦線）幹部
◉ハシャド・シャアビー：人民動員部隊、PMC
◉イラン革命防衛隊コドゥス軍

◉クルド地域政府（ＫＲＧ）
◉ヤズィード教徒（形容詞はヤズィーディ）
◉アル・カーイダ（ＡＱ）
◉公正発展党（トルコ、ＡＫＰ）

（1）「アッラーの獅子アブ・アブドッラフマン」作戦

２０１４年６月４日、マハディ・ガラーウィ准将が指揮するニナワ県警（イラク連邦警察の支部）は、モスル市内のＩＳＩＬのアジトを急襲した。追い詰められたＩＳＩＬ軍事評議会のトップ、アブ・アブドッラフマン・ビラーウィは自爆して死亡した。

ビラーウィはアンバール県のスンニ派大部族ドレイミの出身で、アブ・バクル・バグダーディと同じく反米闘争に参加し、ブッカ収容所に拘留されたこともある。イラクのイスラム国（ＩＳＩ）に参加した後イラク軍に拘束されたが、前年２０１３年のアブ・グレイブ刑務所の破獄作戦により自由の身となり、ニナワ県におけるＩＳＩＬの軍事作戦を企画・指揮する立場にあった。イラク治安部隊は、そのビラーウィを殺害し、かつアジトからコンピューターを含む大量の機密情報を入手した。テロ対策としては大戦果といえる。

しかし、この戦果も、既に時期を逸していたらしい。翌五日未明には、シリアから越境してきたＩＳＩＬの大部隊によるモスル攻略作戦がはじまったからである。この時点でのＩＳＩＬはもはや小規模なテロ細胞組織の範疇をはるかに超えていた。イラク当局は、テロ対策というよりも、正規の軍隊による侵攻戦に備えておくべきだったのかもしれない。

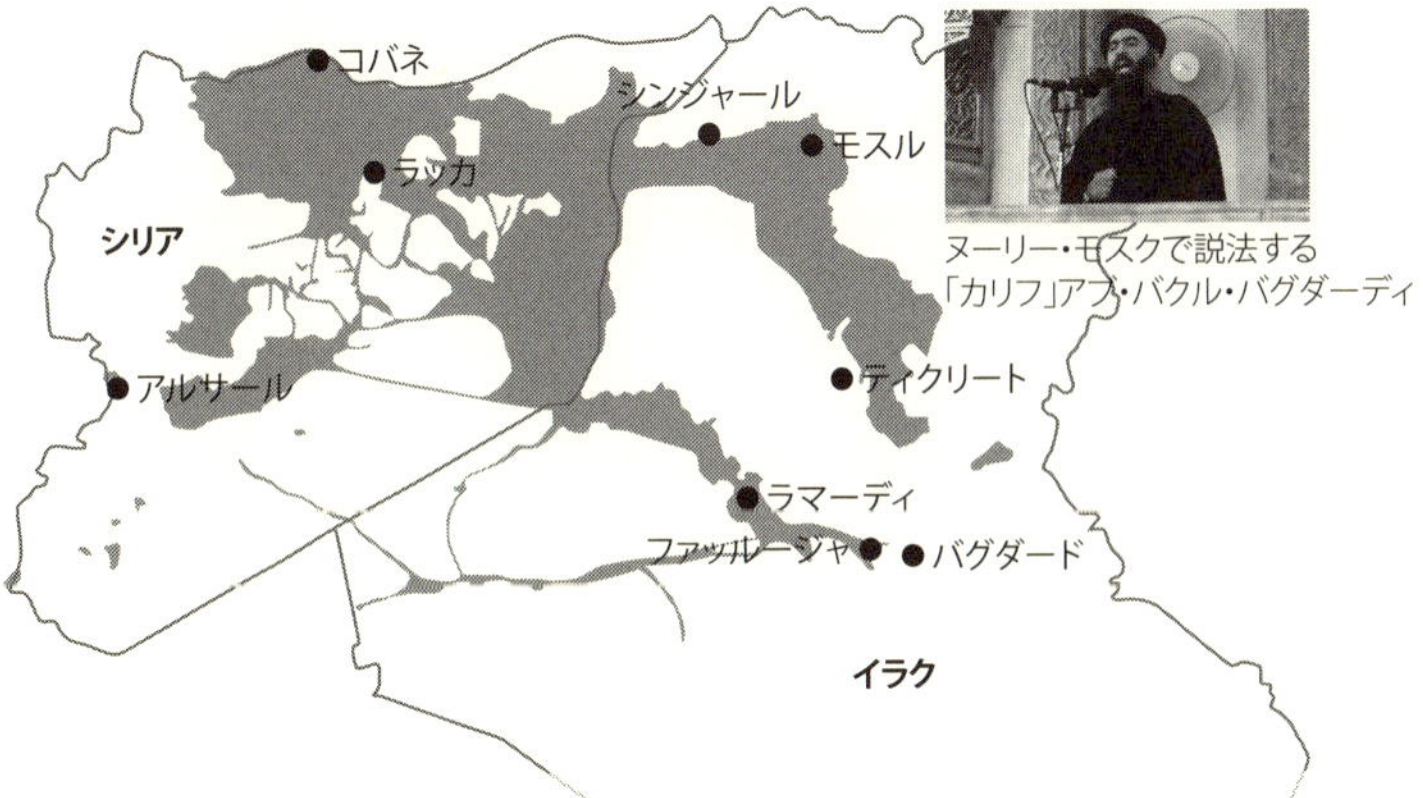

図10　シリア・イラク両国国境線とISILの最大版図

2015年9月時点；網掛け部分がISILの版図。一部線状になっているのは、周囲が砂漠もしくは無人地帯で、ISILは道路や川沿いの土地のみを支配していることを反映。
https://www.voanews.com/a/islamic-state-new-message-reclusive-leader/4540076.html（バグダーディ画像）
https://www.washingtonpost.com/graphics/2017/world/rise-and-fall-of-isis/?noredirect=on&utm_term=.183de285fe1c

ＩＳＩＬは自爆したビラーウィを顕彰してこの作戦を「アッラーの獅子アブ・アブドッラフマン・ビラーウィ作戦」と名付け、ネット上で大いにプロパガンダを展開した。大部隊といっても、その数は当初は５００人程度、その４日後、モスルを制圧した６月９日時点でも、せいぜい２０００人程度であったらしい。いったい、そんな少人数で、どうやって防御するイラク政府軍を打ち破ることができたのか？

ＩＳＩＬのモスル占拠から４カ月を経て発表されたロイター通信の記事[2]が、その状況をかなりわかりやすく活写している。それによれば、ガラーウィは既にビラーウィらのモスル侵攻計画を探知しており、中央政府に部隊増派を要請していた。ところがモスルを守るイラク警察と国軍には、腐敗と汚職がはび

1　本名アドナン・イスマイル・ナジュム・ビラーウィ。
2　http://uk.reuters.com/article/uk-mideast-crisis-gharawi-special-report/special-report-how-mosul-fell-an-iraqi-general-disputes-baghdads-story-idUKKCN0I30ZA20141014

こっていた。実際には軍役についていないのに給料だけを受け取る「幽霊兵士」の存在があり、ＩＳＩＬの来襲を迎え撃った兵士数は公表よりはかなり少なかった。また、アンバール県等、他のスンニ派地域での戦闘のために装備や兵員を提供しており、それも兵力不足につながった。

現地司令官のガラーウィは南部出身のシーア派で、スンニ派ゲリラに対する虐殺行為等を理由に、米国の圧力で罷免された経歴さえあった。このことも、モスル防衛の任務遂行には災いしたようだ。ガラーウィはマーリキ首相の「お友だち」だったためニナワ県警部長に再抜擢されたが、スンニ派国民やゲリラの憎しみを一身に集めていた。

他にも、ロイター通信の記事は

①中央政府から派遣されたイラクの高位軍人らが、戦闘初期の段階でガラーウィらをモスル市のチグリス川西岸地帯に残し、東岸部に逃亡してしまった（続いて東岸からも撤退）こと

②ＩＳＩＬが、自爆テロの連発で政府軍に衝撃を与えた。さらに政府軍捕虜を公開虐殺して、政府軍兵士の士気をくじいたこと

③モスル市内のＩＳＩＬの休眠細胞や、バアス党政権残党など、他のスンニ派反政府ゲリラの協力

④クルド地域政府の領土的野心を警戒するマーリキ首相が、バルザーニ地域政府大統領の支援部隊派遣の提案を蹴ったこと、

などを、ＩＳＩＬが呆気なくモスル攻略に成功した理由に数えている。

大都市モスルの確保によって、ＩＳＩＬは他のシリア反体制派諸派とは桁違いの資源を得、戦闘能力を高めた。資金面では、イラク中央銀行モスル支店からの略奪で、４億２０００万米ドル相当の現金を得た[3]

とされる。

ＩＳＩＬはそれまでにも世界各地の支援者たちからの献金、支配下の地域住民からの徴税、シリア東部の油田から採掘した原油や、遺跡からの発掘品等の密輸、誘拐した外国人の身代金等、多様な収入源を持っていた。そこに、世界有数の産油国イラク第二の都市に支出されるはずの、莫大な国庫金が加わった。ＩＳＩＬは、おそらくは世界で最も富裕なテロ組織に成長した。戦利品は資金だけではない。イラク政府軍が遺棄した膨大な量の武器、兵器、弾薬類も、ＩＳＩＬの手に渡った。

２００３年のイラク戦争以降、米国はバアス党の残党やスンニ派ジハーディストとの闘いのために、イラク政府軍に大量の武器弾薬を提供してきた。その多くがモスルでＩＳＩＬの手に渡ってしまったのだ。後述するカリフ国建国宣言を記念し、ＩＳＩＬはシリアのラッカで軍事パレードを開催するが、その際にはモスルで獲得した米国製の装甲車両「ハンヴィー」が多数用いられた。

オバマ政権はシリアで「テロリストの手に米国製兵器が渡ること」を恐れ、反体制派への武器支援には慎重な姿勢を保ってきた。しかし結局はモスルで、しかも想定をはるかにしのぐ規模で、その懸念が現実となったのである。

（２）カリフ国建国宣言

モスル制圧から20日後、６月30日に、ＩＳＩＬはネット上でアブ・ムハンマド・アドナーニ広報官の音

3 http://www.dw.com/er/who-finances-isis/a-17720149

声明と、「これぞアッラーの約束也」というタイトルの文書を同時に発表した。[4]

なお、この日は2014年の神聖なラマダン月（断食期間）開始の日にあたる。

音声声明と文書は、指導者アブ・バクル・バグダーディ[5]のカリフ就任を伝える内容だった。同時にカリフ国の名称から「イラクとレバント（シャーム）」を外し、単に「イスラム国」とした。

モスル制圧によって獲得した軍事力と権威を根拠に、バグダーディは全世界のスンニ派ムスリムの指導者であると称したことになる。

また、組織名から「イラクとレバント」の語を外すことで、今後は組織が両国の国境をはるかに越えて、拡大していくことを示唆した。[6] 前後して、ＩＳＩＬは戦闘員が所持するパスポートを燃やし、出身国からの決別を宣言するビデオや、イラク・シリア国境地帯の柵や検問施設等をブルドーザーで物理的に破壊するプロパガンダ・ビデオを制作し、拡散させている。

このビデオのタイトルは「サイクス・ピコ国境線の打破」[7]である。ＩＳＩＬ広報部門の総責任者でシリア人のアブ・ムハンマド・アドナーニと、チェチェン人[8]でＩＳＩＬの最も高名な野戦司令官オマル・シシャーニの両名が出演している。

第1次世界大戦後、最後のカリフ（スルタン）国家であったオスマン帝国が、英仏両国によって解体され、トルコはアナトリア半島のみを領有する一領域国家となった。オスマン帝国の領土であったイラクとレバントの間には、英仏両国が住民の意思とは関係なく勝手に国境線を引き、こんにちのイラクやシリア、レバノン、ヨルダン、パレスチナ・イスラエル等の領域国家を生み出した。

「サイクス」とは、旧オスマン帝国領土分割の英仏秘密交渉の英国側担当者マーク・サイクス、「ピコ」

は仏側担当者フランソワ・ジョルジュ・ピコのことである。そのため、「サイクス・ピコ条約」は、英仏両国による中東での恣意的な国境分割を象徴する用語として、イスラム主義者やアラブ民族主義者の憎悪の的になっている。

ＩＳＩＬがイラクとシリア両国にまたがり支配地域を広げ、その間の境界線をとっぱらったことは、「西側キリスト教世界によるダール・アル・イスラム（イスラム圏＝イスラムが宗教として、あるいは社会統治システムとして実践されている領域）の恣意的分断」を覆し、ダール・アル・イスラムの統一を回復するための第一歩であり、歴史的な快挙である、ということになる。

カリフ制再興を支持するイスラム教徒と法学者の一部が、ＩＳＩＬの際立った残虐性に眉をひそめつつも、カリフ国の出現を歓迎した理由はここにある。

ビデオにシリア人のアドナーニとチェチェン人のシシャーニが出演したのも、「国境が取り払われ、ダール・アル・イスラムが回復された」ことをビジュアル的にイメージさせるための演出だろう。

アドナーニは中肉中背、肌色は褐色で髪と髭は黒く、一般的なアラブ男性のイメージに近い。一方、シ

4　https://ia902505.us.archive.org/28/items/poa_25984/EN.pdf
5　声明では通称のアブ・バクル・バグダーディではなく、祖先や部族名を含み、預言者ムハンマドの子孫であることを示す「イブラヒム・アワド・イブラヒム・アリ・ムハンマド・バドリ・ハーシミー・フセイニ・クラシ・サマッライ・バグダーディ」という長い人名が使われた。
6　ただし、本書では一般のイスラム教徒の感情（ＩＳＩＬがイスラム教徒の代表であるかのように振る舞うことは認めない）に配慮し、今後もＩＳＩＬの表記を使用する。
7　https://archive.org/details/aboasd30_hotmail_201407
8　正確にはグルジア領内のチェチェン人社会出身なので、本来の国籍はグルジア。

シャーニは透き通るように白い肌の大男で、赤毛のあごヒゲを長くたくわえ、見るからにロシア出身の白人だ。この二人が並ぶと、「カリフ国は人種や国境を超越している」というプロパガンダにぴったりの図柄ができあがる。

ラマダン月の最初の金曜日である7月4日、モスルのヌーリー・モスクに、「カリフ・イブラヒム」ことアブ・バクル・バグダーディが現れ、カリフ就任を宣する説法を行った。この模様は高精細カメラで撮影され、動画は全世界に配信された。バグダーディの写真は、それまでキャンプ・ブッカに収容されていた際に撮られた数枚が出回っていただけだった。音声メッセージが別に出ていたものの、声だけでは果たしてその顔写真の人物が本当にしゃべったものかどうかわからない。このため、「アブ・バクル・バグダーディなる人物は、そもそも実在するのか?」という根本的な疑問さえあった。

そのような疑問は、筆者のようなウォッチャーだけではなく、ＩＳＩＬと直接のコンタクトを持たないイラクとシリアのムスリム、そしてジハーディスト自身たちも抱いていただろう。そもそも、実在を確信できない人物を支持できないし、忠誠も誓えない。

イラク軍に攻撃されるリスクを冒して、バグダーディが２０１４年7月4日にヌーリー・モスクに現れ、さらにその動画を配信した理由は、おそらくここにあったのだろう。「カリフ・イブラヒムは架空の存在ではない。実在する」ことを証し、かつそのカリスマ性をアピールすることによって、世界中のジハーディストに新興カリフ国建国に参加するよう、促したのである。

プロパガンダ的には、このビデオは空前の成功だったと筆者は評価する。

黒ずくめの衣装で現れたバグダーディは、長い顎鬚を蓄え、眉が太く、ぎょろりとした両眼が印象的な容貌をしていた。まぎれもなく公表されていた写真の人物である。

黒のターバンには預言者ムハンマドの血脈につながるという示唆がある。真偽は不明だが、ISILはバグダーディの本名を「ハーシミー（預言者の一族）」および「クラシ（預言者が所属するクライシュ部族）」と表記する。

説法壇の階段の昇降には杖を用い、左足を害しているらしいことがうかがえたが、おそらくはそれがバグダーディの挙措をゆったりと見せ、威厳を感じさせる。

何よりも強烈な印象はその説法のアラビア語の完璧さである。声のトーンは案外に高く、渋いバリトンというわけではない。しかもしゃがれ気味である。しかし朗々とよく通る。そして複雑な文語アラビア語の長文を、何のメモも用いずに、明晰に発音する。

特徴的なのは母音の発音で、「アー」の長母音を、時折かなり長目に伸ばし、途中でトーンの高低を変化させる。これが効果的で、独特の音楽的なリズムを生み出し、普通の長さで読むよりも聞きやすくなる。耳に心地よくなる、というべきかもしれない。

このビデオを目にした世界のジハーディストの多くが、「カリフ・イブラヒム」の実在を確信するとともに、そのカリスマに魅了され、「イスラム国」の領域に移住し、国づくりに参加することを決意したであろう。ISILのプロパガンダは成功したといえる。

（３）イラク政府とシーア派民兵の対応

ＩＳＩＬのモスル奪取と、その結果としての急激な強大化、さらにカリフ国樹立という動きに、関係各国政府と当事者は一様に驚愕し、早急な対応を迫られた。順にみていこう。

まず、モスルを奪われた当事者であるイラク中央政府である。

マーリキ首相率いる政府は、イラク内外からの猛烈な圧力に直面した。モスルを奪ったＩＳＩＬはその勢いでチグリス川沿いに南下作戦をはじめ、一気に首都バグダードに迫った。

正確にいえば、モスルの南方、サッダーム・フセインの故郷でサラーハッディーン県の県都ティクリートは、モスル市とほぼ同時に[9]既にＩＳＩＬの手に落ちていた。この時、同市郊外のスパイカー空軍基地では１５００名を超える政府軍兵士が捕虜となり、凄惨な虐殺事件が発生している[10]。また、ティクリートの北方にあるイラク最大の製油施設があるバイジにもＩＳＩＬの部隊が入り、製油所奪取を図った。

ＩＳＩＬはバグダードの西方、ユーフラテス川沿いのアンバール県では既にラマーディ、ファッルージャの二大都市を掌握していた。先遣部隊はバグダードの南西、シーア派の聖地カルバラに近いジャルフ・サクルにまで達していた。

モスルの失陥は、中央政府にとってはイラク第二の都市の失陥にとどまらなかった。スンニ派地域全体と、更には首都バグダードの失陥にさえ直結しかねない危機をもたらしたのだ。

首都と、そしてイラクのシーア派地区を守り抜けるかどうか。

「マーリキ政権が続く限りは無理だ」

これが、イラクの反マーリキ勢力と、イラクで2003年以来、スンニ派武装勢力と戦ってきた米国および西側諸国の総意であった。

マーリキ政権の腐敗と縁故主義、さらにスンニ派を国家の中枢から疎外する政策が、ISILを台頭させたという見方に、誰もが同意した。この強い圧力を前に、辞任をしぶるマーリキも最後には屈した。マーリキと同じダアワ党所属のハイダル・アバーディが8月14日に、後継首相に就任し、9月8日に国会の承認を得た新内閣が、この難局に対処することになる。

若干先回りしてイラク中央政府の動きを記したが、危機に瀕したイラクのシーア派社会は、政府とは別に独自に迅速な対応をみせた。

高位聖職者の呼びかけをきっかけとした、民兵組織――「ハシャド・シャアビー（人民動員部隊、PMC）」と総称されることになる――の動員と、対ISIL戦最前線への投入である。

フセイン政権時代に、イラクの多くのシーア派指導者はイランに亡命し、イランの支援を受けて民兵を組織した。2003年にフセイン政権が倒れると、これらの民兵組織はイラクに戻り、その指導者たちは政治家となって新生イラク国家の政党政治に参加していく。しかし民兵が武装解除されたわけではなく、一部は反米闘争、あるいはスンニ派武装勢力相手の内戦に参加し、戦闘経験を積んでいった。

さらにシリア内戦がはじまると、これらのシーア派民兵組織はレバノンのヒズボッラーと同様に、シリアに派兵することになる。そして絶対的にマンパワーが不足するアサド政権を補完し、反体制派と戦った。

9 https://www.theguardian.com/world/2014/jun/11/isis-militants-seize-control-iraqi-city-tikrit
10 http://www.telegraph.co.uk/news/worldnews/middleeast/iraq/10901866/Iraq-crisis-ISIS-jihadists-execute-dozens-of-captives.html

その全体的な調整は、ガーセム・スレイマーニ司令官率いるイラン革命防衛隊の対外作戦部門「コドゥス軍」が担った。

スンニ派の外国人ジハーディストがヌスラ戦線（ＮＦ）やＩＳＩＬをつくってシリアで戦ったように、アサド政権の側にもレバノンやイラクからシーア派民兵が助っ人となり、戦ったのだ。シリアで活躍した主要なイラクのシーア派民兵組織としては、アブ・ファディル・アッバース旅団、カターイブ・ヒズボッラーなどが挙げられる。

つまり、イラクには政府軍とは別に、大規模かつ戦闘経験豊富なシーア派民兵組織が、既に存在したのである。

モスル失陥後、イラクのシーア派社会は、ＩＳＩＬ対策を政府軍に任せておけなくなった。だからイラク・シーア派の最高宗教権威であるアリ・シスターニ師の呼びかけ[11]に応じ、バグダードやカルバラ周辺の最前線で、既存の民兵組織がＩＳＩＬ撃退と反攻転進のために配備についたのだ。

なお、友軍の突然の転進により、シリアのアサド政権軍は一時急激に脆弱となった。８月にはラッカからほど近いタブカ空軍基地をＩＳＩＬに奪われ、捕虜となった多くの兵士が虐殺された[12]。

（4）クルド地域政府の対応

北イラクのクルド地域政府（ＫＲＧ）にとっては、ＩＳＩＬの急激な膨張は、安全保障上の脅威であると同時に、チャンスでもあった。有り体にいえば、火事場泥棒、あるいは漁夫の利を得るチャンスである。

ＫＲＧの起源は１９９１年の第１次湾岸戦争に遡る。

この時、サッダーム・フセインのクウェート占領軍は多国籍軍により完膚なきまでに叩きのめされた。イラク北部のクルド人は、南部のシーア派同様、今こそバアス党政権の軛《くびき》から逃れるチャンスとみて蜂起した。しかし彼らがあてにした米国の軍事介入・支援はなかった。ブッシュ（父）政権の戦争目的は、イラクをクウェートから追い出すところまでである。イラク国内に軍事介入し、フセイン政権を打倒するつもりはなかったのだ。

米国による介入の恐れがないと見極めたフセインは、南部とクルド地区で反体制派掃討作戦を遂行した。多くの民間人が巻き込まれ、難民となって国外に逃れた。この深刻な人道危機を米国も放置できなくなり、イラクの南部と北部に飛行禁止区域を設定した。結果、フセイン政権の空軍は山がちなクルド地域での軍事作戦を継続できなくなり、事実上のクルド自治区が出現した。それ以来、イラクの他地域と比較し相対的に治安が安定したこの地域には、外国からの支援と投資が流入し、自治区は繁栄することになる。

２００３年以降、自治区は再建されたイラク国家に復帰する。しかし同地区で産出する石油資源の扱いや、国家予算の配分枠、そして支配地域の境界線などをめぐり、シーア派色、アラブ色を強める中央政府との関係は常に緊張に包まれてきた。

ＩＳＩＬの台頭は、これらの係争課題に決着をつける好機だった。モスルに迫った脅威を前に、ＫＲＧはクルド語で「ペシュメルガ（死を恐れぬ者）」と呼ばれる治安部隊

11　https://www.voanews.com/a/call-to-arms-raises-fears-of-iraqi-sunni-shia-war/1936848.html
12　http://www.telegraph.co.uk/news/worldnews/middleeast/syria/11061974/Islamic-State-claims-slaughter-of-250-captured-Syrian-soldiers-in-latest-brutal-killing.html

の派遣を申し出たが、マーリキが蹴ったことは既述した。ＩＳＩＬの軍事的脅威を過小評価する中央政府にとっては、ペシュメルガに居座られるリスクのほうが高かったのだ。

イラク政府軍がニナワ県やサラーハッディーン県から逃げるか、ＩＳＩＬに殺されつくして消滅してしまった今、取り残された住民を庇護するという大義名分ができた。ペシュメルガは誰に遠慮することもなく、モスル北西方向のシンジャール山地や、キルクーク市に進出し、駐留することになる。

シンジャールはクルド系の少数民族ヤズィーディの集住地域、キルクークはイラク北部では最大規模の油田が存在する場所だ。いずれも戦略的な要衝で、ＫＲＧを構成するドホーク、エルビル、スレイマニヤ３県の領域外になる。

つまり、ＩＳＩＬ対策を口実に、ＫＲＧは実効支配地区を大幅に拡大したのである。仮にイラク中央政府が反転攻勢に成功し、ＩＳＩＬをモスルやニナワ県から追い出すのに成功しても、その次は支配地域を拡大したＫＲＧとの対決リスクを抱えてしまったのだ。

（５）イランと米国の対応

イラクに関係する周辺各国の中でも、ＩＳＩＬの脅威を最も早く、正確に認識し、即座に対策を講じたのは東の隣国イランである。これは驚くべきことではない。

イランは２００３年のイラク戦争以来、イラクのシーア派コミュニティに対し莫大な投資をして、自国に友好的な国家をつくろうとしてきた。フセイン政権を除去した米国が、イラクの政権移行プロセスを仕切る中、イランは巧みに立ち回り、イラク中央政府に大きな影響力を行使できる立場を築いた。それがＩ

ＳＩＬの膨張によって危機に瀕することになる。

ＩＳＩＬはアル・カーイダ（ＡＱ）と違い、過激な反シーア派思想に凝り固まっている。ＩＳＩＬ相手の敗北はシーア派にとっては皆殺しか、奴隷化を意味する。イラクのシーア派国民にとりＩＳＩＬとの闘いには生死がかかるが、それはシーア派国家イランにとってもまったく同じことなのだ。

革命防衛隊コドゥス軍のスレイマーニ司令官は、モスル陥落後に多数の軍事教官とともに自らイラク領に入った。そしてイラク政府軍やＰＭＣの民兵、さらにはペシュメルガさえも指揮して、ディヤーラ県やジャルフ・サクル等の要衝でＩＳＩＬを相手に戦うことになる。もしイランのこの迅速な軍事介入がなければ、あるいはバグダードやナジャフ、カルバラ等もＩＳＩＬに蹂躙されていたかもしれない。


一方、米国はイランほどには迅速には動かなかった。それはオバマ政権の当惑の反映である。実際、米国大統領としての８年間のキャリアを通じ、おそらくはこの時ほどにオバマが当惑させられた局面は他になかったのではあるまいか。

イラクにおけるスンニ派ゲリラは、オバマが政権を引き継いだ２００９年にはかなり弱体化していたが、壊滅したわけではなく、反米・反中央政府の武装闘争は続いていた。むしろ、マーリキ政権がシーア派宗派色を強めるにつれ、次第に力を盛り返しつつあった。にもかかわらず、オバマ政権は選挙公約どおりイラクからの米軍撤退を進めた。２０１１年末にはイラク政府軍への軍事訓練を担当するわずかな要員を除いて、撤退を完了させた。[13]

13　https://www.reuters.com/article/us-iraq-usa-pullout/timeline-invasion-surge-withdrawal-u-s-forces-in-iraq-idUSTRE7BE0EL20111215

それから2年半。米軍が育て、「独り立ちできる」と判断したイラク政府軍が、わずか数千名のISILを前に崩壊した。イラクは第二の都市を奪われ、首都バグダードの維持さえ危ぶまれる状態に陥った。オバマや西側諸国はマーリキ政権の責任を追及したが、客観的にみて、そもそもオバマ政権の大局的な判断ミスこそが問われるべきだろう。

イラク政府はモスル失陥の1週間後には、公式に米軍に空爆支援を要請している。[14] しかしこれより10カ月前、シリアへの軍事介入を土壇場で取り止めたオバマの腰は、このときも重かった。米国がようやく対ISIL攻撃に踏み切るのは、モスル陥落からほぼ2カ月を経た8月上旬のことである。

(6)「ライバルたち」の反応

モスルを奪い、世界最強のジハード組織のリーダーとなったバグダーディが、続いてカリフ就任を宣した時、彼は3人の「ライバルたち」を出し抜いた。彼らと、彼らが率いる組織や国家は、「カリフ国」出現にどう対応しただろうか?

第一のライバルは、いうまでもなく数カ月前にバグダーディとISILをジハード業界から「破門」した、AQの最高指導者アイマン・ザワーヒリだ。

ザワーヒリは「控え目な性格」というべきか、それとも自らを組織のトップではなく、ナンバー2にこそふさわしい人間と自覚しているのか、自らイスラム教徒の指導者を名乗ったことはない。オサーマ・ビン・ラーディンの副官として仕え、ビン・ラーディン死後は同人と姻戚関係にあるタリバンの最高指導者、ムッラー・オマルを「アミール・ムウミニーン（信者の長）」と仰ぎ、忠誠を誓った。

ＡＱから「破門」された結果、バグダーディはライバル組織の総帥として、ザワーヒリといわば同格のライバルの地位になった。

しかし、カリフとなれば話は違う。

何しろ、預言者ムハンマドの後継者なのだ。ジハーディストどころか、全世界のあらゆるスンニ派ムスリムの最高指導者ということになり、完全にザワーヒリより上の地位になる。だからＡＱはカリフ国出現を認めるわけにはいかなかったし、事実認めなかった。世界のジハーディスト界の中でも、主にネット上で、バグダーディの「カリフ」就任の正統性をめぐり、ＩＳＩＬ派とＡＱ派の激しい論争が繰り広げられた。ただし、ＡＱとしての公式な「カリフ・イブラヒム（バグダーディ）」の正統性否定や、忠誠拒否などの声明はなかなか出なかった。

相次ぐＩＳＩＬの軍事的成功と領土拡張は、世界のジハーディストを熱狂させ、イラクとシリアに渡航する戦闘員は急増している。その現実を前に、あえてＩＳＩＬとの対立を表立たせる必要はない、という判断が働いたのかもしれない。

ザワーヒリが「他のムスリムに十分に諮問しなかった」ことを根拠に、カリフとしてのバグダーディの正統性を明確に否定する音声メッセージ[15]を作成したのは、おそらくは２０１５年に入ってからのことと思われる。そしておそらくは技術的な理由で、実際にそれがネットに流出するのは、同年の９・11米同時多発テロ事件記念日の直前まで遅れた。

14 http://www.bbc.com/news/world-middle-east-27905849
15 http://www.reuters.com/article/us-mideast-zawahri/al-qaeda-calls-islamic-state-illegitimate-but-suggests-cooperation-idUSKCN0R91LY20150909

なお、このメッセージの中で、ザワーヒリはＩＳＩＬを批判しただけではなく、共闘の呼びかけも行っている。メッセージ作成の時期には既にＩＳＩＬは米軍以下の有志国連合からイラク、シリア両国で空爆を受け、シリアのコバネ（アイン・アラブ）で苦戦を強いられていた。

それを踏まえると、ＡＱは昇竜の勢いだったＩＳＩＬがいずれ行き詰ることや、ＩＳＩＬの構成員がＡＱに復員する可能性なども見越して、ＩＳＩＬの絶頂期には敢えてＩＳＩＬに対する反応を控えたのではないかと推測できる。

二人目のライバルは、サウジアラビアのアブダッラー国王だ。

歴代サウジアラビア国王は「ハーディム・アル・ハラメイン・シャリーフェイン」すなわちイスラム二大聖地――メッカとメジナ――の守護者という称号を名乗る。

イスラム教において地上で最も神聖なこの二大聖地を支配していることこそが、サウジアラビアという国家、および国王の正統性の源である。そして、宗教的にはＩＳＩＬに最も近いイスラム法解釈をとるワッハーブ派を、いわば国教として採用している。世界のスンニ派のリーダーという意識を強く持つのも当然だ。

ちなみに、ＩＳＩＬの側は、サウジ王家（アラビア語で「アール・サウーディ」）を敢えて「アール・サルール（サルール一族）」と別名で呼ぶ。

「サルール一族」とは、メッカで迫害された預言者ムハンマドが逃れた先のメディナの有力者、アブダッラー・ウバイ・サルールの一族を指す。

アブダッラー・ウバイ・サルールはイスラムに入信したものの、終生ムハンマドと政治的に対立した。

このため、ジハーディストはこの「サルール一族」という固有名詞を、偽善者の代名詞として用いている。いわば蔑称である。[16] つまりISILはサウジ王家を偽善者あるいは似非ムスリム扱いし、その権威を真向から否定するのだ。

しかし、サウジはISILに対して強い立場になかなか出られない。

政教一体の同族支配体制、民主主義政体の完全否定、他宗教の禁止、女性には自動車運転の権利さえ認めないなど、サウジの極端に保守的な統治を正当化するのは、ワッハーブ派のイスラム法解釈である。そのワッハーブ派に従えば、ISILがやっていることの多くは合法行為となる。つまりISIL相手にサウジがイスラム法解釈をめぐり論戦をしても、分が悪い。

また、現実問題として、イランの影響力拡大に対抗するため、サウジはシリアではジハーディストを含むシリア反体制派に大きな支援を提供してきた。フセイン政権崩壊後のイラクでも、マーリキ政権に抵抗するスンニ派政治家を支援してきた。[17] ISILのイラクでの膨張が、かなりの程度中央政府に対するスンニ派住民の反発の結果である以上、サウジとしては公然と批判しにくい。

このような事情で、当初サウジは対ISIL軍事行動に加わるのを渋った。米国の圧力で結局加わったものの、その関与は限定された。そして2015年春には親イラン勢力との主戦場というべきイエメンで、サウジは軍事介入を開始し、そちらにエネルギーを傾注するようになった。

---

16 https://jamestown.org/program/jihadi-terms-and-terminology-2/

17 ＩＳＩＬの背後にはサウジアラビアがいるという論調は、シーア派世界だけでなく西側にも根強い。http://www.independent.co.uk/voices/comment/iraq-crisis-how-saudi-arabia-helped-isis-take-over-the-north-of-the-country-9602312.html

バグダーディのもう一人の「ライバル」は、トルコのエルドアン首相（当時）である。エルドアンは世俗主義の原理主義カルトともいうべき、アタチュルク主義と戦い、トルコ社会にイスラムの価値観を再定着させようと奮闘してきた人物だ。

君主がスルタンとカリフを兼ねたオスマン帝国の帝都イスタンブールの市長を務めた経験もある。エルドアンが創設した公正発展党（ＡＫＰ）は、トルコ経済を驚異的に成長させ、トルコをＧ20諸国の一角を占める地位に押し上げた。そして、エルドアンの指導下で、トルコはシリアのスンニ派主体の反体制派を支援してきた。

そんなエルドアンは、政治家として究極的に何を目指しているのか？

筆者は、やはりエルドアンはスンニ派世界を主導する地位、すなわちかつてのカリフやスルタンに相当する地位を志向しているのだと思う。とすると、ＩＳＩＬの急激な勢力拡大と、バグダーディの「カリフ就任」が、面白いはずはないだろう。

ＩＳＩＬの側は明確にＡＫＰ支配下のトルコ国家を敵視する。これはＩＳＩＬがムスリム同胞団やハマースを否定し、敵視するのと同じ理屈である。

ＩＳＩＬは、既存の国民国家と国境を受け入れない。それらは欧米諸国——ＩＳＩＬの語彙では「十字軍諸国」——がダール・アール・イスラムを分断するために作り出したものと考えるからだ。

その国民国家システムの中で実践される議会制民主主義も、それを通じて権力を握ったイスラム政党も、だからＩＳＩＬは認めない。ＩＳＩＬにとって、国民国家トルコで、議会選挙を通じて政権を握り、統治を続けるＡＫＰは「十字軍の傀儡」「背教者、偽善者」の暴君（ターグート）である。畢竟、カリフ国によって打倒され、征伐される対象なのだ。

ＩＳＩＬはモスル占領から約1年後、トルコ語のプロパガンダ誌をオンラインで発信するようになる。そのタイトルを「コンスタンティニーヤ」という。コンスタンティノープル、すなわちオスマン朝による征服以前のイスタンブールのことである。

つまりＩＳＩＬは、イスタンブールは依然として異教徒あるいは背教者の支配下にあり、よってカリフ国がこれから征服する、と主張しているのだ。

ＡＫＰ政権は、ＩＳＩＬのこのようなトルコに対する基本姿勢を知っていた。しかし同時に、海への出口を持たないＩＳＩＬにとり、トルコ領が死活的に重要であること、そしてそれ故にＩＳＩＬは当面トルコに対して直接的に牙をむく可能性が相対的に低いことも理解していた。

何よりも、エルドアンにとり２０１４年夏時点のＩＳＩＬには大きな利用価値があった。アサド政権および民主統一党（ＰＹＤ）を牽制する軍事カードとしての価値である。

トルコは自国の安全を脅かさない限り、領内でシリアの反体制武装勢力各派が兵站や後方支援活動を行うことを許してきた。ＩＳＩＬに対しても、その点は変わらなかった。従って、ＩＳＩＬのモスル奪取からカリフ国樹立へと続く一連の動きに対して、トルコの対応はサウジアラビア同様に極めて鈍かったのである。

なお、モスル陥落に際しては、トルコ総領事館の職員やトラック運転手等あわせて80名以上が、ＩＳＩＬの捕虜となっている。[18] また、シリア領内でも、トルコの飛び地であるオスマン帝国の始祖スレイマン・シャーの霊廟[19]が、ＩＳＩＬに包囲され危険な状態にあった。

18 http://www.hurriyetdailynews.com/isil-takes-more-turkish-drivers-hostage-in-northern-iraq-as-500000-flee-mosul.aspx?pageID=238&nID=67649&NewsCatID=352

捕虜や霊廟警備部隊の安全を確保する必要があったことも、トルコがこの時期、ＩＳＩＬに対し強硬姿勢をとれなかった理由だ。

（7）アルサール事件

ここまで本章で扱った出来事は、ほとんどがシリア領土の外部で起こったものである。最後にもうひとつ、ＩＳＩＬ支配地域がシリア・レバノン国境地帯にまで及ぶ中で起きた事件を記しておこう。

レバノン東部のベカー高原は一種の盆地で、西側を南北に貫くレバノン山脈と、東側に並行して走るアンチ・レバノン（後レバノン）山脈に挟まれる。

バアルベックなど有名なローマ遺跡がある地域にはシーア派住民が多い。しかしスンニ派、マロン派、ギリシア・カトリック教徒等の都市や村落も入り混じり、モザイク国家レバノンならではの複雑な住民構成となっている。

このベカー高原の北東、アンチ・レバノン山脈の西側の麓に、アルサールという街がある。住民はほとんどがスンニ派だ。そのため、シリア内戦発生以来、この街には多くのスンニ派シリア人が難民となって流入した。特に標高の高い地域——つまりシリア領により近い地域——はテント村になっていた。

アルサールの東側、つまりアンチ・レバノン山脈の中に入ると植生も人口も希薄な高山地帯となる。この高山地帯は、アラビア語で「凍り付く土地」を意味する「ジュルード」と呼ばれる。ジュルードは東のシリア領にも広がっている。ジュルードを東側に下ると、シリア領内の村落や都市が現れる。ダマスカスからみると北東方向にのびる国道沿いのこの地域を、西カラムーン山地と呼ぶ。反体制派、特にヌスラ戦線（ＮＦ）が強い地域である。

２０１３年春にクサイル奪還作戦を成功させたヒズボッラーが中心となって、同年秋以降ここでも反体制派掃討作戦を実施した。数百人規模のＮＦとＩＳＩＬ部隊はナバク、ヤブルード等この地域の主要都市から２０１４年夏までに追われ、西側のジュルードに逃げ込んだ。すなわちアルサールの東側である。

８月２日に、アルサールを警備するレバノン官憲が、ここでクサイル出身のＮＦ司令官イマード・ジュマアの身柄を拘束した。ジュマアの釈放を求めて、ＮＦ部隊はアルサール周辺に展開するレバノン国軍の屯所に同時攻撃を仕掛けた[20]。

ジュマアは拘束される前、指揮下の「ファジュル・イスラム」旅団を率いＩＳＩＬへの合流を宣言するビデオを制作している[21]。これによってＩＳＩＬもジュマアを身内とみなし、ＮＦとともにアルサール攻撃に加わった。こうしてアルサールでの戦闘は、シリア内戦開始以来初のシリアのジハーディストによるレバノン越境作戦となった。

レバノン国軍はヘリコプターも動員してＮＦ・ＩＳＩＬ連合軍との戦闘を繰り広げた。６日にイスラム

---

19 ティシュリーン・ダムの北方、ユーフラテス川の中州に所在した。２０１５年２月に無事に廟の移転と警備兵の撤退作戦が実施された。http://www.bbc.com/news/av/world-middle-east-31574916/turkey-leaves-syria-after-suleyman-shah-tomb-evacuation
20 http://www.bbc.com/news/world-middle-east-28624524
21 https://www.alaraby.co.uk/politics/2014/8/3/عماد-جمعة-قائد-فجر-الإسلام-الذي-أشعل-عرسال

聖職者協会の仲介で停戦が成立し、連合軍はジュルードに退去した。

連合軍退去までに、レバノン政府側に17名、シリア人難民（ＮＦとＩＳＩＬは難民の間に細胞組織をつくっていた）の間に38名という多数の死者が出た。撤退するＮＦとＩＳＩＬはあわせて36名に上るレバノン国軍兵士を捕虜として拉致した。この後、ＩＳＩＬはレバノン政府にジュマアの釈放などを要求、容れられないと人質５名を順次殺害し、その様子をおさめたビデオを流した。

２０１７年夏、最終的にレバノン国軍がジュルードのＩＳＩＬ制圧作戦をやった際、残りの人質も全員処刑されていたことが判明する。ＮＦのほうも人質１名を殺害したが、残りの16名はカタールの仲介で成立した２０１５年12月の捕虜交換の際に解放している。[22]

22 https://en.annahar.com/article/289181-nusra-front-releases-16-kidnapped-servicemen-held-since-2014

第13章 第2戦争開始

オバマが、遂に動いた。

2014年8月、破竹の勢いで北イラクを席巻したISILは、クルド地域政府（KRG）の治安部隊ペシュメルガを敗走させ、一気にその首都エルビルに迫った。在留米国人に危険が迫り、米国はとうとうイラクへの軍事介入に踏み切った。

ISILは報復として米国人や英国人の人質を次々に処刑する。覆面の処刑執行人「ジハーディ・ジョン」が登場し、人質を斬首するグロテスクな映像を公開する。

処刑の舞台はシリアだ。いまや、イラク一国の領内だけでISILを攻撃しても意味がないのは明らかだった。1カ月後には、米国を中心とした有志連合諸国は空爆対象をシリアに広げていく。

それまでシリア内戦は、アサド政権対反体制派の構図で争われた。同時に、前者をイランやヒズボッラー、後者をサウジやカタール、トルコ、西側諸国が支える国際紛争でもあった。

時間の経過とともに戦争の構図は次第に複雑化していった。ジハーディストのヌスラ戦線（NF）が参戦し、それが別のジハーディストであるISILと内紛を起こしたからだ。またクルド勢力の民主統一党（PYD）が独自の動きを見せて反体制派と対立した。

このように、2014年夏までに、アサド政権対反体制派の構図にはあてはまらない要素が出現していた。しかし、米国以下西側諸国が本格的に軍事介入することはなかった。

この状態を「第一の戦争」とすれば、それが続いたまま、2014年9月に、今度は「有志連合諸国対ISIL」という「第二の戦争」が、同じシリア領内と、隣国イラクではじまったのである。

主要な登場人物・組織・宗派名等

○バラク・オバマ：米大統領（当時）
○ガーセム・スレイマーニ：コドゥス軍司令官
○ジハーディ・ジョン
◉イラン革命防衛隊コドゥス軍
◉クルド地域政府（KRG）
◉ハシャド・シャアビー（人民動員部隊、PMC）
◉ペシュメルガ
◉自由シリア軍（FSA）
◉ヤズィード教徒（形容詞はヤズィーディ）
◉民主統一党（PYD）
◉人民防衛隊（YPG）

（1）ペシュメルガ敗走

2014年8月初め、ISILはイラク北部の各地で、電撃的にペシュメルガへの攻撃を開始した。不意を突かれたペシュメルガは、戦いらしい戦いをせずに潰走し、クルド自治政府（KRG）の本来の領土であるドホーク、エルビル、スレイマニヤの3県に撤退した。[1]

ＩＳＩＬが攻撃したのは、主としてモスルの北西、シリア国境に近い砂漠地帯の中にあるシンジャール、テル・アファル等の街だ。またモスルからチグリス川を40キロメートルほど遡った地点にあり、水力発電所を備える巨大なモスル・ダムも、ＩＳＩＬが奪取した。

シンジャールはヤズィード教徒の街である。

ヤズィード教とは、キリスト教やイスラム教の影響は受けているものの、セム系一神教（ユダヤ教、キリスト教、イスラム教）のいずれにも分類されない信仰だ。「クジャク天使」を最高神（創造主）に見立て崇拝するなど、中東ではかなり異色の、孤立した宗派である。[2]

ＩＳＩＬのようなスンニ派過激派はヤズィード教徒を、啓典の民（ユダヤ教徒、キリスト教徒）よりも格下の存在とみなす。戦争捕虜がヤズィード教徒ならば、処刑や奴隷化も、イスラム法で認められている、と解釈する。実際にＩＳＩＬ登場よりもはるか昔から、ヤズィード教徒は様々な迫害にさらされてきた。

イラクのヤズィード教徒は言語的にはクルド人である。だからＩＳＩＬが強大化した後は、ＫＲＧのペシュメルガがここに駐留して警備にあたっていたのだ。

モスルを奪取したＩＳＩＬはほぼ同時にティクリートを落とし、主力部隊は南下してバグダードやシーア派地域に迫っていた。ＩＳＩＬの標的はイラク中央政府であり、ＫＲＧやペシュメルガではないようにみえた。だからペシュメルガの側には、ＩＳＩＬが突然矛先を自分たちに向けてくるという心の準備がなかったのではないか。シンジャールのペシュメルガは潰走した。

自衛手段を持たない数万人のヤズィード教徒は炎天下、陽射を遮る木の一本も生えていないシンジャール山上に逃れるしかなかった。逃げ遅れた男たちの多くが、ヤズィードであることを理由に殺され、女性はレイプされ、奴隷にされた。いずれＩＳＩＬの戦闘員がシンジャール山に到達すれば、さらなる大虐殺が起きるのは確実だった。そうなる前に、体力のない者は、水も食料もないこの砂漠の山上で、命を落とした。

ＩＳＩＬの別の部隊は、モスルの南東方向、すなわちＫＲＧの首都エルビルの方向に進み、クウェイルやマフムールを奪取した。エルビルまで数十キロの地点である。そこから先にはＩＳＩＬの進軍を食い止める川や谷など天然の要害は存在しない（図11）。

世界はＩＳＩＬが突然矛先をＫＲＧに向けたことと、ペシュメルガが呆気なく敗退したことに驚愕した。しかし、もともとペシュメルガのイメージは実像以上に肥大化していなかっただろうか？

「死を恐れぬ者」「死に立ち向かう者」を意味するその組織名が、ペシュメルガに対する過大評価をもたらしたのかもしれない。

「（エルサレムを十字軍から奪回した英雄、サラーハッディーン・アイユービ（サラディン）はクルド人だった」、「クルド人はイラクでも、トルコでも、長期に渡って中央政府と戦い続け、屈しなかった」

西側諸国では、そんな「クルド人＝強悍不屈の山岳民族」というイメージの刷り込みが広がっていたこともある。それだけに、モスルでイラク政府軍が潰走した後、ペシュメルガが颯爽とＫＲＧの領外に展開した時、「もう大丈夫。ペシュメルガは政府軍とは違いプロフェッショナルで強力な軍隊だから」と、安堵してしまったのだろう。

---

1 http://www.reuters.com/article/us-iraq-security/islamic-state-grabs-iraqi-dam-and-oilfield-in-victory-over-kurds-idUSKBN0G20FU20140803

2 https://www.huffingtonpost.com/2014/08/13/yazidi-religious-beliefs_n_5671903.html

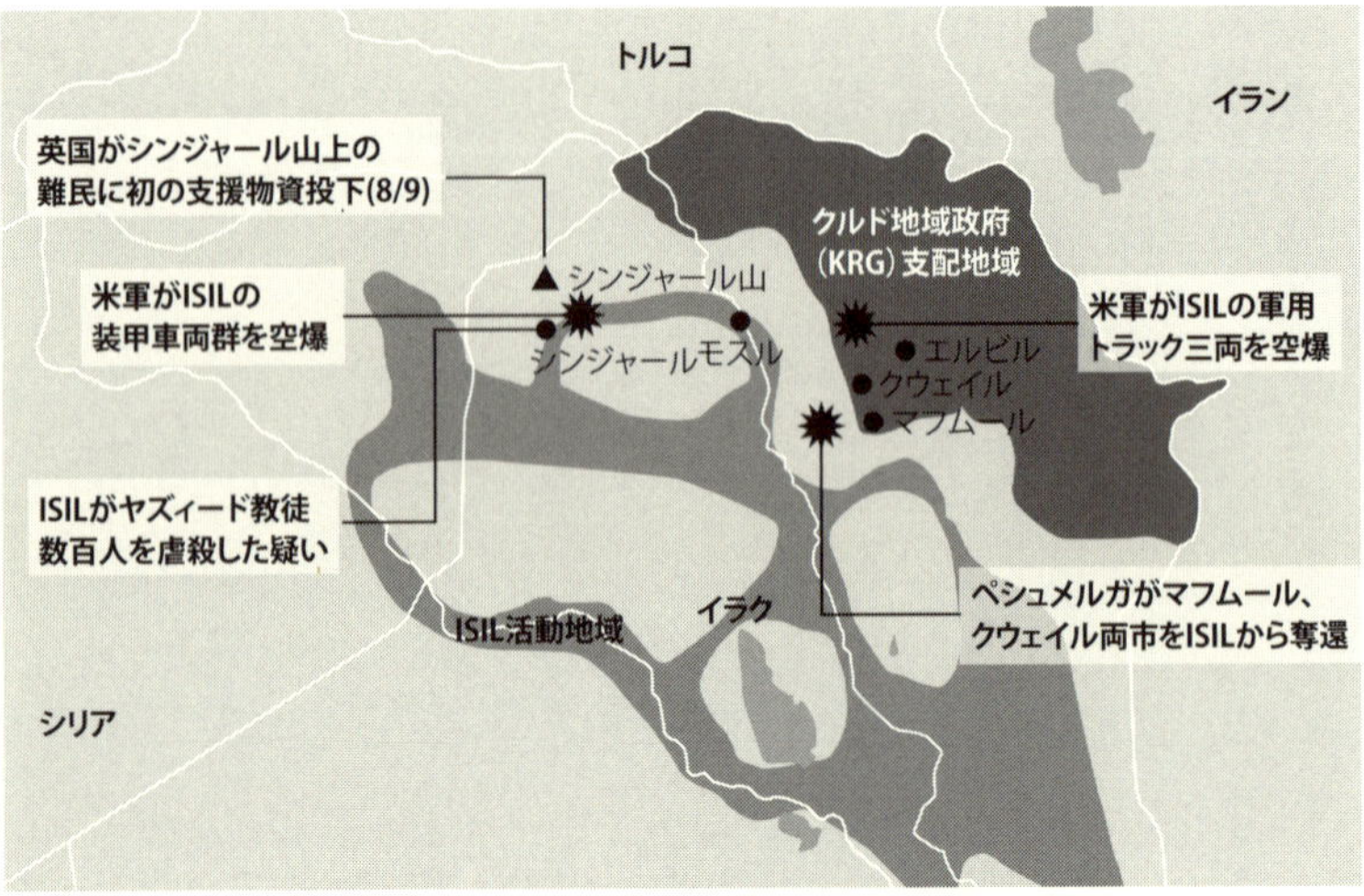

図11　2014年8月の北イラク情勢

https://www.telegraph.co.uk/news/worldnews/middleeast/iraq/11024844/American-air-strikes-help-Kurdish-forces-reclaim-towns-from-Islamic-State.html

しかし、北イラクの砂漠の戦いは、サイバー戦争ではないし、ドローン、精密誘導弾などのハイテク兵器を駆使する航空戦でもない。生身の人間と人間が殺し合う地上戦なのだ。

この種の戦いにおいては、戦力の強弱は装備の良し悪しと、実戦経験の多寡に左右される。ペシュメルガは米国の支援を受けてきたといっても、最新兵器を供与されていたわけではない。むしろその装備は１９９０年代からほとんど進歩していない。また、実戦経験の点でも、１９９１年にフセイン政権相手に起こした反政府蜂起以降、戦争らしい戦争をペシュメルガはやっていない。

同じクルド人の軍事組織といっても、トルコで戦い続けるクルド労働者党（ＰＫＫ）や、そのＰＫＫとメンバーが重複するシリアの人民防衛隊（ＹＰＧ）とは、練度の点で格段に劣る。

ＩＳＩＬの電撃的な攻勢を前に、ペシュメルガが脆くも潰走するのを目の当たりにして、オバマもその現実を理解した。そして早急にＫＲＧ救援の手段を講じる必要に迫られた。

（２）イラク空爆の開始

８月７日の夜、オバマ大統領はホワイトハウスで記者会見を開き、ＩＳＩＬによるエルビル攻撃を防ぐため、米空軍が限定的に空爆作戦を実施すると発表した。またシンジャール山に避難したヤズィーディ難民に、水や食糧、医薬品などの緊急救援物資を投下したことも発表した。[3]

わずか数時間後、日付が８日に変わると、米軍はＦ18戦闘機等の航空機とドローンを投入して、エルビルに迫ったＩＳＩＬ部隊への空爆を開始した。[4] 化学兵器を用いたアサド政権への懲罰行動をいったんは決定しながら、その後逡巡し、結局は撤回した前年の夏とは対照的な早業である。

米軍の参戦により、エルビルが蹂躙され、20年来にわたり実質的な自治を享受するＫＲＧが崩壊するという最悪の事態は回避された。また、フセイン政権崩壊以来、イラクでの影響力をめぐり張り合ってきた米国とイランが、対ＩＳＩＬ軍事作戦で暗黙のうちに協力する新たな状況も生まれた。実際、コッズ軍のスレイマーニ司令官指揮下のイラン革命防衛隊や、ハシャド・シャアビーの民兵組織が地上でＩＳＩＬと戦い、米軍が空からそのＩＳＩＬを攻撃するという局面も生じた。バグダードやシーア派聖地に迫ったＩＳＩＬは、消耗おおむねそのような「合同作戦」は効を奏した。

---

3 https://www.nytimes.com/2014/08/08/world/middleeast/obama-weighs-military-strikes-to-aid-trapped-iraqis-officials-say.html
4 http://edition.cnn.com/2014/08/08/world/iraq-options/index.html

戦の末に退却を強いられた。

米国とイランは、マーリキ首相退陣とアバーディ首相の任命に際しても、同じ立場をとったらしい[5]。イラクを救うには宗派主義的なマーリキを退陣させ、挙国一致体制を築くしかないという判断を共有したのだ。このように、ＩＳＩＬ台頭は、イラクにおける米・イラン関係の一時的な改善ももたらした。

しかし、米軍のこの限定的な軍事介入が、ＩＳＩＬ打倒に向けてどれほど有効か、という根本的な問題は残った。「空軍主体の戦力でゲリラ部隊との戦争に勝てるか」という、軍事戦略上の古典的な命題である。

米国の経験では失敗だらけである。ベトナム戦争にはじまり、アフガニスタン戦争、そしてイラク戦争と、米国は空軍だけではなく相当な質量の地上部隊を投入したが、勝利は得られなかった。

旧ソ連軍もアフガニスタンで消耗戦の末に撤退を余儀なくされた。イスラエル軍が何回レバノンとガザを猛爆撃しても、ヒズボッラーとハマースは強力な軍事力として健在である。

いまや世界で最も富裕で強力な装備を持つに至ったＩＳＩＬを、果たして空爆だけで排除・壊滅できるのか?

シーア派地区にはＰＭＣやイラク政府軍など、またKRG地区であればペシュメルガなど、ＩＳＩＬと対峙する地上部隊がいる。米軍の空爆支援を受けた彼らは勇奮してＩＳＩＬを蹴散らすだろう。

しかし、ＩＳＩＬを根絶するには、その存立基盤であるスンニ派地区、特に主要都市のモスルやファッルージャ、ラマーディ、ティクリートなどを奪取しなければならない。そしてそこには地上戦を遂行するパートナーがいない。

政府軍やＰＭＣをパートナーにすることは論外だ。

スンニ派住民は彼らを侵略軍とみなし、むしろＩＳＩＬと共闘して迎撃する恐れさえある。

（3）ジハーディ・ジョンによる斬首動画

米空軍によるイラク空爆開始から11日目の８月19日、ＩＳＩＬの対外広報メディア「アル・フルカーン」[6]が、短いビデオを製作し、ネット上に流した。ビデオのタイトルは「米国へのメッセージ」。人質処刑のグロテスクな生映像である。

犠牲者は米国人でフリーランスのジャーナリスト、ジェームズ・フォーレイ。

２０１２年11月に、イドリブ県のビンニシュで誘拐されて以来、行方不明となっていた人物である。当時はまだＩＳＩＬは出現していなかったが、ビンニシュはＮＦからＩＳＩＬに移籍したアブ・ムハンマド・アドナーニ広報官の故郷である。フォーレイは当時ＮＦに所属していた部隊に拉致され、その部隊がＩＳＩＬに所属を変えた際にＩＳＩＬの人質とされたのかもしれない。

髪を剃り上げられ、オレンジの囚人服――米グアンタナモ収容所でジハーディストが着せられた囚人服をイメージさせ復讐を演出しているのだろう――を着せられたフォーレイは後ろ手に縛られていた。跪き、襟首を処刑人につかまれたまま、米空軍に所属する兄弟に向かい、「お前の同僚が（イラクで）爆弾を投下した時、米軍は私への死刑執行書に署名した。自分が米国人でなければよかったのに」そう最後の言葉を唱える。

---

5 https://www.nytimes.com/2014/08/15/world/middleeast/iraq-prime-minister-.html
6 聖典アル・クルアーン（コーラン）の別称。

処刑人は体格のいい黒ずくめの男で、左手に握ったナイフを振りかざしながら、強い英国アクセントで、「カリフ国に対する攻撃は、全世界の全ムスリムに対する攻撃である」と、米国のイラク空爆を非難する。そして、この米国の行いの代償を支払わせるのだ、とフォーレイに処刑を宣告する。

処刑人がフォーレイの背後に立ち、右手で顎を掴み喉にナイフを食い込ませ左右に引く。そこで画面が暗転する。続いて切断された頭部を背中に乗せ、血まみれで地面に横たわる遺体の映像が流れる。遺体の映像は一瞬で次の画面に切り替わる。

同じ黒ずくめの処刑人が、フォーレイと同様にオレンジ色の囚人服を着せられた米国人ジャーナリスト、スティーブン・ソトロフの襟首を後ろから掴みながら、「この米国人の命は、オバマよ、貴様の次の決定次第だ」と、さらなる人質処刑をほのめかして映像は終わる。

それまでＩＳＩＬは「存続し、拡張する」をスローガンに、イラクとシリア両国における目の前の敵——イラク中央政府、ペシュメルガ、シーア派民兵組織、アサド政権、シリア反体制派武装組織など——を相手にした戦いに専念し、直接米国を標的にすることはなかった。従って、フォーレイは公になっている中では、ＩＳＩＬに殺害された最初の米国人となる。米国民は怒った。イラクだけでは不十分だから、フォーレイ殺害の現場とみられるシリアでも、徹底的にＩＳＩＬを攻撃すべきだという意見が出てきた。

9月2日になると、ＩＳＩＬは予告通り、ソトロフを処刑する映像を公表した。米国の世論はさらに燃え上がった。

ソトロフを斬首したのも、フォーレイを殺害した同じ英国アクセントの黒装束の男だった。以前にＩＳＩＬの人質となった経験のあるジャーナリストらの証言から、メディアはこの処刑人を「ジハーディ・ジョン」

と仇名した。
人質の監視を担当するＩＳＩＬのメンバーらは４人組で、いずれも英国アクセントで英語を喋る。そのため人質は、彼らをビートルズに見立て、４人のうちの一人、この死刑執行人をジョン・レノンになぞらえたのだ。
覆面で顔を覆ったジハーディ・ジョンの正体について、アラビア語メディアと西側の主要メディアは様々に詮索した。一時はエジプト系英国人でラップ歌手のアブドル・バーリ・アブドル・マージドが「ジハーディ・ジョン」だと大きく報じられた。[7]
しかし２０１５年２月までには「ジョン」の正体はクウェート出身の英国人ムハンマド・エムワーズィだということでほぼ決着した。[8]
フォーレイが処刑されたのとほぼ同じころ、シリア北部のマーレア付近で、イスラム戦線傘下の「タウヒード旅団」に同行していた日本人、湯川遥菜氏が、ＩＳＩＬ兵士に拘束される様子をおさめたビデオがネットに流れた。
湯川氏と、後にその湯川氏の救出のためラッカに向かい、やはりＩＳＩＬの人質となったジャーナリストの後藤健二氏の二人は、２０１５年１月から２月にかけて、相次ぎ処刑され、その映像が流された。両

7　http://www.dailymail.co.uk/news/article-2733228/The-descent-Jihadi-John-Shocking-Facebook-photos-transformation-rapper-streets-Maida-Vale-prime-suspect-brutal-beheading-journalist.html
8　https://www.washingtonpost.com/world/national-security/jihadi-john-the-islamic-state-killer-behind-the-mask-is-a-young-londoner/2015/02/25/d6dbab16-bc43-11e4-bdfa-b8e8f594e6ee_story.html?utm_term=.da95a9e10792
http://www.bbc.com/news/uk-31641569

氏の処刑執行人も、エムワーズィだった。

なお、米軍は2015年11月にラッカ市内でドローンを用いエムワーズィを攻撃し、殺害したと発表した。その2カ月後に、ISILもオンラインの機関紙「ダービク」上で、エムワーズィの「殉教（戦死のこと）」を認めた。[9]

（4）シリア空爆開始

オバマ大統領は9月5日、ウェールズのニューポートで開催された北大西洋条約機構（NATO）諸国首脳会議に出席した後、記者会見を開き、「まずISILの進撃を押し返す。システマティックにISILの攻撃能力を殺ぎ、活動範囲を狭める。ISILの領土を奪い、指導部を除去する。時とともにISILは以前のようなテロ攻撃能力を失うだろう。我々はISILの能力を殺ぎ、最終的に敗北せしめる。アル・カーイダの時と同じだ」という対ISIL戦略の大方針を示した。

これに先立ち、ヘーゲル国防長官が「中核メンバー諸国」と呼ぶ英・仏・独・伊・豪・加・土（トルコ）・ポーランド・デンマークの軍・外交関係者が米国と対ISIL有志連合の立ち上げを協議した。米国政府関係者はスンニ派アラブ諸国、とりわけ米国と関係の深いヨルダンやサウジ、UAEなどから、ISILの情報収集や資金提供等の各分野で協力を得ることへの期待も示した。[10]

9月10日になって、オバマはテレビ演説を行い、「テロリストに逃げ場はない」という表現で、イラクにとどまらずシリアでもISILの標的を攻撃する姿勢をはっきりと打ち出した。[11]「有志連合」という国際的な反ISIL同盟を形成し、ISIL根絶に向けて体制を整える米国に対し、

ＩＳＩＬはさらなるテロで応えた。９月13日、「米国の同盟国へのメッセージ」というタイトルで、「アル・フルカーン」製作の新たなビデオがネットに流された。

内容は、やはり「ジハーディ・ジョン」による英国人の人道支援活動家デービッド・ヘインズの斬首処刑である。米国に追随し、ＩＳＩＬを攻撃する諸国の国民は、こういう目にあうぞ、という警告である。

もちろん、この警告は人道支援従事者を見せしめのため処刑するというＩＳＩＬの非道ぶりを際立たせただけだ。有志連合による対ＩＳＩＬ攻撃の流れを止めることにはならなかった。

９月22日、米国はドローンと戦闘機を用いて、ラッカ市およびシリア・イラク国境地帯のＩＳＩＬ部隊や関連施設への空爆を開始した。アラブ諸国ではサウジ、ヨルダン、バハレーン、カタール、ＵＡＥ各国の空軍が作戦に参加した。[12]

シリア危機勃発から３年半。

あれほど頑なにシリアへの軍事介入を拒み続けてきた米国が、とうとう介入に踏み切った瞬間である。

しかし、その形態は、米共和党やシリア反体制派が求めてきたものとはまったく異なっていた。アサド政権ではなく、ＩＳＩＬを打倒するための軍事行動なのである。

この介入は、ただでさえ複雑なシリア内戦の構図を、さらに複雑なものとした。アサド政権と反体制派

9 http://www.bbc.com/news/uk-35358101
10 https://www.nytimes.com/2014/09/06/world/middleeast/us-and-allies-form-coalition-against-isis.html
11 http://edition.cnn.com/2014/09/10/politics/isis-obama-speech/index.html
12 https://www.nytimes.com/2014/09/23/world/middleeast/us-and-allies-hit-isis-targets-in-syria.html

との内戦がまだまだ終息の気配を見せない中、今度は反ISIL有志連合諸国とISILの間で、いわば第2のシリア戦争がはじまったのだ。

（5）コバネの戦い

シリアへの空爆拡大を決めた時、オバマも、ケリー国務長官も、米国はシリアに地上部隊を投入しない、という立場を再確認している。そのかわりに、「穏健反体制派」の中から、ジハーディストや過激派との関わりがない部隊を選抜、訓練し、対ISIL戦に投入する、という方針を示した。

アフガニスタンとイラクでの轍を踏まないためであるが、「穏健反体制派」を選別し、訓練するというのはいかにも悠長で、気が長すぎる。実際、それがうまくいかないからこそ、それまでの米国のFSA支援が実を結ばず、アサド政権を倒せなかったのではないだろうか。

自由シリア軍（FSA）の中には、イスラム主義やサラフィーの思想傾向を持つ分子はいくらでもいる。2013年末にFSAの複数の最有力部隊が揃って最高軍事評議会から離脱し、「イスラム戦線」を結成したことからも、それは明らかだ。実際、シリアの反体制派武装組織でも、組織ではなく個人のレベルで、世俗的なFSA部隊からサラフィー組織やNF、ISIL等に鞍替えする者は少なくない。

ジハーディストの組織といったところで、全員が全員、その組織の主義主張に完全に共鳴して参加しているわけではない。地縁や血縁を頼りに参加する者もあれば、経済的な待遇や装備の優秀さに惹かれて入隊する者もあるだろう。

日本の選挙でも毎回おなじみのシチュエーションだが、所属組織のボスたちが勝手に別の組織との統合や合流を決めてしまったので、気がつけば別の組織のメンバーになっていた……そんなケースも少なくないはずだ。そんな反体制派武装勢力の中から、本当に「穏健」で、未来永劫絶対に過激派には与しない人物を、どうやって見極めるか。その選別プロセスは想像しただけでも気が遠くなるような作業だ。

仮に選別が成功しても、次はそうやって見つけた兵士たちを束ね、連帯意識を育て、厳しい規律に服する強力な戦闘集団に作り上げるというプロセスが待っている。一体それには何年かかるのか。

米軍の担当者たちも、プロの軍人であればオバマやケリーの言う「穏健体制派の選抜・育成」プログラムが、まったくあてにならないということは重々承知していただろう。

だから、代案として、現実にシリアで戦う数多の武装勢力の中から、対ＩＳＩＬ戦における地上戦のパートナーを探したとしてもおかしくはない。

米欧諸国に親和的であること。

アサド政権や、イランの影響下にないこと。

イスラム過激派に影響されず、敵対していること。

このような条件を満たし、かつ一定の戦闘能力を備えた組織は、クルド人政党「民主統一党（ＰＹＤ）」の軍事組織、人民防衛隊（ＹＰＧ）以外になかった。

シリアのトルコ国境沿いにクルド語でコバネ（アラビア語でアイン・アラブ）と呼ばれる人口４万人程度の街がある。

２０１２年夏、アサド政権軍の撤収により、シリア北東部でＰＹＤによる自治がはじまってから[13]、コバネは東部のカミシリ、アレッポ北西のアフリンと並ぶ、ロジャヴァ（事実上のクルド自治区）の中核都市となった。

2014年9月中旬、そのコバネに向かってＩＳＩＬが侵攻を開始した。

ＩＳＩＬは周辺の村落を次々と奪取し、10月になるとコバネ市内へも東・西・南の三方向から侵入した。コバネの民間人はほとんどが難民となって市北部の国境を通過、トルコ国内に脱出し、市内には数千人のＹＰＧ戦闘員が残るだけとなった。火力で圧倒するＩＳＩＬの前に、コバネ守備部隊の玉砕は不可避にみえた。

しかしそこから、ＹＰＧの守備部隊は驚異的な粘りをみせ、廃墟と化した市街地で執拗なゲリラ戦を展開する。米国と有志国連合の空軍はコバネ守備部隊に武器弾薬と食料を上空から投棄すると同時に、街を包囲するＩＳＩＬの陣地を空爆して、ＹＰＧの奮闘を支援した。

ＰＹＤはトルコのクルド労働者党（ＰＫＫ）とメンバーが重複する兄弟組織であり、マルクス・レーニン主義を奉じる徹底的な世俗主義組織である。男女平等についても進歩的な立場であり、戦闘員の中に女性が占める割合も高い。敵対勢力に所属する女性は捕まえて奴隷にし、それを恥じることも、隠すこともしないＩＳＩＬに、勇敢な若い女性たちが決死の覚悟で立ち向かう。シリア内戦では一体誰が正義で、誰が悪か、第三者にはわかりにくい設定が多かったが、コバネの戦いの構図は実に明快だった。

誰がみてもＩＳＩＬは邪悪であり、不正義だ。それに生命を賭して立ち向かうＹＰＧには同情が集まる。それに、そもそもＥＵ諸国はＰＫＫとクルド人の民族運動に寛容で、ＰＫＫは各国に代表部を置いてプロパガンダ活動を展開してきた経緯もある。

西側諸国の世論はコバネを死守するＹＰＧを支持し、義勇兵としてはるばるドイツやオランダからシリアに渡航し参戦する者まで現れた[14]。対照的に、国境を閉ざし、YPGを見殺しにするトルコに対しては西側諸国の世論は厳しくなった。

先ほど「誰がみてもISILは邪悪であり、不正義」だから、「YPGには同情が集まる」と書いた。ただし、トルコは例外である。

トルコにとってはYPG＝PKKは、ISIL同様にテロ組織である。だから、コバネの戦いはYPGとISILという二つのテロ組織の争いであり、トルコがどちらかに手を差し伸べる義理はない。理想的にはどちらも共倒れしてほしいが、あえていうなら、国境の向こう側にPKKの聖域を提供しかねないPYDは、トルコにとってはISIL以上に目障りな存在なのだ。

トルコのこの態度は、トルコ国内のクルド人にとっては容認できないものであった。コバネに連帯するトルコのクルド人の抗議行動などもあり、当局は最後には親土的なイラクのペシュメルガが、トルコ領内経由で支援部隊としてコバネに入ることを認めた。PKKの戦闘員をコバネに向かわせないための苦肉の策である。

コバネの攻防は結局2015年1月まで続いた。

前年の秋に一時玉砕寸前まで追い詰められたYPGは、とうとうISILを市街地から撃退することに成功した[15]。振り返ってみれば、この戦いは独ソ戦におけるスターリングラードの攻防に相当するような

13　第6章参照。
14　https://www.independent.co.uk/news/world/europe/german-motorcycle-club-members-join-dutch-bikers-in-fight-against-isis-9804525.html

一大転回点であった。モスル奪取以降続いていたシリアでのＩＳＩＬの領土拡大は、コバネで行き詰まり、この後は徐々に後退していく。

他方、コバネでの勝利により、ＹＰＧはシリアにおける有志国連合の対ＩＳＩＬ地上戦パートナーとして確固たる地位を築いた。同時にそれが後にトルコの警戒心を一層強め、同国の対シリア政策の大きな転換をもたらすこととなる。

15　http://www.bbc.com/news/world-middle-east-29688108

第14章

「征服軍」、イドリブ征服

コバネの戦いが大詰めを迎えた2015年初頭、シリア内戦の主要な関係国のひとつ、サウジアラビアで外交政策の転換が起こる。

シリア反体制派を支援するスンニ派3カ国――サウジ、カタール、トルコ――の足並みが初めて揃い、イドリブ県に大きな軍事勢力が誕生する。「ファタハ軍」すなわち「征服」軍である。

2015年の春、ファタハ軍はイドリブ県の主要な都市をアサド政権から奪取した。アレッポからダマスカスに至るシリア西部の人口集中地帯のほぼ北半分が、アレッポ市西部を除き、アサド政権の支配から離れた。ファタハ軍は西のラタキア県、北のアレッポ県、そして南のハマー県へと支配領域を広げた。慢性的な兵員不足に悩む政権側にはその進撃を食い止める力がない。アサド政権は2012年夏以来最大の危機に直面することになる。

主要な登場人物・組織・宗派名

○サルマン・ビン・アブドルアズィーズ：サウジ新国王
○ムハンマド・ビン・サルマン：サウジ国防相（後に副皇太子、さらに皇太子に）
○ハーリド・ホウジャ：シリア国民連合第四代議長
○サイード・クアーシ、シャリーフ・クアーシ兄弟
○アメディ・クリバリ
○ハヤー・ブーメッディーン

◉ムスリム同胞団（ＭＢ）
◉シリア国民連合
◉アル・カーイダ（ＡＱ）
◉ファタハ軍
◉ホラサン・グループ

（1）アブダッラー・サウジアラビア国王の薨去

齢90[1]に達したサウジのアブダッラー・ビン・アブドルアズィーズ国王は、かねてより病気がちで、数年前から入退院を繰り返し、海外での治療のため政務を離れることも多かった。２０１４年末になると、いよいよその容態は悪化し、大晦日から1月22日に薨去するまで最期の日々を病院で過ごした。

後継者に指名されたのは、13歳年下の異母弟サルマン・ビン・アブドルアズィーズ皇太子である。アブダッラーの体力の衰えとともに、サルマンが摂政として国政の指揮をとる機会は徐々に増えた。そして年が明けると、最初は摂政、後には正式に国王として、この世界最大の産油国の政治を完全に掌握することになる。

サルマンは即位に際して行った演説で、王家の先人たちの政策と伝統の継承を約束した。しかし、サルマンはこの約束を守らなかった。

1　91という説もある。

サルマンはよくいえばサウジ政治の旧弊を打破する改革者、悪くいえば王族の慣習や秩序を無視して行動する、独断専行型の支配者であることが、間もなく明らかになる。

国王となったサルマンが何よりも世界を驚かせたのは、それまではほぼ無名の存在であった愛息の登用である。

サウジ王家では、肥大化する支流間のバランスをとるために、独特の王位継承システム——父から子ではなく兄から弟に引き継がれる——が編み出され、実施されてきた。

しかしサルマンは国王になるや否や、30歳そこそこの子息ムハンマド・ビン・サルマンを国防相に起用し、王位継承の布石を打った。そしてその後2年半の間に、自らの異母弟ムクリン・ビン・アブドルアズィーズと、甥にあたるムハンマド・ビン・ナーイフの二人の皇太子を、何の説明もなく一方的に廃嫡してのけた。

また、サウジの保守性と後進性の象徴として悪名高い女性の車両運転禁止令を撤廃し、改革派らしいところもみせた。

外交政策においては、サルマンはサウジ王政史上前例のないほどに能動的な姿勢をみせた。即位からわずか2カ月後の２０１５年3月には、後述するようにシリアでの反体制派の攻勢を後押ししたほか、イエメンでも本格的な軍事介入に踏み切っている。

サルマンと、ムハンマド国防相（4月以降副皇太子）の初期の対外政策の柱は、イランの影響力の伸張阻止だった。そのためには、スンニ派勢力を結集しなければならない。そのスンニ派勢力の中には、各国で影響力を持つムスリム同胞団（ＭＢ）も含まれる。[2]

結果的に、新体制発足直後のサウジとＭＢの関係は、アブダッラー国王時代と比較すると格段に改善された。そして、それは同時にMBを支援するカタールやトルコとの外交関係改善にもつながった。[3] サウジ、カタール、トルコ３カ国の関係改善がシリア情勢に影響した最初の事例が、２０１５年初頭のシリア国民連合議長選挙である。この選挙で、トルクメン系シリア人のハーリド・ホウジャが議長の地位に就いた。[4]

シリア国民連合の前身である国民評議会（ＳＮＣ）は初代のブルハーン・ガリユーン議長の後、クルド人のアブドル・バーセト・セーダ、キリスト教徒のジョルジュ・サブラを議長に選び、民族的・宗派的マイノリティへの配慮をアピールした。対照的に、国民連合は初代のムアーズ・ハティーブ、第2代のアハマド・ジャルバ、第3代ハーディ・バハラと、シリアの圧倒的マジョリティであるスンニ派アラブ人が議長を務めてきた。そこに突如としてトルクメン系の4代目が選ばれたのだ。

トルクメン人は、シリアのエスニック・グループとしてはアルメニア人やクルド系と比較しても小さい

---

2 http://www.reuters.com/article/us-saudi-mideast-brotherhood/saudi-king-aims-for-new-sunni-bloc-vs-iran-and-islamic-state-idUSKBN0M127N20150305

3 サウジはＵＡＥ、バハレーンと共に、駐カタール大使を召還した（第11章参照）。このボイコットは8カ月続いたが、最後は同じＧＣＣのクウェートの仲介で、11月に大使をドーハに戻していた。https://www.reuters.com/article/us-gulf-summit-ambassadors/saudi-arabia-uae-and-bahrain-end-rift-with-qatar-return-ambassadors-idUSKCN0J00Y420141116

4 http://www.bbc.com/news/world-middle-east-30699657

5 以下のＢＢＣ記事ではシリアのトルクメン人口を50万〜３５０万と推定している。２０１１年の推定総人口２２００万に占める割合は2・3〜16％になる。しかしクルド系やアルメニア系のような大規模な集住都市や街区はなく、両グループよりもさらに規模は小さいと思われる。http://www.bbc.com/news/world-middle-east-34910389

集団である。内戦前にはおそらく人口の数パーセントを占める程度だったと推定される。[5]

しかしトルコは、トルクメン人を広義のテュルク系民族の一部で、同胞であるとみなす。だからシリア内戦以降に亡命トルクメン系シリア人の政治組織「シリア・トルクメン評議会」を作り、肩入れしてきた経緯がある。

ホウジャの場合は、トルクメン系であるだけではない。トルコのイズミル大学に留学し、国民連合の駐イスタンブール代表も務めた。シリア反体制派の中でも、極めてトルコに近い人物といえる。

国民連合の第2代議長のジャルバはイラクからシリアにかけて広がり、サウジのアブダッラー国王とも縁戚関係にあるシャンマル部族の族長だったので、当然アブダッラー時代のサウジと強く結びついていた。[6]

だから、ホウジャの登場は、トルコがシリア国民連合に影響力を振るうことを、政権移行期にあったサウジが承認した結果とみることもできる。

(2) シャルリ・エブド襲撃事件

唐突だが、ここで目をパリに転じよう。

シリア内戦の本筋とは関係なさそうであるが、「第二のシリア戦争」に大きく関わる事件が、この時期に発生しているからだ。

2015年の年明け早々、1月7日にパリ市内で、週刊誌「シャルリ・エブド」[7]の事務所が武装した二人組に襲撃された。

この二人組はアルジェリア系仏人のサイード・クアーシとシャリーフ・クアーシの兄弟だった。二人は「シャルリ・エブド」事務所を襲撃した後、パリ郊外の印刷所に立てこもり、9日に警察当局により射殺された。3日間にわたるこの事件で、「シャルリ・エブド」の編集者や記者、漫画家、警官ら12名がクアーシ兄弟の凶弾に倒れた。

また、この事件の進行中に、パリの別の地区では女性警官射殺事件が発生している。犯人は、セネガル系仏人のアメディ・クリバリという人物だった。クリバリはこの後、ユダヤ系食料品店に人質をとって立てこもり、警官隊に包囲されたクアーシ兄弟を逃すよう要求した。こちらの事件も最後は特殊部隊の突入とクリバリ射殺で解決したが、人質四人が遺体で発見された[8]。

「シャルリ・エブド」は「報道の自由」や「表現の自由」を盾に、政治と宗教どちらの分野にもタブーを設けず、どぎつい風刺で他者を批判・嘲笑する芸風を売りにするメディアだ。それまでにもデンマークで問題となった預言者ムハンマドの風刺画転載などでムスリムの反発をかい、テロを招いたことがある。

クアーシ兄弟はアル・カーイダ（AQ）のイエメン支部にあたる「アラビア半島のアル・カーイダ（AQAP）」と関係があったことがわかっており、AQAPもこの事件の犯行声明を出している。

一方、クリバリの愛人でアルジェリア系仏人のハヤー・ブーメッディンは、シャリーフ・クアーシ夫人の友人で、事件中も頻繁に連絡をとっていた。だからクリバリはクアーシ兄弟と連動して事件を起こしたとみられる。ただしクリバリ本人は、立てこもり中にメディアの取材に対して、ＩＳＩＬへの忠誠を公表

6　アブダッラー国王の母はシャンマル部族出身。
7　「週刊チャーリー」の意味。
8　http://www.bbc.com/news/world-europe-30708237

した。またISILもオンラインの英語機関紙「ダービク」第7号で、クリバリをメンバーと認めた。[9]なお、このブーメッディンは事件後トルコ経由でシリアに入国、前記の「ダービク」には「インム・バーセル・ムハージャラ」[10]のインタビュー記事も掲載されている。

AQの「破門宣言」でISILがAQと完全に袂を分かって以来、「グローバル・ジハードの指導者の地位を競うAQとISILが、外国でテロ攻撃を活性化させるのではないか」という分析があった。2015年初頭のパリの事件は、まさにその懸念が現実化した例といえるだろう。

また、事件のほとぼりが冷めない1月末には、当時中東歴訪中だった日本の安倍総理が「ISILのテロと戦う諸国への支援」を約束したことを理由に、ISILが人質としていた湯川遥菜・後藤健二両氏の斬首映像を公開した。処刑人は例のジハーディ・ジョンである。さらにその数日後には、シリアで捕虜としていたヨルダン人パイロットを、生きたまま焼き殺す強烈な映像も公開し、全世界を震撼させた。

このように、2015年は年明け以来、イスラム過激派による国際テロが、世界的な関心を集めた。米国と有志連合諸国によるイラクとシリアのISIL攻撃が成功し、両国におけるISILの活動が制限されると、ISILがその目を敵の領内、すなわち米国やEU、アラブ諸国、トルコなどの領土に向ける可能性は高まる。もとよりEU諸国内では、イスラム諸国出身移民の二世・三世が疎外感や高い失業率に苦しむという問題があった。

こういった層からは、既にシリアやイラクに渡航し、外国人戦闘員としてジハーディスト組織に加わる者が現れていた。しかし各国と、外国人戦闘員の主要な通過国であるトルコの当局が、人の流れの監視を徹底し、渡航が次第に難しくなった。そうなると、ジハーディスト予備軍は母国内で、「異教徒、背教者、十字軍とその協力者」たる自国政府と非ムスリムの国民を相手に、テロ行為に走る。

事実、２０１５年はこの後もトルコ国内やパリ、ブリュッセルなどで、ＩＳＩＬの大規模テロが続発することになった。

しかし、世界が「テロ対策」への取り組みを強化するのと逆行して、シリアでは外国人報道関係者や援助関係者の拉致で悪名高いヌスラ戦線（ＮＦ）を、反体制派に取り込む動きが進行しつつあった。

（3）ファタハ軍結成とイドリブ征服

シリア北西部でスンニ派3カ国――サウジ、トルコ、カタール――が取り組んだ反体制派支援の調整活動が、３月24日に結実した。「ジェイシュ・ファタハ」の結成[11]である。

「ジェイシュ」は軍、「ファタハ」はヤセル・アラファトが創設した有名なＰＬＯ主流派組織と同名で、「征服」を意味する。従って「ジェイシュ・ファタハ」は「征服軍」ということになる。本書では「ファタハ軍」の呼称を用いる。

---

9 https://archive.org/details/DABIQ_07_2015_

10 「移民者バーセルの母」の意。クリバリは愛人ではなく、正式の夫「アブ・バーセル・イフリーキー（アフリカ人バーセルの父）」と表記されている。

11 http://www.orient-news.net/ar/news_show/87016

ファタハ軍はシリア北西部、イドリブ県周辺を地盤として活動する有力な武装組織7団体の連合組織である。傘下組織はいずれもイスラム系なので、コンセプトはかつての「イスラム戦線」に近い。「イスラム戦線」と決定的に違うのは、このグループがＮＦを含む点だ。

それまで、主要な反体制派武装組織は、アサド政権軍やＩＳＩＬとの戦闘現場でＮＦと共闘することはあっても、大っぴらに同盟関係を認めることはなかった。米国が「国際テロ組織」指定し、制裁対象にするＮＦの一味となれば、米国の政治的・軍事的支援を受けられなくなるからだ。

それだけではない。

実は米軍は２０１４年９月、シリアでの「対テロ戦争」を開始して以来、ＩＳＩＬだけではなく、イドリブ県やアレッポ県でたびたびＮＦを攻撃している。「ＮＦがシリア領内に安全地帯を確保した後、ＡＱの古参幹部らがアフガニスタンやパキスタンから移住し、対米攻撃を準備している」というのが米国の説明である。

米当局はこのベテラン幹部グループを、アフガニスタンなど中央アジア一帯を指す古名にちなみ「ホラサン・グループ」と名付けた[12]。つまり、ＮＦと協力していると、米国の支援が受けられないだけではすまない。「ホラサン・グループ」もろともドローンや戦闘機で空爆されかねないのだ。

そういう状況下であるにも関わらず、シリア国民連合と直結するムスリム同胞団系のファイラク・シャーム（ＦＳ）や、イスラム戦線の主要構成組織であったアハラール・シャーム（ＡＳ）は、あえてＮＦとの連合部隊「ファタハ軍」を結成した。しかもサウジやトルコがそれを公然と支持したのは、なかなか意味深である。あるいは、両国は、「オバマ政権に遠慮していてはいつまで経ってもアサドは倒れない。米国が抗議しようとすまいと、アサド打倒のために必要な手段をとる」という立場を示したかったのかもしれない。

サルマン新国王は2013年夏、オバマ政権が土壇場で対アサド軍事介入を中止した時のサウジの国防相である。サウジ王家の中でもオバマの「弱腰」にとりわけ憤慨したはずだ。それを思えば、筆者の評価もあながち的外れではないだろう。

NFの約1200名を含む、ファタハ軍部隊約6000名は、結成宣言からわずか4日後の3月28日、イドリブ県の県都で同名のイドリブ市を制圧した。持ちこたえられないことを悟ったアサド政権軍は、同県の西方、ラタキア県への途上にある交通の要衝ジセル・シュグール市に撤退した。[13]

2011年6月、まだFSAさえ結成されていない時期に、初めて政権軍が反体制派武装勢力により大きな敗北を喫した場所だ。[14]

それまでに、シリア各地で反体制派が政権軍を追い出し実効支配するに至ったのは主として農村部で、主要都市はおおむねアサド政権が掌握してきた。

アサド政権下のシリアの行政区画は、ダマスカス市と13の県に分かれるが、それまでに反体制派が完全に掌握した県都は、ラッカ県の県都ラッカ市だけである。そのラッカすら、半年後にはISILに奪取され、カリフ国の事実上の首都となっている。だから、ファタハ軍によるイドリブ市制圧は、反体制派にとっては快挙だったといえる。

政権軍はジセル・シュグールで体制を建て直し、ファタハ軍の西進をくいとめる戦略だったのであろう。

---

12 http://www.bbc.com/news/world-middle-east-29330395
13 http://www.bbc.com/news/world-middle-east-32540436
14 第5章参照。
15 http://www.bbc.com/news/world-middle-east-32461693

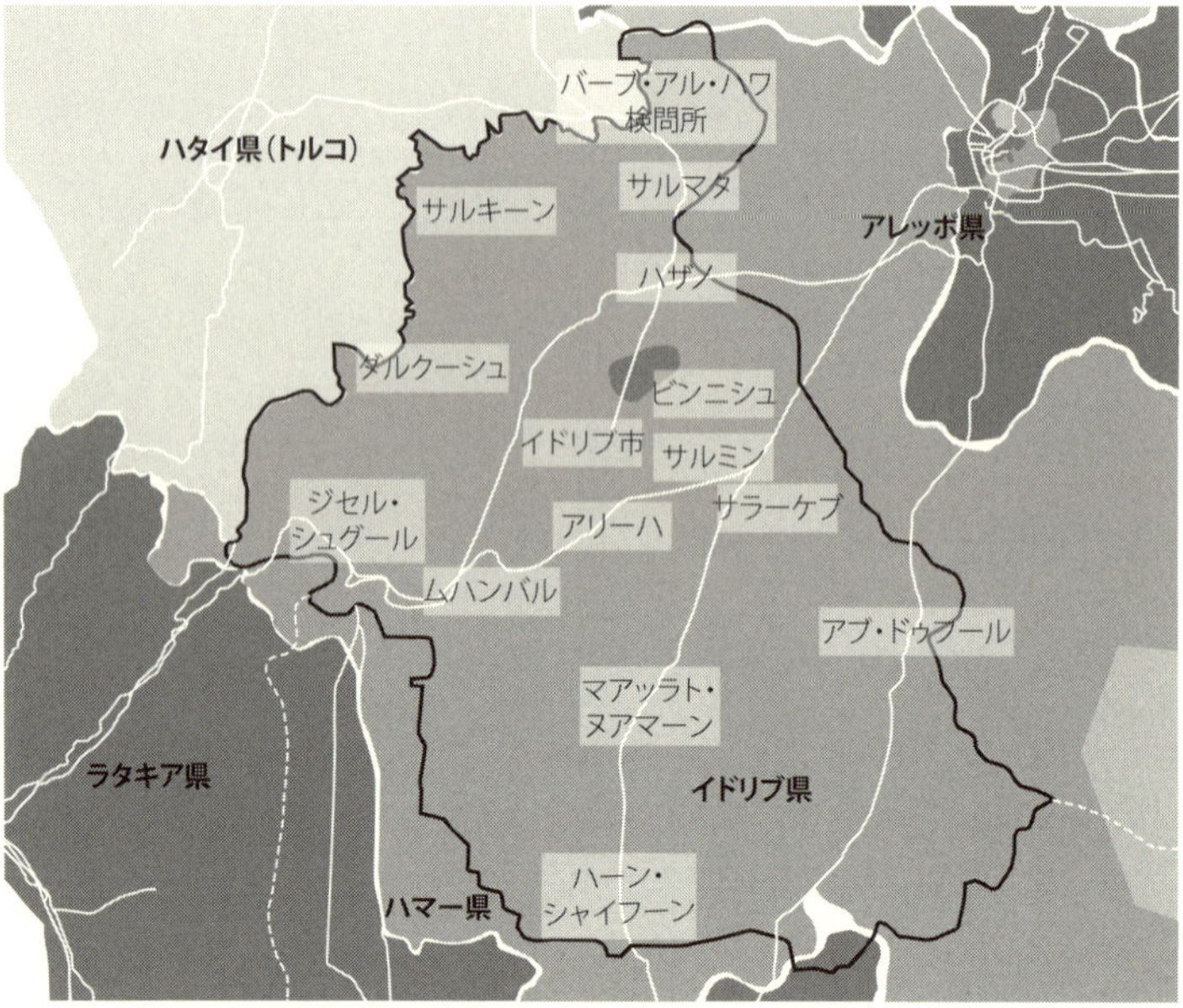

黒太線＝イドリブ県境　　薄いグレー＝反体制派とファタハ軍の支配地域
濃いグレー＝アサド政権軍の支配地域

図12　2015年夏のイドリブ県周辺図

https://tcf.org/content/report/keeping-lights-rebel-idlib/?agreed=1

しかし、およそ1カ月後の4月末には、ファタハ軍は同市も占領[15]、さらにその1カ月後には、イドリブ県で最後まで残ったアリーハの街を攻略し[16]、イドリブ県のほぼ全域を支配するに至った。「征服軍」がまさしくイドリブ県を征服したのだ。

完全征服といえないのは、イドリブ市郊外のシーア派の2村、フーアとケフライヤの住民約2万人が、ファタハ軍に包囲されたまま頑強な抵抗を続けたからである。[17]

とはいえ、イドリブ県がほぼファタハ軍の手に落ちたことの戦略的な意義は重大である。

イドリブ県は北西がトルコのハタイ県とつながっており、トルコからの兵站補給が受けられる。また既にアレッポ県西部は反体制派が支配しているので、アレッポ県からイドリブ県、そしてラタキア県の北部までが、反体制派支配地区となり、アレッポ市西部の政権支配地域と、アフリン周辺のＹＰＧ支配地域だけが孤立するかたちになった。（図12）
日本に例えれば東名高速に相当する、アレッポからダマスカスに至る幹線道路は、イドリブ県の真ん中を通るので、陸路による政権側の兵站補給は著しく阻害される。そして政権が最も危惧したのは、アラウィ派の牙城であるラタキア県に反体制派が肉薄したことであった。

（４）兵力不足に悩むアサド政権軍

イドリブ県を失ったのとほとんど同時に、国土の東部でもアサド政権軍は手痛い敗北を喫した。

5月21日、イラク国境方面から押し寄せるＩＳＩＬの攻撃を支えきれず、ローマ帝国の古代遺跡で国際的に高名なパルミラ市（アラビア語名タドモル）を失ったのだ。勝ち誇るＩＳＩＬは、その後２週間で、捕虜となった政権軍兵士や市民ら２５０名以上を処刑した[18]。さらに7月にはパルミラの円形劇場で少年兵に政権軍兵士25名を処刑させ、その様子をプロパガンダ・ビデオに仕立てた[19]。

16 https://www.reuters.com/article/us-mideast-crisis-syria-ariha/rebels-capture-last-syrian-town-in-idlib-province-idUSKBN0OD2LK20150529
17 http://www.independent.co.uk/news/world/middle-east/madaya-the-two-other-syrian-villages-where-20000-people-have-been-starving-under-rebel-siege-a6807941.html
18 http://edition.cnn.com/2015/05/25/middleeast/isis-killings-palmyra-syria/index.html
19 http://www.aljazeera.com/news/2015/07/isil-video-shows-mass-killings-syria-palmyra-150704171332644.html

タドモルといえば、サイダナヤと並ぶアサド政権の刑務所の所在地で、政治犯への拷問や処刑で悪名高い[20]。政権の暴虐を象徴するこの地で、ＩＳＩＬは政権のお株を奪う暴虐ぶりを示した。

相次ぐ敗戦と後退で、ただでさえ厭戦気分が高まっていた政権側支配地域の住民に動揺が走った。アサドは自らの言葉で国民に語りかける必要を感じたのだろう。

7月26日にテレビ演説を行って、国民に忍耐を求めるとともに、政権軍の必勝を約束して鼓舞した。演説の全体的なトーンは従来通りで、妥協や譲歩を示すものではない。しかし、厳しい状況を率直に認める表現が用いられたことで、この演説は世界の注目を集めた。アサドは「時と状況によっては、本当に重要な場所を守るために、別の場所を諦めて部隊を移動させる必要がある。どこを維持すれば他の場所全体の失陥を防げるのか、線引きすることが必要になってくる」と語ったのだ[21]。

この表現は、いうまでもなく、イドリブやジセル・シュグール、パルミラからの撤退の正当化である。そして同時に、政権の最高指導者として、政権軍のマンパワーが絶対的に不足している現実を認めたのである。

もっとも、アサドのこの日の演説を報じるニューヨーク・タイムズ紙によれば、シリアではテレビでこの演説をそもそも視聴できない人が多かった。政権側支配地域であっても、発電所や送電網の破壊と老朽化、火力発電所の燃料不足等のため、停電と計画停電（電気配給制）が常態化しているからだ。

政権が統治している地域は、樽爆弾などによる空爆の恐怖にさらされることはなかったが、長年の戦乱で、経済も人心も疲弊しきってしまった点で、反政府側支配地域と大きな違いはなかった。

（5）ファタハ軍の評価

２０１５年前半のファタハ軍登場と、イドリブ県周辺一帯の征服は、久しぶりにアサド政権を窮地に追い込み、シリア内戦を一層激化させた。しかし、反体制派のこの「成功」が長期的な戦果となり、アサド政権打倒につながることはなかった。その理由はいくつかある。

第一に、「ファタハ軍の成功」つまり「アサド政権存亡の危機」が、ロシアの参戦を招いたからである。次章で詳述するように、それまではアサド政権に対し、外交的な支援を提供するだけだったロシアが、政権転覆を防ぐため、他の関係諸国とは質・量ともに桁違いの軍事力を投入してきたのだ。

プーチン大統領がそのような冒険に踏み切ることは、おそらくはサウジやカタール、トルコ、そして米国の指導者にとって想定外だっただろう。

第二に、ファタハ軍がＮＦを取り込んだことで、反体制派とジハーディスト過激派との線引きができなくなってしまったことがある。

これはＦＳのような「穏健反体制派」と認められてきた勢力や、ＡＳのように「過激派との境界は不明だが、穏健派に引き込むべき」とされた勢力の双方にとって、致命的な失点となった。

前述のロシア空軍が、まさにＮＦと組んでいることを口実に、これらの勢力すべてを「テロ組織」として、攻撃対象にしたからだ。逆の言い方をするなら、これらの勢力はむざむざ攻撃の口実をロシア軍に与えてしまったことになる。

20　http://www.bbc.com/news/magazine-33197612
21　https://www.nytimes.com/2015/07/27/world/middleeast/assad-in-rare-admission-says-syrias-army-lacks-manpower.html

この2年後、イドリブ県は、東アレッポを喪失した反体制派にとって最大の拠点となる。その中でNFとASの軍事紛争が発生し、敗れたASはその勢力を大きく殺がれることとなった。

ASは2013年12月のイスラム戦線結成に際し、主導的な役割を果たしたが[22]、2014年にはISILあるいはアサド政権の攻撃で、創設者のハッサーン・アッブード以下主要幹部12名を一挙に失った[23]。しかしこの痛撃を乗り越え、ASは2015年時点でも、依然としてシリア反体制武装勢力の中でも最大の規模を誇った。その状態でNFと共にファタハ軍を結成し、イドリブ県を「征服」したのだ。ところがその結果は、NFとの破局であり、空中分解であった[24]。ASは2015年にNFと組んでファタハ軍を結成したことを悔いたに違いない。

第三に、ファタハ軍設立を後押ししたサウジやトルコが、それぞれの事情で、継続的な支援を提供できなかったことがある。

サウジはファタハ軍設立とほぼ同時期に開始した、イエメンでの軍事介入にのめり込んでいった。同じイランの脅威と向き合う舞台であっても、サウジにとっては国境を接していないシリアと、隣国で国民同士の血縁関係も深いイエメンでは、優先度がまったく違う。イエメン戦争の泥沼にはまっていく中で、シリア反体制派へのサウジの肩入れは相対的に弱まっていった。

一方、トルコでは2015年6月の国政選挙で、与党公正発展党（AKP）が結党以来初めて議席の過半数を割り、単独政権を維持できなくなった。また、クルド労働者党（PKK）との停戦が崩壊し、トルコ国軍は国内でのPKK掃討作戦にエネルギーを傾注するようになる。そしてPKKとISILの二つの勢力による国内テロ事件が頻発する混乱の中、トルコにとってもシリアどころではない状況となった。

22　第11章参照。

23　会議中の爆発で窒息死した。ＡＳは爆発を自動車爆弾によるものと発表したが、空爆原因説、弾薬庫の事故原因説などもあり、真相不明 http://carnegie-mec.org/diwan/56581?lang=en。

24　２０１７年のＡＳとシャーム解放機構（ＨＴＳ＝ＮＦの後身組織）との紛争では、傘下組織の多くがＡＳから離反し、ＨＴＳ側に合流した。

第15章 ロシア参戦

シリア危機発生から4年目にあたる2015年前半は、「ファタハ軍」の誕生と、反体制派の躍進の時期であった。

しかし9月の最終日になって、シリア内戦の流れの中でも、最も決定的な事件が起こる。ロシア空軍[1]が、アサド政権の側に立って直接介入を開始したのである。米国以下、サウジアラビア、トルコ、カタール等の反体制派支援諸国は、予想外の情勢変化に、足並みが揃わず、非効率な対応ぶりをみせた。

ロシア軍の介入は、即座に戦況を激変させるほどの効果は生まなかった。しかしアサド政権瓦解の危機は遠のき、やがて徐々に政権側優位の戦況を作り出していくことになる。

主要な登場人物・組織・宗派名

○ガーセム・スレイマーニ：イラン革命防衛隊コドゥス軍司令官
○ウラジミル・プーチン：ロシア大統領
○ムハンマド・ビン・サルマン：サウジ副皇太子（国防相）

（1）ロシア軍の直接介入開始

2015年の夏に入り、シリア絡みでロシアが奇妙な動きをみせはじめた。何かを企んでいるのではないか……そんな憶測が流れるようになった。

きっかけは「ガーセム・スレイマーニ将軍が秘かにモスクワを訪問した」というニュース[2]である。

スレイマーニはイラン革命防衛隊の中でも、対外作戦を担当する精鋭「コドゥス（アラビア語のアル・コドゥス＝エルサレムの意。ペルシア語では「ゴッズ」に近い発音）」軍の司令官で、革命防衛隊のジャアファリ総司令官を飛び越え、ハメネイ最高指導者に直属するとされる。

スレイマーニは永年にわたりレバノンのヒズボッラーとの窓口も務めており、米国国務省からは「テロ支援者」に指定され、各種の制裁を受けている。イランがイラクで繰り広げる対ＩＳＩＬ戦争や、シリアにおけるアサド政権防衛戦争でも、実質的な指揮官となってきた。

８月になって、そのスレイマーニが、何らかの理由でモスクワを訪問しロシア側の要人らと会った、とする報道がアラビア語や英語メディアで流れはじめたのである。

なお、国連常任理事国５カ国（米露中英仏）にドイツを加えた、いわゆるＰ５＋１諸国とイランは、７月14日に「包括的共同作業計画（ＪＣＰＯＡ）」に最終合意している。通称「イラン核合意」と呼ばれるこの合意は、スレイマーニに対する国連の渡航禁止制裁措置解除の時期を、合意履行開始から８年目と定めている。だから、スレイマーニが事実モスクワに行ったとすれば、それ自体が合意違反に相当する。

周知のとおり、イランとロシアはシリア内戦勃発以来、一貫してアサド政権を支えてきた。ロシアは米国やサウジなどスンニ派アラブ諸国の反対にも関わらず、アサド政権に武器や弾薬を供与し、政権軍の訓練を止めなかった。外交面ではこの時点までで三度にわたり国連安保理で拒否権を発動し、ア

1　２０１５年８月１日、従来のロシア空軍と航空宇宙防衛軍を統合し、「ロシア航空宇宙軍」と改称。本書では「ロシア空軍」の名称で統一する。

2　https://www.washingtonpost.com/world/russian-official-denies-reports-of-iranian-generals-secret-visit/2015/08/14/f0875740-4280-11e5-8ab4-c73967a143d3_story.html?utm_term=.7e5a743363a

サド政権の孤立と、軍事制裁を防いできた。

イランはロシアよりもさらに踏み込み、ヒズボッラーやイラクのシーア派民兵組織など、自国の影響下にある組織や、革命防衛隊を動員して、アサド政権防衛戦争に参加してきた。

ロシアはかつてイランとの間で、高性能のS300防空システムの売却契約を交わしていたが、対イランの国連制裁を理由に引き渡しを凍結していた。核合意成立を受けて、ロシアは売却兵器の引き渡しを示唆した。スレイマーニのロシア訪問が事実であれば、その目的は武器取引を含む軍事協力関係の強化かもしれず、ロシアが対シリア政策を大きく変更する前触れだと予測することは難しかった。

そう予測したウォッチャーももちろん、いたに違いない。

しかし、予測の方向は、むしろ逆を向いていた。つまり、ロシアが、従来のアサド擁護一点張りの立場を改めるのでは、という予測である。そちらを示唆する動きのほうが目立っていたからだ。

例えば、シリアにおいて、一体誰が、どんな化学兵器を用いたのかを検証する国連捜査団を設立する決議が7月に安保理で採択された。捜査がはじまればアサド政権が窮地に立たされる可能性が高い。ところがロシアは拒否権を使わなかった。

また、6月~8月にかけて、プーチン大統領は強硬な反アサド派であるエルドアン・トルコ大統領や、サウジのムハンマド・ビン・サルマン国防相（兼副皇太子）らをモスクワに招待している。サウジのサルマン新国王の訪露計画さえ議論されていた。

さらに、8月になると、ロシアはアサド政権、イラクのアバーディ政権、トルコ、イランを加えた「反IS連合」の創設を呼び掛けた。プーチンは、ジュネーヴ合意を実現するため、アサドに圧力をかけているのではないか……そんな見方すら出ていた。

折しも、トルコで難民密航船が転覆し、3歳の男児が溺死した事件がきっかけで、ヨーロッパにおいてシリア内戦と難民問題に大きな注目が集まりつつあった。

米国のケリー国務長官や、キャメロン英首相、メルケル独首相、さらにはトルコのエルドアン大統領までが、アサド即時退陣を求める従来の立場を後退させ、移行期間中はアサドが政権の一部を担うことを容認するかのような発言を繰り返した。ジュネーヴ合意の実現に向けて、ロシアと西側諸国が歩み寄りつつあるかに見えた。

しかし9月も後半になると、まったく違う状況が続々と報じられはじめた。

ロシアはラタキア市の南方にあるバーセル・アサド飛行場[3]を改修し、次々に航空機と武器弾薬を搬入しはじめた。明らかに、軍事介入の準備である。

イスラエルと米国がこれに相次ぎ懸念を表明した。米はブルガリアやギリシアなどに対し、ロシア軍機の領空通過を拒むよう要請し、空路による駐シリア・ロシア軍の増強を妨害したが、ロシアはイラク、イラン両国の領空通過許可を取り付け、空輸を続けた。プーチンがシリアへの直接的な軍事介入を決めたことは明らかだった。プーチンもその介入の意図を隠さず、「ＩＳＩＬが標的である」と説明したが、首都ダマスカス周辺ではなく、沿岸部のラタキアを拠点にしていることから、真の標的はイドリブ周辺の反体制勢力――ファタハ軍と自由シリア軍（ＦＳＡ）――らしいことも、容易に推測できた。

9月末、国連総会出席のため訪米したプーチンは、総会演説に先立ちオバマ米大統領と会談した。

3　バーセル・アサドはハーソエズ・アサドの長男で、バッシャール、マーヘルの兄。ハーフェズの後継者と目されていたが、１９９４年に自動車事故で死亡した。なお、この飛行場はロシア空軍の基地となってからは地名に因み「ホメイミーム基地」と呼ばれるようになる。

オバマはアサドこそがシリア紛争の元凶であり、アサドが居座る限り、紛争解決はない、との立場を繰り返し主張した。そして、アサドの立場を強化するため軍事介入しないように、プーチンに警告した。

これに対しプーチンは、ＩＳＩＬをはじめとする凶悪な「テロリスト」と勇敢に戦っているのはアサド政権だけであり、支援しないわけにはいかない、と主張した。また、アサドを排除するかたちでの紛争収拾策に反対する立場も取り下げなかった。

会談は事前の予想どおり、まったくの平行線のまま終わった。[4] プーチンは国連総会の演説においても、オバマに対し示した立場をそのまま繰り返した。

軍事介入へのプーチンの決意が固いことを確認したオバマには、ロシアを引きとめる手段がなかった。米国側は、シリア領空で米ロ両国の空軍機が偶発的な衝突を起こさないよう、ロシアに調整を求めることしかできなかった。

イスラエルも同様である。

シリア危機発生以来、イスラエル空軍が随時シリア領空に侵入し、アサド政権軍やヒズボッラーの兵員や施設を攻撃してきたことについては第4章で説明した。ロシア空軍機がアサド政権を支援するかたちで、本格的にシリア領空で活動するようになれば、イスラエル軍との偶発的な衝突の危険が高まる。

このため、イスラエルのネタニヤフ首相も9月21日に急遽モスクワへ飛び、プーチン大統領と会って、直接的に航空作戦調整交渉を求めた。[5] 実際にどのような合意が成されたかについては、両首脳のいずれも公表していない。おそらくはロシア軍機の作戦範囲を、たとえばダマスカス以北、イスラエル側のそれをダマスカス以南という風に、地理的に分ける了解をしたのであろう。

ニューヨークからプーチンが戻った9月30日、ロシア議会は早々にシリアにおける「対テロ戦争法」を可決し、シリア国内における武力行使に法的な承認を与えた。そしてその日のうちに早速空爆に踏み切った。多くのウォッチャーが予測したとおり、ロシア軍の最初の主要な標的は、ハマー県のガーブ平原（イドリブ県に隣接）を南進しつつあった反体制派だった。

ここでいうイドリブ県周辺の「反体制派」の構成は複雑で、その主力は前章で触れた「ファタハ軍」だ。肥沃な農業地帯であるガーブ平原は、元来がムスリム同胞団（ＭＢ）やサラフィー主義者など、シリアにおける尖鋭なイスラム主義の温床である。アハラール・シャーム（ＡＳ）の指導者の多くはこの地域出身だ。[6]ここを突破すれば、大都市ハマー攻略も視野に入る。また、ガーブ平原の西境はラタキア県の山岳地帯、いわゆる「アラウィ山地」だ。ここを駆け登れば、アサド一族の本貫地たるカルダーハの町、さらにはその西方の地中海沿岸のラタキア、バニヤース、タルトゥースも攻撃できる。それまでシリア国内でも最も安全だと思われていた、アサド政権の心臓部が危なくなるのだ。

10月中旬になると、シリア政府軍と、ヒズボッラー部隊、さらにイランの革命防衛隊も加わり、ガーブ平原での本格的な北上作戦がはじまった。ロシア空軍の援護のもと、南下してきた「ファタハ軍」を押し戻し、占領された村落群を奪還し、逆に北上してイドリブやジセル・シュグールに攻め込む作戦である。

---

4 http://www.reuters.com/article/us-un-assembly-obama/obama-putin-spar-over-syria-idUSKCN0RS1TC20150929
5 http://www.bbc.com/news/world-middle-east-34313462
6 http://www.joshualandis.com/blog/abu-yahia-al-hamawi-ahrar-al-shams-new-leader/

（2）介入の目的

ロシア軍が国外で公然と軍事行動を起こすのは、実に旧ソ連時代の１９７９年のアフガニスタン侵攻以来のことだ。

周知のとおり、アフガニスタン介入は「ソ連のベトナム戦争」というべき泥沼状態に陥った。ソ連と対立する米国やパキスタン、サウジ等が、スティンガー対空ミサイル等、高性能兵器を提供し、ゲリラ（ムジャヒディーン＝聖戦士を自称）の抵抗を支えた。アフガニスタン紛争の10年間で２５０００人の死者を出したソ連軍は[7]、遂に撤退を強いられた。

この戦争での消耗と敗北は、１９８６年のチェルノブイリ原発事故と並んで、ソ連国家の土台を揺るがせ、遂には崩壊にいたらせる要因ともなった。

ソ連邦が崩壊すると、連邦を構成していたウクライナや中央アジアの諸国が次々に独立し、ロシアは人口にして旧ソ連の半分程度、領土にして8割以下に縮小した。[8]現在の経済規模でいえば、スペインよりも小さい。

要するに、ロシアは全世界の覇権を米国と争う超大国の地位から、「普通の国」へと転落したのだ。軍も、旧連邦構成国出身の兵員を失い、各国にあった基地や装備も失った。

軍事テクノロジーの面では、１９７０年代や80年代には、米国製兵器を装備するイスラエル軍と、ソ連製兵器に頼るシリアやエジプト軍との累次の戦闘によって、米国製の優位が既に明らかになっていた。

ロシアは軍事的な自信を喪失して久しく、冷戦時代とは違い、米国との直接対決のリスクを孕む軍事的冒険は避けてきた。その象徴が１９９０年代のボスニア紛争とコソボ紛争である。

ロシアの歴史的な友邦であるセルビアが北大西洋条約機構（ＮＡＴＯ）に攻撃されても、ロシアにはなす術がなかったのだ。

この流れが変わるのは、ウラジミル・プーチンの登場後である。ＫＧＢ出身のプーチンは、２０００年以降は、大統領、首相そして再び大統領として、独裁的な権力を確立していく。プーチンの指導下で、ロシアは徐々に軍事力行使を再開した。チェチェンに加え、２００８年のグルジア紛争でも軍事力に訴えた。

それでも２０１１年、「アラブの春」の流れでリビアが内戦状態に陥った時、ロシアは永年の盟友カダフィ政権をＮＡＴＯ空軍が攻撃し、遂にはフランス空軍がカダフィその人の息の根を止めてしまうことを食い止められなかった。

この教訓から、シリア危機ではロシアは外交的にアサド政権を擁護してきた。また、武器弾薬や軍事顧問の派遣等を通じて、軍事的にもアサド政権打倒を防ぐための手を打ってきた。

とはいえ、ロシア軍の正規部隊をはるばるシリアの地に派遣し、直接的な軍事介入をする、となれば、それまでの対アサド政権支援とは別次元の話だ。何といってもリスクが大きすぎる。

ロシア兵が殺され、負傷し、戦闘機が撃墜されるリスク。怒り狂うジハーディストによって、ロシア国内がテロの標的となるリスク。ロシア兵を殺すために、世界のジハーディストが大挙してシリアに押し寄

7　https://kansaspress.ku.edu/978-0-7006-1186-7.html
8　http://www.mofa.go.jp/mofaj/area/russia/data.html

せるリスク。ウクライナ問題で既に対露経済制裁を科している西側諸国が、一層制裁を強化するリスク。アフガンの二の舞、つまり泥沼化する戦場から退くに退けなくなるリスク……いくらでも想定できる。

ではなぜこの時期、２０１５年９月に、プーチンはそのような高いリスクを敢えて冒す決断を下したのか？

様々な事情が考えられる。

例えば、地中海岸の橋頭堡の死守である。

かつて米国と張り合い、世界の要衝に展開していたソ連海軍であるが、ロシア海軍はほとんど海外基地を持たない。そんな中、貴重な寄港先兼海軍拠点となっているのが、友邦シリアのタルトゥース港だ。反政府ゲリラが地中海岸に攻め込んでくれば、ロシアはタルトゥース港を失う。それは何としても回避せねばならない。

在留ロシア人保護という目的もある。

アラブ社会主義を掲げるバアス党政権下、多くのシリア人がロシアに留学した。留学生と結婚し、シリアに住むことになったロシア人女性など、内戦化した後も、シリアにはまだまだ多数のロシア人が暮らしている。彼らを庇護する必要がある。

うがった見方では、ウクライナ問題との関係がある。

２０１４年のクリミア半島併合、そしてそれに続くウクライナ東部でのロシア系住民の武装組織と、ＮＡＴＯが支援するウクライナ政府軍の内戦状態は、それこそ泥沼化しつつあった。

ただでさえ原油安で打撃を受けているロシア経済は、ウクライナでの戦費と、西側の経済制裁の効果で、疲弊しきっている。シリア情勢を力ずくで動かせば、ウクライナ問題をめぐる西側諸国との交渉の梃子になる――シリア問題での譲歩と引き換えにウクライナで自らの主張を通す――そんな計算があるのではないか、との見方だ。

ロシア政府の公式見解である「対テロ戦争」という側面も、全くの嘘いつわりというわけではない。何といっても、シリア内戦にはロシアの大敵チェチェン・ゲリラが既に数千人単位で参加している。中央アジア諸国からの参加も増える一方だ。そのほとんどがＩＳＩＬか、ヌスラ戦線（ＮＦ）等の過激なジハード勢力のメンバーとなっている。戦闘経験を積んだ彼らが将来帰国し、ロシア国内でテロ攻撃や、分離独立運動に加わることは、ロシアの国家安全保障上、大きな脅威である。彼らが帰国する前にシリアで殲滅してしまいたい……これがプーチンの本音であろう。

戦略的な解釈もある。

２０１５年夏といえば、第6章で触れたように、北シリアにおけるクルド組織民主統一党（ＰＹＤ）の勢力伸長に、トルコが神経質になっていた時期である。

シリア危機が内戦化したごく初期の段階から、トルコは米国に対し、シリア領内への「安全保障地帯＝緩衝地帯」設置を強く求めてきた。この名称は、例えば１９７０年代後半から２０００年にかけて、レバノン南部を占領したイスラエルが使ったものと同じである。長期的に併合する意図はないが、完全撤退してしまうと、国境まで敵のゲリラ――イスラエルの場合は当初ＰＬＯ、後にヒズボッラー――が進出してきて、国境地帯が砲火や越境攻撃の危険にさらされる。それを防ぐため、「安全保障地帯＝緩衝地帯」を設置した。そしてそこにイスラエル軍が訓練と装備を提供する「南レバノン軍」という民兵組織を配置し、ＰＬＯやヒズボッラーと対峙させたのである。

トルコの場合に当てはめれば、国境沿いの幅20㎞程度の帯状地帯を「安全保障地帯」とし、そこにトルコや西側諸国から訓練を受けたＦＳＡ兵士らを配備する。そうすれば、トルコの収容能力の限界を超えた難民を帰還させることもできるし、反アサド、反ＩＳＩＬの前進基地にもなる。国境越しに人民防衛隊（ＹＰＧ）の兵士と対峙する必要もなくなる。

もちろん、空軍を持たないＦＳＡのゲリラ兵士だけではとてもトルコの「安全」は「保障」できない。ＮＡＴＯや米空軍が「飛行禁止区域」を設定し、アサド空軍の攻撃から「安全保障地帯」を守る必要がある。

１９９１年、湾岸戦争の後に、イラク北部のクルド地域の上空に、米国は「飛行禁止区域」を設定し、サッダーム・フセインの攻撃から守った。これが事実上のクルド自治国家成立を担保した。

シリアでも、ともかく安全な「解放区」を作ってしまえば、それがやがてアサド政権にとって代わる新生民主的シリア国家の核になり得る……これがトルコの主張である。しかし、過去3年にわたり、米国はトルコのこの要求を撥ねつけてきた。トルコ軍がシリアに地上侵攻すれば、アサド政権だけでなく、イランが激しく反発することへの懸念があった。イランは、場合によっては米国と同盟するペルシア湾岸の君主国に報復するかもしれない。イラクで事実上イランと協調して米国が進める対ＩＳＩＬ作戦にも影響するかもしれない。そして何より、オバマ政権が全力を傾注するイランの核開発をめぐる交渉を台無しにしかねない。おそらくはそんな様々な理由から、米国はトルコの要請を拒み続けた。

これに対して、トルコ側も痺れをきらしつつあった。

特に、ＹＰＧが米軍の空爆支援を受けてテッル・アビヤドをＩＳＩＬから奪取し、ついにイラク国境からコバネに至る長い国境線の全域を支配下におくと（図13）、エルドアン大統領はこれまで以上に強硬に米国に迫った。ユーフラテス西岸から、マーレアに至る地域にＹＰＧが進出すると、地中海岸のハタイ県の国境を除き、トルコの南隣すべてがクルド勢力の支配下に入ってしまう。それを防ぐために、トルコは、

「ＩＳＩＬ対策」「難民の帰還先創出」そんな口実で、「安全保障地帯設置」を改めて求めた。

その代償としてだろう、それまで対ＩＳＩＬ作戦への提供を渋ってきたインジルリック空軍基地を、ＮＡＴＯ軍による空爆拠点として使用する許可を与えた。[9]

ロシアの軍事介入の狙いのひとつは、この「安全保障地帯」潰しだったはずだ。

ロシア空軍機がラタキアを拠点にシリア領空を自在に航行するようになれば、ＮＡＴＯ空軍が同じ空域

9 https://www.washingtonpost.com/world/middle_east/turkey-agrees-to-allow-us-military-to-use-its-base-to-attack-islamic-state/2015/07/23/317f23aa-3164-11e5-a879-213078d03dd3_story.html?utm_term=.0d046abda50e

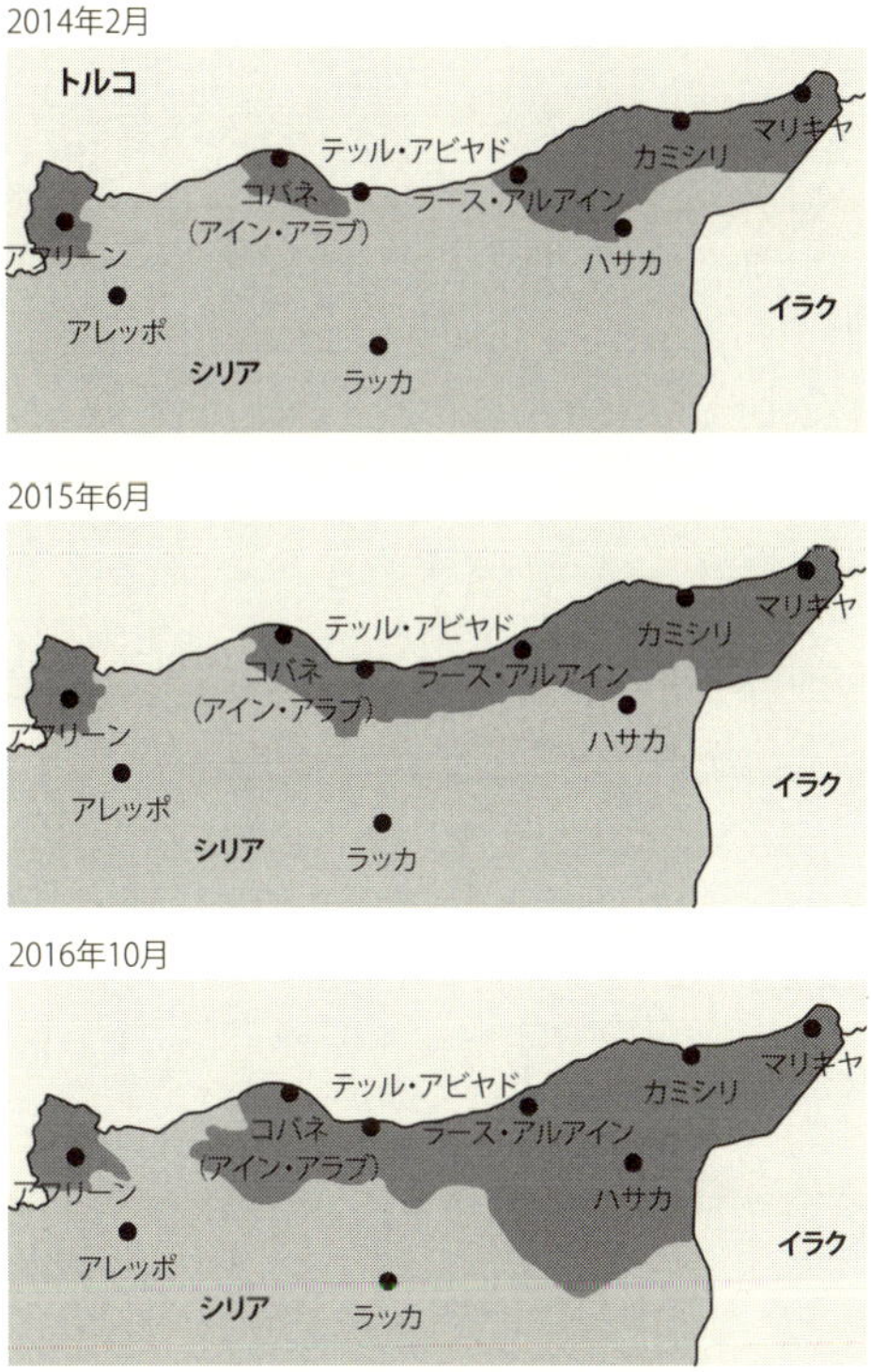

図13　対ISIL戦を通じ拡大するロジャヴァ
https://www.offiziere.ch/?p=31427

を安心して飛び回ることはできない。

ＩＳＩＬも、他のシリアの「過激派」も、空軍力は持っていないのに、ロシアは対空戦の能力を備えるＳＵ30やＳＵ34戦闘爆撃機を配備したばかりか、介入開始直後に、数度にわたり、トルコ領空を侵犯している。これは「ＮＡＴＯ軍による飛行禁止区域設置も、トルコ軍による安全保障地帯設置も許さない」とするメッセージだろう。[10]

兵器技術のデモンストレーションおよびセールスという側面も見逃せない。特に、「開戦」1週間後に実施したカスピ海からの巡航ミサイル攻撃である。これまで世界で米国しかやったことがない遠距離からの巡航ミサイルの実戦使用を、ロシアがやってみせたのである。

ラタキアに戦闘爆撃機の出撃拠点があるのだから、本来なら、わざわざカスピ海から巡航ミサイルを撃つ必要はまったくない。だから、この行為は「ロシアには米国製に匹敵する――そして恐らくははるかに安価な――巡航ミサイルの製造技術がある」というデモンストレーションとしか説明できない。

高コストや、政治的な理由――西側諸国の制裁対象となっている、など――によって、米国製ミサイルを購入できない諸国に、自国製兵器を売りつけるための、いわば「見本市」を開いたのだ。

このように、ロシアがあえてリスクを冒してシリアに軍事介入した理由については、思いつくだけでもいくつでも考えられる。そしておそらく、いずれの理由も正しいのであろう。しかし、決定的な理由は何だったのか、と考えれば、それは単純に「アサド政権がいよいよ危なくなったから」というのが筆者の見解である。

本章の冒頭で、イラン革命防衛隊「コドゥス軍」のスレイマーニ司令官が、極秘に訪露したらしいとする報道を紹介した。この報道には続きがある。

その際、スレイマーニがロシア首脳に対し、「このままではアサド政権は倒れる」と、地図を示しながら情勢の緊迫を説いた[11]、というのだ。

案外これが真相ではないか。

革命防衛隊が、ヒズボッラーが、さらにはイラクやアフガニスタンのシーア派民兵までが、シリアに兵力を送って、4年間にわたってアサド政権を守ってきた。2011年末のホムス市内の攻防、2013年春のクサイルの戦い、同年秋のカラムーン山地の戦いのように、政権側が明確な勝利を得る局面もあった。しかし、大局的にみれば、戦闘機や爆撃機、化学兵器、樽爆弾など、使えるものをありったけ投入しても、イスラム過激派を含む反体制武装勢力を壊滅させることはできなかった。逆に政権側の支配地域は着実に縮小している。戦闘員の損耗は激しく、士気も低下し、遂にはアサドその人が絶対的な人員不足を認めざるを得ない状況となった。

特に、「ファタハ軍」誕生後は、イドリブ県を中心とした北西部の戦線で政府軍は連戦連敗だった。9月にはイドリブ県で最後まで残った政権軍のアブ・ドホール基地が「ファタハ軍」によって陥落し、捕虜50名以上が処刑されている[12]。これにより、シーア派の二つの村（フーアとケフライヤ）を除き、イドリブ

10　皮肉なことに、2016年のクーデター未遂後、対米関係を悪化させたトルコは、ロシアの黙認を得るかたちで、「安全保障地帯」設置のためのシリア領侵攻を開始する。
11　https://www.reuters.com/article/us-mideast-crisis-syria-soleimani-insigh/how-iranian-general-plotted-out-syrian-assault-in-moscow-idUSKCN0S02BV20151006
12　https://www.thestar.com/news/world/2015/09/09/al-qaeda-rebels-seize-key-syrian-base.html

県全域が「ファタハ軍」の支配下に入った。このままではアラウィ派の本拠地であるラタキア県や、中部の枢要都市ハマーやホムスまで危ない。

どれだけリスクがあっても、自ら介入するしかない……。プーチンにはまずその判断があり、その上で、介入の効果をどう高め、リスクをどう下げるか、と考えていくと、既述のような様々な計算になったのであろう。

その後、時間の経過とともに、プーチンの狙いはより鮮明になっていった。

14日にはキンシュチャク駐シリア・ロシア大使が、ロシア軍による攻撃対象として、ISIL、NF、AS、シャーム軍、イスラム軍（JI）の5組織を名指ししている。

この発言は、部分的に正確である。というのは、ロシア軍は実際にこれら組織の拠点地域を標的に空爆しているからだ。北西部から離れた、ISIL拠点のラッカや、パルミラ周辺、そしてJIの拠点であるダマスカス北郊のドゥーマも実際に攻撃を受けた。しかし、この発言には嘘もある。FSAの名で総称される、イスラム過激派とは別系統のグループもロシア軍は攻撃しているからだ。

例えば、ガーブ平原の最前線や、ホムスとハマーの中間地帯に展開する「タジャンモア・イッザ（栄光の集団）」は、ロシア軍介入初日から徹底的な空爆を受けている[13]。そしてその援護を受けて、アサド政権軍と、ヒズボッラーや革命防衛隊の部隊が、北上作戦をはじめた。

つまり、ロシアの作戦の主要な標的は、アサド政権の心臓部に迫りつつあった、「過激派を含めた反体制派」なのだ。

ISILは政権にとって差し迫った脅威にはなっていないので、空爆を受ける頻度ははるかに少ない。11月4日にパターソン米国務次官補が下院外交委員会で証言したところによれば、作戦開始以来、ロシアの空爆の標的の85～90％はＩＳＩＬ以外の「穏健反体制勢力」[14]だった。

（3）西側、反アサド諸国、反体制派の反応

ロシアの参戦により、アサド政権軍が崩壊し、政権が消滅する、あるいは弱い立場で交渉し、退陣を迫られる可能性は当面遠のいた。当然、アサド退陣を求める米欧諸国、トルコ、サウジアラビアなどは反発した。各国首脳は一様に「ロシアの介入は内戦をより複雑長期化させるのみである」そんな趣旨の非難声明を出した。かといって、シリアでロシアと直接的な軍事対決もしたくないから、米国はすぐにロシアと軍事協議を行い、シリア上空で両軍戦闘機の偶発的衝突を回避するため、合意を結んだ。

２０１５年9月以降、シリア領空は、シリア政府軍に加え、米、露、仏、英、豪、ヨルダン、サウジ、トルコ、イスラエル等十カ国以上の空軍が作戦行動を行う、おそらく世界一の過密空域となった。

しかもロシア軍機は、介入開始直後、複数回にわたりトルコ領空を侵犯し、トルコ空軍機のインターセプトを受けた。「天候不順・視界不良のため」とロシア側は説明するが、トルコ側は信じず、トルコ空軍の活動へのけん制だと考えた。

各国の操縦士たち、あるいは地上のミサイル部隊の指揮官たちが、極限の緊張下、相手側の攻撃意図を確信して、引き金を引いてしまうような事態はいつでも起こり得る。それを回避するためには事前によほど綿密に調整し、相互に意思疎通しておくしかない。

13 http://carnegie-mec.org/diwan/61493
14 http://www.voanews.com/content/putin-erdogan-discuss-syrian-crisis/3036177.html

反アサド諸国は、ロシアとの直接対決回避手段を講じただけではない。同時に間接対決＝代理戦争の姿勢も強めた。

例えば米国は、既存の反体制派武装勢力への兵器弾薬投下作戦を開始した。表向き、主要な受け取り手は、ＹＰＧと、将来のラッカ侵攻作戦に参加しそうなアラブ系武装勢力ということになっている。しかしこれまでの経験から、これらの新装備のかなりの部分が、アサド政権軍やヒズボッラーと対峙する反体制勢力の手に渡る可能性は否定できない。そもそも携行タイプの対戦車砲ＴＯＷミサイルなどは、歩兵とゲリラ主体のＩＳＩＬよりも、アサド政権の正規部隊相手に効果を発揮する。

実際、ロシア参戦直後に、ガーブ平原などで、反体制派がＴＯＷミサイルで政権軍の戦車を破壊する映像が、次々にネットに流れた。「以前は、ＴＯＷなど米国製の高性能兵器はなかなかもらえなかった。今は違う。いつでも、いくらでも供与してくれる」そんなゲリラの発言も報じられた[15]。

（4）ロシアの外交イニシャティブ

シリアへの直接介入をはじめたロシアだが、それが長期化・泥沼化することは避けたいというのも本音であろう。

軍事介入によって、アサド政権崩壊という当面の脅威は除去できるかもしれないが、内戦終結に向けた政治的な枠組みがなければ、反体制派や過激派の根絶も実現できない、と情勢を認識しているのだ。だから、軍事介入と並行して、ロシアは２０１２年６月のジュネーヴ合意以降、完全に行き詰っていたシリア関係諸国間の対話再開に向けて、イニシャティブをとった。それまでと違うのは、「イランも参加すべきである」とするロシアの主張を、今回は米国やサウジも認めざるを得なくなった点である。

外交プロセス再開の第一歩としてプーチンはアサド大統領を10月20日、モスクワに招いた[16]。

アサドは2011年春のシリア危機発生以来、少なくとも公式には、一度も外遊していない。訪問先で危害を加えられることや、不在中に国内で不測の事態が起こることを懸念したのであろう。そのアサドを、プーチンはモスクワに呼びつけた。

このモスクワ訪問は、極秘のうちに実施され、アサドがダマスカスに戻った後になって、ロシアとシリア政権の国営通信社によって、簡略に報じられた。報じられた映像はかなり異様だった。ホストであるロシア側はプーチンとラヴロフ外相の二人であるのに、アサドは一人だけなのだ。

通常、首脳会談の場にはシリア側からもムアッリム外相かミクダード副外相、あるいはシャアバーン大統領顧問のいずれかが同席するのがシリア側のプロトコールになっているが、その随行者がいない。

恐らくは、アサドは「出国の事実を秘匿するため」とロシア側に言いくるめられ、側近にさえ秘密のうちに、ロシア軍の軍用機でモスクワに飛んできたのだと思われる。

そして、発表によれば、アサドは首脳会談でプーチンに、今回のロシアの軍事介入に深い謝意を示したという。

映像も、この謝辞も、いずれも世界に向けて「アサドは今やプーチンの言いなりである。外交的解決に向けて、アサドに影響力を行使できるのは、ロシアしかない」そう誇るための、プーチン流の演出なのだろう。

---

15 https://www.nytimes.com/2015/10/13/world/middleeast/syria-russia-airstrikes.html?_r=0
16 https://www.bbc.com/news/world-europe-34590561

この演出に続いて、ロシアのラヴロフ外相は10月23日、ウィーンのインペリアル・ホテルで、ケリー米国務長官、ジュベイル・サウジ外相、トルコのシニルリオール外相の3人と会談し、イランをシリア和平協議に加える必要を説き伏せた。[17]

そして1週間後の10月30日、同じウィーンのホテルで、今度はイランのザリーフ外相と、レバノン、ヨルダン、仏、英など関係各国外相、EU外相に相当するモゲリーニ外交上級代表、国連のデミストゥラ・シリア問題担当特使も加わる拡大外相協議が開催された。

この協議は、予想どおりの結果に終わった。

政権移行プロセスにおけるアサドの役割や、移行後に実施される選挙へのアサドの参加の是非等、要するにアサド個人の処遇をめぐり、反アサド諸国と、ロシア、イラン両国の立場が真っ二つに分かれ、合意することはできなかった。

しかし、あらためてこの協議の場において

①シリア分割への反対＝シリアの領土的一体性の維持

②非宗教的・世俗的な統治体制の維持

③移行政権による統治期間終了後の大統領選挙・国会選挙の実施

④ＩＳＩＬを筆頭とする過激派との戦いの重要性

など、多くの点で諸国の立場が一致することは確認された。そして、シリア内戦を軍事力ではなく、外交によって解決する原則に従い、協議を継続することにも合意した。次の協議、すなわちロシアの軍事介入後では3回目、イランが参加してからは2回目にあたるシリア関係国外相協議は、この時から2週間後にあたる11月14日に設定された。

難題山積とはいえ、外交的解決に向けた対話が再開され、しかもそこに従来はその枠から排除されていた勢力――イラン――が参加した、という2点において、10月30日のウィーン会議は、シリア内戦史上のひとつの転機といえる。ロシアによる軍事介入開始から、ちょうど1カ月後の出来事だった。

（5）ロシア旅客機爆破事件

２０１５年11月1日、シナイ半島の観光リゾート地シャルム・シェイクからサンクト・ペテルブルグに向かったロシアの旅客機が墜落し、乗客・乗員計２２４名全員が死亡する大惨事が発生した。すかさずＩＳＩＬが犯行声明を出したが、エジプト当局は異変発生時の旅客機の飛行高度が1万メートル以上と高かったことから、撃墜された可能性を否定している。

エジプト本土（首都カイロなど、ナイル・デルタ地域）とシナイ半島の大部分では、２０１３年7月の軍事クーデター後、ＩＳＩＬシナイ州[18]等のテロ活動が激しくなり、エジプトの主要な外貨獲得源である観光産業は大打撃を蒙ってきた。

そんな中、シナイ半島南部の高級リゾート地、シャルム・シェイクは厳重な警備体制と透明な海、常夏の気候を売り物に、欧州やロシアなどから多くの観光客を受け入れ続けてきた。

17 http://www.france24.com/en/20151023-syria-talks-vienna-kerry-turkey-usa-saudi-russia

だから、エジプト当局としては、墜落がテロによるものであるとはなかなか認めたくない。それはロシアも同じだ。ISIL退治を口実にシリアに参戦したら、たちまち報復されたということは認めたくないので、テロの可能性を否定したがる。

しかし、1週間もすると、米英仏等、西側諸国から、

①機体は空中爆発した、

②衛星画像によれば、爆発直前に当該機が高熱を発した、

③ISIL関係者が犯行に言及する通信が傍受されている、

等、墜落の原因がテロ攻撃だった可能性を強く示唆する情報が続々と流れた。

そして何より、シナイ半島はISILの数ある海外支部の中でも、最も攻撃能力が高い「シナイ州」の根拠地である。しかもISILシナイ州が、2回目の犯行声明で指摘したとおり、墜落事件は「アンサール・ベイト・マクディス」がISILに公式に忠誠表明を行い、「シナイ州」となってからちょうど1年目に発生している。

これらの状況から、事件はISILが機体に爆弾を装着するか、機内に爆弾を持ち込む、あるいは仕掛けたことにより引き起こされた可能性が高いとみられている。

航空機墜落事件が起きた直後の11月3日、ロシア空軍は「介入開始以来、シリアでの出撃回数は1631回、標的2084箇所を攻撃した」と成果を誇っている。米国以下の有志連合諸国とは桁違いの頻度である。[19]にもかかわらず、そのロシア軍の支援を受け、地上で戦うアサド政権軍の戦果は当初はあまりあがらなかった。

５日には、ハマー北方、アレッポに通じる幹線道路５号線を扼する要衝マウラク、翌６日には同じ地域のアトシャーン村が、反体制派の手に落ちた。アトシャーンはロシア軍介入以降に政府軍が奪回した後、最後まで維持していた村だという。つまり、アトシャーン陥落により、少なくともハマー県北方戦線においては、ロシア軍介入後の政府軍の戦果はゼロに帰してしまったことになる。[20] 反体制派への武器供与加速という反アサド諸国の当座の対処が奏功したのだ。

世界を驚愕させたロシア軍の直接介入が、じわじわとボディーブローのように効きはじめ、反体制派を後退させるのはしばらく先のことになる。

18　エジプトのクーデター当時は組織内でアル・カーイダ支持派とＩＳＩＬ支持派の路線対立があり、まだ「アンサール・ベイト・アル・マクディス（エルサレムの支援者）」の組織名を名乗っていた。シナイ半島北西部のベドウィンが中心になって構成する土着のジハード組織で、公式にＩＳＩＬ傘下に入り「シナイ州」を名乗るのは２０１４年11月以降。

19　なお、前記11月４日の下院権交委員会公聴会でパターソン国務次官補と共に証言したヌーランド国防次官補は、米軍の攻撃回数が露軍と比べて格段に低いことについて、「我々は標的をはるかに精密に選定しており、それに時間をかけているから」と説明している。実際、露軍の攻撃対象はアサド政権側が選定しているとされ、多くの民間人が巻き添えになっている。

20　http://www.alhayat.com/article/705987/النظام-يخسر-آخر-منطقة-في-حماة-استعادها-بعد-التدخل-الروسي

第16章

パリ同時多発テロ事件と対ＩＳＩＬ大連合形成の動き

ロシア軍のシリア参戦から1カ月半を経過した2015年11月13日、パリ市内でISILが同時多発テロを実行した。死者は129人に及び、そのほとんどは民間人だった。

2013年4月の発足宣言以来ISILのテロが止んだことはない。

パリ事件までは、標的のほとんどが中東と北アフリカのイスラム圏諸国だった[1]。全世界でのジハードを主唱するアル・カーイダ（AQ）とは違い、ISILのスローガンは「バーキヤ・ワタタマッドド（存続し、拡大する）」である。だからISILは、まずイラクとシリア、次いで「背教者」が支配する周辺のイスラム諸国を主要な攻撃対象としてきた。

しかし、2014年8月に有志国連合がイラクとシリアで対ISIL空爆を開始すると、状況は変わる。ISILは報復を誓い、支持者に対しても欧米諸国攻撃を呼びかけた。イラクやシリアに渡航したジハーディスト戦闘員の出身国は、彼らが帰国して国内でテロを起こすことを危惧した。

パリ同時多発テロ事件は、その危惧が破滅的なかたちで現実化した最初の例である。

オランド仏大統領はこの事件の衝撃を受けて、米露両国首脳の間を飛び交うシャトル外交を展開した。全世界にとって喫緊の脅威となったISILを封じ込め、壊滅させるために、国際的な大連合が形成される期待が生まれた。また、その期待は、ISILの増長の大きな要因となっているシリア内戦を、早期に収拾しなければならない、という機運の醸成にもつながった。

こうして、行き詰っていたジュネーヴ和平プロセスを再活性化する動きが出てきた。しかし、期待は恐ろしく短命に終わった。ISILに敵対する国々の間の摩擦は、やはりシリアで発火し、爆発した。

トルコ空軍が領空侵犯したロシア空軍機を撃墜し、両国間の緊張と対立は頂点に達した。さらに年が明けて2016年になると、今度はイランとサウジアラビアの対立が激化し、対ISIL大連合の機運は完全に吹き飛んでしまう。

主要な登場人物・組織・宗派名

○フランソワ・オランド：仏大統領（当時）
○アブドルハミード・アバウード
◉公正発展党（ＡＫＰ）
◉人民民主党（ＨＤＰ）
◉クルド労働者党（ＰＫＫ）

（1）トルコ、レバノンでのＩＳＩＬのテロ

２０１５年６月、トルコで議会選挙が行われた。エルドアン大統領率いる与党公正発展党[2]（ＡＫＰ）は、この選挙で結党以来13年を経て初めて過半数割れを起こし、野党との連立組閣交渉を強いられた。ＡＫＰがこの選挙で「敗北」した原因は、クルド系の

1　２０１６年３月までのＩＳＩＬテロの発生地については次の記事が詳しい。https://www.nytimes.com/2015/11/15/world/europe/paris-terrorist-attacks.html

2　当時は憲法上、大統領は特定政党には所属できないので、正確にはエルドアンはＡＫＰ党員ではない。議会の３分の２以上の議席を確保し、大統領が党籍を維持できるように憲法を改正することも、エルドアンの悲願であった。

野党人民民主党（ＨＤＰ）の大躍進である。

ＨＤＰの共同党首サラハッティン・デミルタシュは、２０１４年に実施された大統領選挙でエルドアンに対抗して出馬し、総得票数の10％以上を集める健闘ぶりをみせた。

比例代表制によるトルコの議会選挙には足切り条項がある。総得票数の１割以上を確保できなかった政党には、議席は割り当てられない。この１割得票が壁となり、トルコのクルド系政党は、それまで議席を確保できなかった。[3] しかし大統領選での健闘で自信を得たデミルタシュは、ＨＤＰが議会選挙でも１割以上の票を得、議席を確保できると計算した。ＨＤＰはＬＧＢＴや女性候補も擁立し、クルド色を薄め、世俗主義者とリベラル層に訴える選挙戦を展開した。

そして、ＨＤＰは12％の得票で、総議席５５０のうち80議席を得た。そのあおりで、ＡＫＰは議会第一党の地位は守ったものの、議席数を３２５から２５８議席へと大幅に減らした。

トルコでＩＳＩＬが初の自爆テロを起こしたのは、この選挙結果を受けて、ダウトオール首相が野党と連立交渉を行う最中のことである。

７月20日、シリア国境にほど近い町スルチュで、自爆テロにより30人以上が犠牲となった。狙われたのは、コバネ市への復興支援活動を行うクルド人青年グループの集会だった。[4]

この事件は、トルコ政府軍とクルド労働者党（ＰＫＫ）の間の休戦状態を終了させた。

ＰＫＫはかねてから、シリアでクルド人を攻撃するＩＳＩＬは、ＡＫＰ政権の支援を受けていると主張してきた。スルチュの事件についても、ＰＫＫはＡＫＰが関与しているとして、トルコ政府軍と治安機関に対する攻撃を再開したのである。

ＰＫＫがトルコ国内でテロ活動を再開すれば、それまでＰＫＫと政府との仲介役を果たしてきたＨＤＰ

やデミルタシュの人気は低下する。そして、トルコがＰＫＫ掃討作戦を再開すれば、ＰＫＫとの和平交渉に反対してきたトルコ民族主義者も与党への支持を強める。

連立交渉決裂を受けて、２０１５年11月1月に再選挙の実施が決まった。

投票日まであと20日に迫った10月10日、今度は首都アンカラで、さらに大規模な自爆テロが発生した。

場所は国鉄のアンカラ駅前広場で、標的はまたしてもコバネ支援のクルド系左派諸団体の集会だった。

犠牲者は１０３人に上った。[5]

なお、スルチュの事件でも、アンカラの事件でも、犯行声明は出ていない。しかし、自爆犯を含む犯行グループ「アドヤマン細胞」[6]は明らかにＩＳＩＬの関係組織であり、このテロ事件もＩＳＩＬの犯行とみられている。トルコでのテロに際しＩＳＩＬが犯行声明を出さない理由については、

①兵站やリクルート活動の拠点であるトルコで、ＡＫＰ政権との決定的対立を回避するため、

②民間人の殺傷でトルコ世論を硬化させないため、

など様々に解釈されているが、実態は不明だ。

11月の再選挙ではＡＫＰは３１７議席を得て、単独政権を回復した。結果的に、ＩＳＩＬのテロがＰＫＫの反発を招き、それがＡＫＰの求心力回復をもたらしたことになる。

一方、シリアで戦うヒズボッラーの母国、レバノンでもＩＳＩＬはテロ攻撃を活発に行ってきた。

3　このため、クルド系政党は政党リストからではなく、無所属で出馬し、当選後に議会内会派をつくって活動してきた。
4　http://www.bbc.com/news/world-europe-33593615
5　http://www.hurriyetdailynews.com/ankara-blast-attack-death-toll-rises-to-103-.aspx?pageID=238&nID=91399&NewsCatID=341
6　https://www.ft.com/content/589f9fbe-741b-11e5-bdb1-e6e4767162cc

アサド政権軍が弱体化すればするほど、それを支えるヒズボッラーの役割は大きくなる。そしてシリアにおけるヒズボッラーの敵、ヌスラ戦線（NF）やISILがレバノン国内でヒズボッラーの拠点を攻撃する。

2015年11月12日には、ベイルート南郊外のヒズボッラーの拠点、「ダーヒヤ（ベイルート南郊外）」の一角で、1年ぶりにISILの自爆テロが発生し、40名以上が犠牲になっている。[7]

しかしこの事件でさえ、その翌日、11月13日、夜のパリの街に繰り出していた人々のうち、どれほどの人が気にとめていたであろうか？「昨夜はベイルートであんなおぞましい事件が起きた。今夜は不用意に外出するのはやめて、自宅でじっとしておこう」そんなふうに、危険を察知した市民がどれほどいただろうか？

（2）パリ同時多発テロ事件

2015年11月13日金曜日。

翌14日には、イランも含めたシリア関係諸国の外相会合がウィーンのインペリアル・ホテルで開催される予定で、参加予定者がウィーンに集まりつつあった。

さらにその翌日、15日には、トルコのアンタルヤで、G20諸国首脳会議の開催も控えており、オバマ米大統領や日本の安倍首相もウィーンに向かっていた。

首脳会議の主眼は停滞する世界経済の再生にあったが、難民問題が欧州全体を揺るがす中、シリア情勢への関心も高い。エルドアンはG20会議の場においてもシリア問題を持ち出し、ロシアやイランに対してアサド政権への支持撤回を、また米国に対してはシリア北部への安全保障地帯設置を強硬に求めることが予想された。

11月13日の夜、パリの一般市民が、翌日のウィーン外相協議や、G20首脳会議の成りゆきを、どれほど意識し、見守っていたかはわからない。

しかし、パリ北部のスタード・ドゥ・フランス（フランス競技場）で独仏親善試合を観戦していたサッカーファンや、都心部のカンボジア・レストランで夕食をとっていた人々、そして満席のバタクラン劇場でロックを聞いていた人々にとり、シリアがはるか彼方に感じられたのは間違いないだろう。アサド政権軍と、ファタハ軍、ヒズボッラー、ＩＳＩＬとクルド人組織、米軍とロシア空軍が入り乱れての戦いは、いくらかつてのフランス信託統治領とは言いえ、別の惑星での出来事のようにさえ思えたのではないか。

なるほど、シリアから連日流入してくる難民の問題は大きなニュースになっていた。また1月にはパリの都心部で、「シャルリ・エブド」紙とユダヤ食品スーパー襲撃テロ事件が起き、パリ市民とフランス国民を震撼させた。

しかしそれから10カ月、不幸にしてテロ事件に自分や身内が巻き込まれた人を除けば、シリアや中東の問題にいつまでも関心を寄せる人は少なかっただろう。

7 http://www.bbc.com/news/world-middle-east-34795797

ほとんどの犠牲者は、いったい何が起きたのか、起こっているのかすら、理解する前に命を落としたはずだ。

一連のテロ攻撃は午後9時20分から40分の間に、パリ市の3カ所で相次いではじまった。最初に襲われたのは、オランド大統領がサッカー仏独戦を観戦していた、パリ市北部のサン・ドニ地区にあるスタード・ドゥ・フランスだった。自爆ベルトを着こんだ3人の男が競技場に入ろうとして警備員に阻まれ、相次いで自爆した。大統領はSPに守られ避難した。

ほぼ同じ時刻、別の3人組が黒い「シート」社製の車で移動しながら、都心部の「プチ・カンボジア」レストランや「ラ・ベル・エキペ」バーなど、4つの店を次々に襲った。食事を楽しんでいた客は無差別に乱射される自動小銃の銃弾の餌食となった。「プチ・カンボジア」で15名、「ラ・ベル・エキペ」では19名が命を奪われた。

第3のグループの3人は自爆ベルトを着込み、自動小銃を手に、収容人数1500人のコンサート・ホール「バタクラン劇場」を襲った。サッカー・スタジアムのケースと違い、こちらはホールへの襲撃者の侵入を許してしまったため、地獄の惨状を呈した。銃の乱射と、犯人たちの立てこもり、そして最後の自爆によって、89人が落命した。[8]

後にわかったことだが、第2のグループにはモロッコ系ベルギー人、アブドルハミード・アバウードが参加していた。アバウードは以前から盛んにISILの広報媒体に出演していた男だ。

2015年に起きた6件のテロ未遂事件のうち4件に関与した容疑で懲役20年の判決を受けていた著名なテロリストで、この同時多発テロの首謀者と目された。[9]

他の襲撃犯8名はいずれも現場で自爆するか射殺されたが、アバウードはサン・ドニの隠れ家に従姉妹の女性らと立てこもった。治安部隊との銃撃戦の末、18日に自爆し、遺体は本人のものと確認された。

こうしてパリ同時多発テロ事件は発生から5日後にようやく終結した。

（3）犯行グループとＩＳＩＬ

まだ襲撃犯の身元が判別せず、アバウードも逃亡する中、オランド大統領や、ターンブル豪首相らは、犯行はＩＳＩＬによるものであることを強く示唆する発言をした。[10] 確かに、飲食やコンサート鑑賞の最中の民間人にいきなり自動小銃で銃弾を浴びせ虐殺するという手口は、ＡＱでさえ忌避する残虐さだ。また仏は対ＩＳＩＬ有志連合国の一員として、米、英軍に次ぐ頻度でシリアでの空爆に参加しており、ＩＳＩＬは報復を誓ってきた。

前日の12日、ヒズボッラーの本拠地ベイルート南郊外で大規模テロを実行したＩＳＩＬが、13日にはパリを襲ったと考えるのは極めて合理的だ。

事実、ＩＳＩＬは14日にはインターネット上に「同胞8人が自爆ベストに身を包み、自動小銃を武器に、仏首都の都心部で綿密に選ばれた標的複数を攻撃した。その中にはスタード・ドゥ・フランスも含まれる。

8　http://www.bbc.com/news/world-europe-34818994
9　http://www.bbc.com/news/world-europe-34835046
10　http://www.smh.com.au/federal-politics/political-news/paris-attacks-combating-terrorism-to-become-greater-focus-at-g20-says-prime-minister-malcolm-turnbull-20151114-gkz8x1.html

十字軍の独仏戦が行われ、仏の愚人フランソワ・オランドもいた場所だ。仏および仏と同じ道を進む国は、標的リストのトップとなることを思い知らせてやれ」と、複数の言語で犯行声明を出した。[11] 犯行グループが8名となっているのは、逃亡中のアバウードに関する情報を隠す意図だと思われる。

その後の捜査で、犯行グループのメンバーが特定された。そのほとんどは以下のように、かなり似通った文化的・社会的背景の持ち主だった。

①国籍はフランス人かベルギー人。[12]
②北アフリカ（モロッコ、アルジェリア）系のアラブ・ムスリム移民の子孫（第二世代か第三世代）。
③シリア渡航歴とISILメンバーとしての戦闘経験
④年齢25～35歳、独身
⑤シリア渡航前にはイスラムの戒律を守っておらず、生活態度はむしろ享楽的・破滅的だった。

日本でも、④くらいの年齢層であれば、社会から孤立し、疎外感を抱く青年は珍しくない。「池田小学校児童殺傷事件」「土浦駅通り魔事件」「秋葉原殺傷事件」など、この世代の青年が無差別殺人事件を起こし、逮捕後に「死刑になりたかった」「殺す相手は誰でもよかった」と、被害者の側からすると、やりきれなく、許せない供述をするケースも発生している。そういったケースはある種の自殺願望、あるいは自己破壊衝動であり、日本を含め、世界のどこにでも、存在する現象ではないかと思う。

しかしそこに過激な宗教指導者がつけ込み、洗脳に成功すれば、状況は変わってくる。

世間を恨み、自らの未来に絶望し、一人でも多くの他者を巻き添えに自分の存在を消滅させてしまいたいという青年の衝動は、アジテーターによって、社会正義と宗教上の正義の達成という高邁な理想に組み替えられる。彼らが実行する無差別殺人は、単なる自己破壊への道連れではなく、宗教的な大義と正義の実現へと変質する。

フランスやベルギーは、旧植民地などから多くのムスリムを移民として自国に受け入れた。その中から社会的・経済的な成功者も出たが、圧倒的に少数である。大多数の移民とその子孫は社会の底辺にとどまり、ホスト国の社会に同化できず、疎外感を引きずってきた。

そんなムスリム移民社会の中でも、特に社会的にも経済的にも強い疎外感を感じる層に、ＩＳＩＬの過激思想が入り込んだ。そしてアバウードのようなオーガナイザーを育て、危険極まりないテロ細胞を築き上げたのだ。

（4）オランドのシャトル外交

スタード・ドゥ・フランスで危うく難を逃れたオランド大統領は、国家非常事態宣言を発令した。そして各地の国境を部分封鎖し、テロリストの出入りを防ぐ措置をとった。さらに事件の翌14日には、「これは仏に対する戦争行為である。仏はこんな野蛮人どもを相手に、容赦はしない」と演説し、15日にはヨル

11 https://www.nytimes.com/2015/11/15/world/europe/isis-claims-responsibility-for-paris-attacks-calling-them-miracles.html
12 ただし1名が所持していたシリア旅券は偽造の可能性があり、もう1名は写真以外に身分証明書を所持していなかったため、身元が特定できていない。

ダンやＵＡＥにある空軍基地から爆撃機12機を投入、仏軍のシリア介入以来最大規模の空爆をラッカ市に加えた。そして原子力空母シャルル・ドゴールをペルシア湾岸に派遣し、空爆態勢を強化した。[13]

1月にシャルリ・エブド事件を体験したにも関わらず、11月の大規模テロを防げなかったオランド政権は、国民に対して対ＩＳＩＬ戦を遂行する断固たる決意を示す必要があったのだろう。ＩＳＩＬの捕虜となったカサスベ操縦士の焼身殺害映像が2月に公表されると同時に、ヨルダン空軍がシリアで大規模な空爆を実施したのと同じ理屈だ。

しかし、有志国連合によるイラクとシリアへの空爆がはじまって既に1年3カ月が経過している。それで目立った成果が出ていないのに、一時的な空爆強化でＩＳＩＬの勢力を殺げるわけがない。ＩＳＩＬの中枢にダメージを与えるには、国際テロの震源地と化したシリアとイラクでＩＳＩＬを打倒するしかない。そのためには、米国を中心とする有志国連合と、アサド政権を後見するイランとロシア、そしてシリア反体制派を支援するサウジやトルコなど、関係諸国の連絡協調が不可欠だ。

そんな観点から、オランドは16日の演説で、米露両国を訪問し、直接オバマとプーチンに対ＩＳＩＬ戦での協力を呼びかける意向を示した。ロシアによる２０１４年のクリミア併合および２０１５年9月のシリア軍事介入により、米露関係は冷戦以降では最悪レベルに冷え込んでいる。

オランドの仲介努力が、国際的な対ＩＳＩＬ大連合包囲網形成につながれば、ＩＳＩＬにとっては大打撃になる。そして米露協力は、副産物としてシリア内戦収拾に向けた環境の醸成をもたらすかもしれない。

オランドはこの演説での公約通りに、11月末に英、米、独、伊、露各国を歴訪し、首脳会談を実施した。しかし、オランドが目指した「反ＩＳＩＬ国際包囲網」形成は、オランドがワシントンＤＣでオバマと会ったその同じ11月24日にシリアで起きた事件によって、夢物語となった。

(5) ロシア空軍機撃墜

2015年11月24日、シリアのラタキア県とトルコのハタイ県の境界地帯で作戦飛行中のロシア空軍のSU24戦闘爆撃機が、インターセプトのため発進してきたトルコ空軍のF16戦闘機2機のミサイル攻撃を受け、撃墜された。

スホーイの搭乗員2名はパラシュートで脱出したが、1名は地上からのシリア反体制派戦闘員の銃撃により死亡、もう1名は負傷して反体制派の捕虜となった。

ロシア空軍は搭乗員救援のため、現場にM18ヘリコプター2機を派遣した。しかしこのうち1機も、反体制派の攻撃で墜落、海兵隊員1名が死亡した。[14]

NATO加盟国によるロシア軍機撃墜は、過去数十年間起きていなかった。また、シリア介入を開始して以来、ロシア軍が航空機を失うのも、これが初めてである。

プーチン大統領はニュースに接して、「テロリストの片割れどもに背後を一突きされた。この事件は露土関係に深刻に影響するだろう」というコメントを出し、怒りと憎悪を剥き出しにした。そしてロシア軍機が飛行していたのは、あくまでもシリア領空内であると主張した。

一方、トルコ側はロシア側が領空侵犯し、退去警告に従わなかったのでやむなく撃墜したと主張して譲

13 http://www.independent.co.uk/news/world/middle-east/french-warplanes-bombard-isis-strongholds-in-raqqa-two-days-after-paris-attacks-which-killed-132-a6735636.html

14 http://edition.cnn.com/2015/11/24/middleeast/russia-turkey-jet-downed-syria/index.html

らなかった。[15]

客観的にみて、事件は起こるべくして起きた。

そもそも、ロシア軍のシリア介入自体が、シリアにおけるトルコの戦略的な動き――国境地帯への「安全地帯」設置構想――を封じ込めるために実施された。[16] つまり、トルコ側からみれば、ロシアによって自国の安全保障政策が妨害されたわけだ。

さらに、ロシア軍はシリア国内におけるトルコの最大の戦略的資産であるトルクメン系武装勢力と民間人を標的にしはじめた。撃墜事件が起きたバユル・ブジャック村周辺は、トルコ語のその地名が示す通り、トルクメン系住民の居住地区で、周辺で活動する反体制派部隊もトルクメン系である。

撃墜のわずか数日前には、トルコ政府が駐アンカラ・ロシア大使を外務省に召喚し、「トルクメン系民間人への空爆を即刻停止するよう」申し入れている。[17]

「安全保障地帯」設置を潰され、領空を侵犯され、シリア国内では自国が支援するトルクメン勢力を攻撃され、ロシアに対するトルコ側の堪忍袋の緒は切れかかっていたのだ。

筆者がトルコの肩を持つ理由は何もないが、ことこの問題については「トルコがロシアを撃墜によって挑発した」という解釈は、まったく的外れだと思う。

ロシア軍機によるトルコ領空侵犯がこの時あったのか、なかったのかを厳密に判定することはできないかもしれない。しかし、この極限の緊張下で、ロシア空軍機がトルコ国境すれすれの空域を飛行したこと自体が、挑発行為と責められるべきだろう。

事件を受けて、ロシアはラタキア南部に設置したホメイミーム軍事基地等に、最新鋭のＳ４００対空防衛ミサイル・システムの配置を決めた[18]。あわせてトマトなどのトルコ産農産物の輸入禁止、観光客のトルコ渡航自粛呼びかけなど、経済面でも報復措置を次々に打ち出した。

トルコのドル箱産業である観光セクターは、２０１５年に国内で相次いだテロ事件の影響で、既に大打撃を受けていた。それに加え、ロシア人観光客の流れが途絶えたことは、さらなる痛手となった。

ＩＳＩＬの脅威と向き合う諸国の中でも、最もシリアに関係が深い露土両国の関係悪化は、反ＩＳＩＬ大連合という、オランド仏大統領の構想に冷水を浴びせた。

ロシア軍機撃墜事件当日、オランドと共同記者会見を行ったオバマ米大統領は、「もし空爆対象をＩＳＩＬに絞るのであれば、ロシアも（シリア問題で）建設的な役割を果たせるだろう」と発言している[19]。対ＩＳＩＬ、対テロリズムを口実としながら、実態は反アサド勢力攻撃に集中するロシアを、痛烈にあてこすったのだ。

---

15 ただし、２０１６年７月のクーデター未遂事件後、露土関係が急速に改善する中で、トルコ当局は「土空軍に浸透していたギュレン派が、露土関係を破綻させる意図で撃墜を実行した」という言説を採用するようになる。
http://www.aljazeera.com/news/2016/07/turkish-pilots-downed-russian-jet-detained-160719132950496.html

16 第15章参照。

17 http://www.bbc.com/news/world-europe-34882503

18 http://www.independent.co.uk/news/world/middle-east/russia-deploys-advanced-s-400-air-defence-missile-system-in-syria-after-turkey-downs-one-of-its-jets-a6749041.html
なお、２０１６年の露土関係改善後、トルコはＮＡＴＯ加盟国でありながら、このＳ４００防空システムを購入し、米国を刺激することになる

19 https://www.nytimes.com/2015/11/25/world/middleeast/hollande-obama-islamic-state-paris-attacks.html

第17章 行き詰まる和平協議

２０１６年のシリア内戦の流れは「ロシア参戦の軍事的影響が顕在化し、反体制派が徐々に、しかし確実に後退を強いられた」と要約できるだろう。そのクライマックスが同年末の東アレッポ陥落であった。

パリ同時多発テロ後、シリア内戦収拾に向けた国際的な取り組みが一時活性化し、２０１５年12月に最高交渉評議会（ＨＮＣ）結成、２０１６年1月末のジュネーヴ協議開催をもたらした。

しかしシリア国内での軍事情勢が有利に推移する中、アサド政権とその庇護者であるロシアには、反体制派に譲歩する必要はない。ジュネーヴ協議は早々に決裂し、政権側の攻勢は反体制派の最大の拠点、アレッポ市東部の包囲につながった。

これ以後、２０１６年12月に陥落するまで、東アレッポをめぐる情勢は、シリア内戦の最大の焦点となる。

主要な登場人物・組織・宗派名

○ムハンマド・ビン・サルマン：サウジ副皇太子
○ザハラーン・アッルーシュ：イスラム軍（ＪＩ）司令官
○ニムル・バーキル・ニムル師
○カドリ・ジャミール：元「経済担当副首相」
○サーレハ・ムスリム：ＰＹＤ共同代表
○リヤード・ヒジャーブ：ＨＮＣ調整官（元首相）
◉シリア国民連合

◉民主的変革のための国民調整委員会（ＮＣＣ）
◉自由シリア軍（ＦＳＡ）
◉アハラール・シャーム（ＡＳ）
◉イスラム軍（ＪＩ）
◉最高交渉評議会（ＨＮＣ）

（1）リヤード反体制派会合

パリ同時多発テロ事件翌日の２０１５年11月14日、ウィーンでシリア関係国外相会合が開催され、シリア政権移行プロセスの「行程表」を採択した。これを受け、12月９日から10日にかけ、サウジアラビアの首都リヤードで、シリア反体制派の拡大会合が開かれた[1]。

呼びかけたのはサウジ政府で、会合の目的は合同代表団の選出である。

「行程表」は、２０１６年１月１日までにアサド政権側と反体制側双方の代表団が、直接政権移行協議を開始する、と定めている。この協議に反体制派を代表して臨む代表団を選出するのだ。

これは難題である。

シリア国内、国外には「反体制派」を名乗る個人と組織が、ほぼ無限に存在する。

1 https://www.nytimes.com/2015/12/11/world/middleeast/syrian-rebels-form-bloc-for-new-round-of-peace-talks.html

国内で活動する武装組織だけでも、数え方次第で何千にもなるというほどだから、国外の組織や、非武装の政治組織もカウントすれば、気が遠くなるほどの数になる。さらに困ったことに、それらのどの組織についても、代表としての正統性を担保する基準がない。

正常に機能している民主国家であれば、選挙がその基準となる。しかしシリア反体制派は、個々の組織内で選挙をすることはあっても、構成員以外の国民一般から選出されたことはない。そして内戦が4年目に入り、国民が国内の各勢力の支配地域や、避難先などに四散して暮らす状況で、選挙が実施できる見込みもない。では、誰がどうやって「反体制派の代表」を選ぶのか？

ここで、シリア危機のかなり早い段階から、人脈や資金を駆使して反体制各派に多大な影響力を行使してきたサウジアラビアが、仕切り役を買って出た。当然、そこには未来のシリア政権を担うかもしれない反体制派代表団に、引き続き自国の影響力を及ぼしたいという計算があるだろう。留意すべきは、政権移行協議から排除すべきシリアの「テロ組織」指定作業の調整役として「行程表」が指名するのは、ヨルダンであって、サウジアラビアではない点である。

アサド政権やロシアの立場からすれば、サウジの支援を受ける武装組織はことごとくテロ組織なのだから、そのサウジに「テロ組織リスト」を作成させるわけがない。

厳密には、「テロ組織リスト」作成と、反体制派代表団選定は別の作業である。

しかし、現実には、テロ組織に指定されれば、代表団から排除されるのだから、二つの作業はかなりの程度重複する。従って、「行程表」が示したわけでもないのに、サウジアラビアが反体制派代表団選出プロセスを仕切ることに対し、アサドやロシア、イランが反発するのは当然といえば当然である。

シリア反体制派会議を主催してわずか数日後の12月15日には、サウジのムハンマド・ビン・サルマン副皇太子が、唐突に「反テロ・イスラム諸国軍事連合」結成を発表し[2]、世界を驚かせた。

イスラムの二大聖地を擁するサウジは、イスラム世界の盟主を以て任ずる。

ＩＳＩＬのせいで、「イスラム＝テロリズム」というネガティブな印象が世界に広まる中、サウジは「ＩＳＩＬは決してイスラム世界を代弁はしていない。イスラム世界はＩＳＩＬと対決しているし、今後もしていく」ということをアピールする必要に迫られたのだろう。

また、この軍事同盟にはイランやイラクが抜け落ちている点も見逃せない。サウジは「イラン主導のシーア派テロ」と対峙するスンニ派諸国の盟主である、とアピールしたかったのかもしれない。

そのあたりの事情はおおよそ想像がつくものの、この発表はあまりに唐突に過ぎた。

中にはパキスタンやマレーシアのように、副皇太子の発表後に「自国が軍事同盟に参加するなどということは聞いていない」とストレートに驚きを表明する国もあったほどだ。

そもそも、サウジはこの時点まで既に15カ月にわたり、有志国連合の対ＩＳＩＬ戦に参加していることになっている。しかし実際にはサウジはイラクとシリアにおける対ＩＳＩＬ戦でほとんど役割を果たしていない。他方で、サウジがＵＡＥとともに２０１５年３月に開始したイエメンへの軍事介入は、膠着状態に陥っている。

そのような状況で、サウジがバラバラのスンニ派諸国に強いリーダーシップを発揮して、対ＩＳＩＬ軍事作戦を行う余裕があるだろうか？　しかもご丁寧にも、軍事同盟結成宣言には「同盟の本部はリヤード

2 http://www.bbc.com/news/world-middle-east-35099318

に置かれ、サウジアラビアが指導する」とまで明記されているのである。

そのような重大な外交決定を、副皇太子が肝心のパートナー諸国と細部まで詰めることなく、一方的に決めて発表しているとすれば、外交的にあまりに未熟であるといわざるを得ない。

この軍事同盟結成宣言と、シリア反体制派会議は、おそらく軌を一つにしているのだろう。

いずれも、経験不足で、政治的実績を作りたくてうずうずしているムハンマド・ビン・サルマン副皇太子が、十分な根回しを行わず、その結果についても配慮せずに、思いつきで立ち上げたのではないだろうか。

この後も、ムハンマド・ビン・サルマン副皇太子（2017年にはムハンマド・ビン・ナーイフ皇太子が理由も公表されないまま突如廃嫡され、ムハンマド・ビン・サルマンが皇太子に昇格する）は、「ビジョン2030経済プログラム」「ニューム未来都市」など、壮大な経済プロジェクトの発表、対カタール経済封鎖実施など、世界をあっといわせる政策を次々と、しかも突然立ち上げ、サウジの外交政策を予測しがたいものにしていく。

さらに2018年10月には、イスタンブールのサウジ領事館で、同皇太子に批判的なジャーナリスト、ジャマール・ハーショクジ（日本の報道では「カショーギ」「カショギ」が一般的）が惨殺される事件が発生し、皇太子は厳しい立場に立たされることになる。


話を2015年12月のリヤード会合に戻す。

サウジはシリア国内と国外の、政治組織、武装組織、アラブ人組織、クルド人組織、イスラム組織、非宗教的勢力、左翼勢力、男性、女性等、シリアの様々な社会・民族層を背景とする個人113名を、この会議に招待した。このうち、40人と最大のシェアを占めたのはイスタンブールを拠点とする「シリア国民連合」のメンバーである。

他にも「無所属」のカテゴリーで招待された初代議長のムアーズ・ハティーブや、「部族勢力」のカテゴリーのアハマド・ジャルバ第二代議長らがいるので、実際のシェアは40人よりももっと大きい。

これは第7章で言及した「国民連合」発足にサウジが果たした役割の大きさや、「国民連合」がアラブ連合や西側諸国でシリア反体制派の代表として認知されていることを考えれば、納得がいく。

ただし、「納得がいく」のは、あくまで筆者のような外部のウォッチャーにとっての話である。当のシリア国民の間で、「国民連合」指導部がどれほど支持を得ているのかはわからない。少なくとも、シリア国内でアサド政権軍やヒズボッラーと実際に戦っている現地の武装勢力にとっては、「国民連合」指導部は、外国の高級ホテルに起居する「自称革命家」でしかない。だから、「国民連合」指導部が、和平協議に基づき武装勢力に停戦を号令しても、それに従う者がどれくらいいるかは、まったくわからない。

二番目に多い15名を送ったのは、「民主的変革のための国民調整委員会（NCC）」という国内政治組織だ。左翼系の年配の活動家らが指導する組織で、アサド政権退陣を求めるところは「国民連合」や武装勢力と同じであるが、武装闘争および外国勢力の介入を否定するところが決定的に異なる。

また、かつての共産主義つながりで、西側諸国や武装勢力が忌避するロシアと一定の関係を維持していることもあり、アサド政権から存在と活動を許容されている。このため急進的なイスラム系の武装勢力等からは、「NCCはアサド政権に利用されているだけの存在。反体制派とは呼べない」という否定的な評価を受ける。

武装勢力代表として会議に招待されたのは、全体の約3分の1にあたる30名。大半は自由シリア軍（FSA）に分類される世俗的な勢力である。形式的には国民連合はFSA総司令部にあたる「自由シリア軍参謀本部」の上部団体だから、国民連合中心の反体制派代表団の中に、ＦＳＡメンバーが加わるのは合理的である。

また、米仏両国をはじめ西側諸国は、シリアの民主化を支持する建前上、イスラム国家建国を目標に掲げるイスラム系武装組織を「反体制派代表」と認めるわけにはいかない。

そこで問題になるのは、シリア国内の反体制勢力内部の軍事バランスである。

ＦＳＡはヨルダン国境に近い南部では、反体制勢力の主流となっている。しかし、アサド政権を脅かす主戦場となっている北西部や、ダマスカス郊外では、事情は違う。これらの地域で広い領域を実効支配し、アサド政権やヒズボッラーと戦っているのは、ヌスラ戦線（ＮＦ）やアハラール・シャーム（ＡＳ）、イスラム軍（ＪＩ）など、圧倒的にイスラム系諸組織である。イドリブ県では米国が訓練・支援してきたＦＳＡ系のシリア革命戦線や、ハズム運動がＮＦにより駆逐され武器を没収されてしまった。

要は、シリア全体でみた場合、ＦＳＡ系組織が反体制派武装勢力の代表であるとはいえそうにないのだ。実際にシリア国内に勢力を築いているイスラム系組織が協議に加わらない限り、停戦合意も、移行政権協議も、展望が持てない。

サウジアラビアはこの現実を踏まえて、ＡＳとＪＩの代表をリヤードに招待した。これもアサド政権やロシアにとっては黙認し難い話である。ＡＳやＪＩメンバーを含む反体制派代表団と協議のテーブルにつくことを、アサド政権は拒むだろう。

他方、現地で強力な軍事力と、広大な実効支配地域を持つ一大勢力は招待されなかった。

クルド系の民主統一党（ＰＹＤ）と、その傘下の武装勢力人民防衛隊（ＹＰＧ）である。同盟国トルコの強い反対に、サウジが配慮した結果とされる。

既述のように、ＰＹＤを反アサド勢力というには確かにかなりの無理がある。アラブ人口とクルド人口が混住するハサカやカミシリ等の都市では、アサド政権軍とＹＰＧはまさに同盟軍として、ＩＳＩＬと対峙しているくらいだ。とはいえ、内戦当事者の一方の重要プレイヤーであるＰＹＤを排除してしまうと、シリアのクルド地域の将来は、シリア和平協議での議論の対象外となってしまう。それは必然的にクルド地域の分離や独立につながる。

このように、反体制派総会としてのリヤード会議は、主催者（サウジ）の資格と、参加者の人選いずれの面でも問題だらけであり、アサド政権側が難癖を付けるのは確実だった。

シリア反体制派の様々な層が一堂に会した点では成果といえるかもしれない。しかしそこで生まれた合意と、そこで形成された指導部が、本当にシリア反体制派の代表として、和平協議を推進していけるかどうかと考えると、かなり難しいといわざるを得なかった。

会議は34人からなる最高交渉評議会（ＨＮＣ）設立を決議した。代表に相当する「調整官」ポストには国民連合のメンバーで、２０１２年に政権を離脱して亡命したリヤード・ヒジャーブ元首相（第６章参照）が選出された。[3]

このＨＮＣが、さらに実際の和平協議に出席する15名の交渉団を選ぶことになる。

3 http://carnegieendowment.org/syriaincrisis/?fa=62239
4 http://www.securitycouncilreport.org/atf/cf/%7B65BFCF9B-6D27-4E9C-8CD3-CF6E4FF96FF9%7D/s_res_2254.pdf

（2）安保理決議第2254号

リヤード会議終了の1週間後、12月18日には国連安保理が珍しく全会一致で決議第2254号を可決し、[4]ジュネーヴ和平協議の再開を後押しした。[5]

この時の安保理議長国は米国である。パリ同時多発テロを機に国際社会に生まれた、シリア危機収拾へのモメンタムを何とか活かしたいという米外交の意気込みが感じられる。

決議は

①シリアの交戦当事者に停戦を呼びかける

②約1カ月後を目途に和平協議（政権移行協議）を開始する

③半年間の協議を経て、「信頼おける、包括的な、非宗派・党派的な統治主体」を樹立する

④その後18カ月の間に新憲法を起草し、国連監視下で「自由かつ公正な選挙」を実施する、

という野心的な内容である。

「移行期間におけるアサドの地位はどうなるのか」、「『自由かつ公正な選挙』とは議会選なのか、大統領選なのか、あるいは両方なのか」、など、肝心要の争点については言及がない。というより、そういう論点を敢えてスルーしたので、全会一致の支持が得られたということだ。つまり、従来のジュネーヴ合意と同じである。

また、停戦についても、「ISIL、ヌスラ戦線（NF）その他のテロ組織や個人」は除外されている。これも重要なポイントだ。このままではいくらでも拡大解釈が可能で、ロシアとアサドはあらゆる反体制派を「テロ組織である」として攻撃する余地を残す。そして、ISILとNF以外のどの組織がテロ組

織に相当するのか、それを特定する役目は既述のとおり、なぜかヨルダンに与えられている。

中東のテロ組織関連の情報収集能力に定評のあるヨルダンに白羽の矢が立ったのであろうが、実際には舞台裏でどのようなやりとりがあったのかはわからない。どの組織をテロ組織指定しても、しなくても、誰からも確実に恨まれる役割を、どうしてヨルダンが引き受けたのかも筆者には理解できない。

もっとも、ロシアとアサドにとっては、どの国がどの組織をテロ組織指定をしようと、しまいと、一向に構わなかったという点もあるだろう。実際、リヤードやニューヨークで、来たるジュネーヴ交渉の準備協議が進行する間にも、両者は休むことなく反体制支配地域への爆撃を続けた。

（3）JI司令官暗殺

シリア現地の戦闘はますます激化した。停戦交渉が近づくにつれて、交戦当事者が可能な限り有利な既成事実を積み重ねようと軍事行動を強化するのはどの戦争でも、いつの戦争でも同じである。そして交渉参加者の絞り込みも進まなかった。リヤード会議が選んだＨＮＣの正統性を、アサド政権も、ロシアも、認めようとしないからである。

12月も下旬に入ると、「行程表」が定める年内の政権移行協議開始が無理なのは誰の目にも明らかになっ

5 http://www.bbc.com/news/world-middle-east-35138011
6 http://www.bbc.com/news/world-middle-east-35175475
7 https://www.reuters.com/article/us-mideast-crisis-syria-rebel-death/top-syrian-rebel-leader-killed-in-air-strike-in-damascus-suburb-idUSKBN0U80S420151225

た。22日になって、デミストゥラ国連特使は2016年1月下旬を協議開始の目標時期に再設定した。[6]その3日後、ちょうどクリスマスの日に、ダマスカス郊外の東グータ地域で、ロシア空軍が大規模な空爆を実施した。

東グータ北部のドゥーマ市を支配するJIは、この空爆でザハラーン・アッルーシュ司令官が戦死したことと、後任にアブ・ホマーム・ブウェイダーニが就任することを発表した。[7]他方、シリア国営通信は「シリア政府軍の特殊作戦により『テロリスト』の首魁ザハラーン・アッルーシュを殺害した」と発表した。内戦中に起きた様々な重大事件同様、アッルーシュ戦死の状況については、諸説があって真相はわからない。しかし、アサド政権軍あるいはロシア軍がアッルーシュを殺害したことはまず間違いない。

アッルーシュは第6章で触れたとおり、反体制勢力が武装化し、シリア危機が本格的な内戦に陥った2012年夏以降、内戦の主役のひとりだった。東グータの主要都市ドゥーマを出身とする地縁・血縁、サウジとの関係の深さ、そして戦闘員動員能力の高さなどが、アッルーシュとJIを、もろもろの反体制武装組織の中でも抜きんでた存在にした。「アミール・グータ（グータの首長）」というアッルーシュのあだ名は象徴的である。

ダマスカスに最も近いグータを、3年以上にわたり実効支配している意味は大きい。アサド政権が崩壊した場合、首都ダマスカスを真っ先に制圧できる位置にいるのだ。

日本史に例えるならば、鎌倉幕府崩壊における、新田義貞の立場だろうか。新田よりも高い武家としての格式と勢力を誇った足利尊氏は、京都の六波羅探題を攻め落としたが、幕府の本拠地鎌倉を落とす栄誉は、北関東にいた義貞のものとなった。

2013年夏のアサド政権の化学兵器使用疑惑に対して、オバマがもし空爆に踏み切っていたなら、あるいはアッルーシュは「グータ首長」から「ダマスカスの支配者」になっていたかもしれない。

ＪＩはイスラム国家建国を目指すサラフィー主義組織であるが、２０１２年末にＦＳＡが国民連合と最高軍事評議会の元に再編された時には、形式的にこれに参加している。また、２０１３年末にはイスラム戦線結成に加わり、ＩＳＩＬとも激しく対立するようになった。ＩＳＩＬの広報ビデオをもじって、捕虜としたＩＳＩＬ戦闘員に黒装束を着せ、オレンジ色の囚人服を着たＪＩ戦闘員が処刑するビデオを公表し、自らを「反テロ勢力」として宣伝することにも力を入れてきた。

ＪＩはそれまでアサド政権との対話を拒絶し続けてきたのに、リヤード会議とＨＮＣには参加した。これはロシア軍参戦以来、激しい空爆に曝され、軍事的に形勢が不利になりつつある中、和平協議に加わることによって、戦後処理の過程における地位を確保しようと狙ったものだと思われる。しかし、それが実現する前にアッルーシュ本人が殺害されてしまった。

ロシアとアサドの側からすれば、交渉がはじまるまでに、一人でも多く「テロリスト」を殺して、交渉に有利な既成事実作りを図ったのだろう。

逆に、サウジアラビアからみれば、自国の影響下にある反体制派武装組織を、おそらくは説得してリヤード会議に参加させたにも関わらず、敵――アサド、イラン、ロシア――は、容赦なく親サウジ勢力殲滅作戦を続けている、という構図になる。サウジアラビアの指導部が、アサドやプーチンだけでなく、そのような状況で和平協議を進めようとする同盟国のアメリカに一層の不信感を募らせたことは想像に難くない。

（4）サウジとイランの断交

年が明けて2016年1月2日に、サウジアラビアは死刑囚47人に対する処刑執行を発表した。そのうち43人はスンニ派でアル・カーイダ（AQ）の活動家だったが、残りはシーア派で、聖職者のニムル・バーキル・ニムル師も含まれていた。[8]ニムルはサウジ東部のアワミーヤ出身で、王制を批判するサウジのシーア派反体制派のシンボル的存在だった。

スンニ派の盟主を以て任ずるサウジだが、実は人口の15％程度はシーア派である。その多くが、油田の集中する東部州に暮らす。特に、カティーフからアワミーヤにかけての地域は、対岸のバハレーンと共に、湾岸アラブ・シーア派の文化センターの地位を占めてきた。

バハレーンで国民の多数派であるシーア派が、スンニ派王制の支配に不満を抱くのと同じ理屈で、サウジ東部のシーア派住民にも、厳格なワッハーブ派を国教とする支配者のもとで、自分たちは二級国民として扱われている、という強い不満がある。

「アラブの春」がバハレーンに波及し、シーア派国民が王制に反対する民主化運動をはじめた時、カティーフでも同様にサウジのシーア派国民が抗議行動をはじめた。礼拝中の説教で激しい王制批判を繰り広げ、サウジ反体制派のリーダー格とみなされるようになったのが、ニムル・バーキル・ニムルである。サウジはバハレーンへの「アラブの春」の普及を、イランによる煽動破壊工作と受け止めた。そして湾岸協力機構（GCC）の「湾岸の楯」部隊を派遣し、軍事力で反乱を封じ込めた。

同じように、カティーフでもサウジ内務省の治安部隊が、ニムルら反体制派指導者を逮捕し、反乱を力で抑え込もうとした。以来、ニムルの裁判が開かれる度に、散発的な抗議行動がカティーフやアワミーヤで起き、群衆や治安部隊に死傷者も出たが、その都度鎮圧されている。

ニムルの逮捕と裁判は、イランの保守強硬派にとってはサウジ王室の圧政――シーア派に対する弾圧――を批判する格好の材料となった。

アラビア語メディアや西側主要メディアがニムルの問題をあまり大きく取り上げなかったのとは対照的に、イランの要人やメディアはニムルの問題を頻繁に扱った。ニムルが煽動及びテロ関与容疑で死刑判決を受けた後も、イランは「ニムルに対する処刑執行は絶対に許さない」という強いメッセージを発し続けた。

ニムル本人や、サウジのシーア派コミュニティに対して、実際にイランがどれほどの関与をしていたのかはわからない。革命防衛隊がこれまで各国でやってきたことを考えると、当然サウジのシーア派に対し、政治的工作をしてきただろうし、何らかの軍事的関与もしていただろう。しかし、ニムルやその支持者がシリアの反体制派のように本格的に武装し、地下活動を行っていた形跡はない。またニムル本人も、シリア問題に関してアサドを独裁者と非難するなど、イランの全面的な影響下にあったわけではない。むしろ、サウジ当局によるニムル逮捕・死刑判決と、それに対するイランの反発が、ニムルやサウジ・シーア派の問題を、スンニ派・シーア派の宗派対立という構図に変質させたというべきかもしれない。

いずれにせよ、獄中のニムルの存在は、ただでさえ緊張するサウジ・イラン関係の争点のひとつとなっていた。ニムルを本当に処刑してしまうと、サウジのシーア派地域で暴動や抗議行動が起きるだろうし、

---

8 http://www.bbc.com/news/world-middle-east-35213244

イランが何らかの報復措置をとることは容易に予測できるからだ。

それだけに、年明けとともに、サウジがニムルの死刑を執行したことは世界中を驚かせた。

イランではハメネイ最高指導者をはじめ、政府要人の多数がサウジを非難し、報復を示唆した。

イランの群衆はテヘランのサウジ大使館とマシュハドの領事館を襲撃し、放火した。襲撃は夜中だったので、幸いにして館員の死傷はなかった。しかし外交施設を適切に庇護警備しなかったイラン当局は世界中の非難を浴びた。サウジは大使館襲撃事件に対し、即時国交断絶措置をとった。両国の国交断絶はメッカにおけるシーア派巡礼客とサウジ治安部隊の衝突事件後、1988〜91年の間以来、25年ぶりである。

過去10年ほど、レバノンやイラク、バハレーン、シリア、イエメン等、中東各地を舞台に代理戦争や暗闘を繰り広げつつも、表舞台では時に談笑し、時には罵声を浴びせあいながら、両国は関係を維持してきた。それがとうとう断交に至ったのだ。それも、シリアとイエメンでまさに両国が絡んだ和平協議が開始されようというタイミングである。シリア和平への動きにとっては、ロシアとトルコの緊張に続く大きな阻害要因の出現である。


果たしてサウジはこのような結果——イランとの緊張激化と断交——に至ることまで計算した上で、ニムル処刑に踏み切ったのだろうか？　もしそうでなければ、一体何故このタイミングで、あえて処刑の決定を下したのだろうか？

世界のメディアや研究者、外交筋が、この疑問に答えようと様々な説明をしている。

まず、サウジがイランの反応を正しく予測していたかどうかだが、していなかった可能性がある。例によって、性急に実績作りを進めるムハンマド・ビン・サルマン副皇太子が、十分な配慮をせずに決定した、という見方である。しかし、イランの過剰な反応を見越して、むしろイランを国際的に孤立させるため、あるいは米国が進める対イラン制裁解除の流れや、シリア和平の流れを妨害するために、あえてイランを挑発した可能性もある。

ニムルと同時にスンニ派の死刑囚を多数処刑したのも、「サウジは宗派主義ではなく、国内治安維持の観点から厳正に法を執行している（にもかかわらず、イランは問題を宗派対立にすりかえ、内政干渉し、あまつさえ外交施設庇護という国際法違反を犯した）」というアリバイづくりだったと解釈できなくもない。

タイミングについては、既述のザハラーン・アッルーシュＪＩ司令官の暗殺が関係しているかもしれない。シリアにおけるサウジの最も強力なカード（アッルーシュ）が消されたことに対し、サウジにおけるイランの最も強力なカード――少なくともサウジはそうみなしていたであろう――ニムルを殺した、そんな解釈が成り立つかもしれない。

（5）マダーヤの餓え殺し戦術

シリア国内の状況はますます悪化し、和平の機運を一層遠ざけた。

凄惨な人道状況の象徴として、この時期注目を集めたのが、レバノン国境にほど近いマダーヤ包囲戦である。

マダーヤはアンチ・レバノン山脈の東麓、標高８００メートルを越える高地にあるスンニ派の街だ。ベ

9 http://www.reuters.com/article/us-saudi-iran-relations/timeline-history-of-turbulent-saudi-iranian-ties-idUSBREA4C0H020140513

イルートとダマスカスを結ぶダマスカス街道のすぐ北側に位置するため、シリア・レバノン両国間の密貿易の拠点となってきた。また、夏でも乾燥して冷涼な気候ゆえに、シリア危機が勃発するまでは北隣のブルダーンやザバダーニと同じく、ダマスカスや湾岸諸国からの避暑客で賑わう観光地でもあった。

しかし2012年に反体制派がザバダーニとともにこの街を実効支配下に置いたことで、マダーヤの運命は一変した。特に、2014年までに政権軍とヒズボッラーがカラムーン山地北部で反体制派武装勢力を概ね掃討すると、2015年中旬にはザバダーニ、マダーヤ両市の包囲と爆撃を強めた。

両市に立てこもったのは主にASとNFの戦闘員である。両勢力を主体とするイドリブのファタハ軍は、ザバダーニ包囲に対抗して、イドリブ県に残る二つのシーア派村落（フーアとケフライヤ）を包囲した。

2015年夏を通じ、激しい空爆を逃れてザバダーニの難民約2万人がマダーヤに流入した。[10] これが、ただでさえ食糧や生活必需物資に窮乏していたマダーヤの人道状況悪化に拍車をかけた。

2016年に入ると、マダーヤで餓死者が続出しているとの情報がメディアに大量に流れはじめた。骨と皮のようになった老人や子供たちの画像が投稿され、改めて世界に衝撃を与えた。

アムネスティ・インターナショナルや赤十字社のような中立組織は、マダーヤの極限状況を訴え、即時停戦と食糧及び人道支援物資搬入を要求した。HNCも、ジュネーヴでの協議参加の条件として、マダーヤをはじめとする各地の反体制派支配村落で政権軍とヒズボッラーが進める包囲の解除を要求した。

アサド政権の国連大使を務めるバッシャール・ジャアファリは、マダーヤの惨状について「政府軍は餓え殺し戦術はとっていない」と、報道を平然と否定している。[11]

マダーヤからのビデオや画像で判断する限り、立てこもる反体制派の戦闘員には恰幅のよい者も少なくない。だから、政権側が「食糧や物資が欠乏しているわけではない。テロリスト（反体制派戦闘員のこと）

が資源を独占して、飢餓状況をつくっているのだ」と主張するのに一理がないわけではない。また、上記フーアやケフライヤのように、政権支持の村落に対して反体制派が包囲戦術をとっているのも事実である。しかし、そもそも問題の根本には、反体制派の戦闘員が活動すれば、政権軍やヒズボッラーが、その村落や街区、場合によっては都市全体を包囲封鎖し、無差別に砲撃や樽爆弾で攻撃して、多くの民間人を巻き添えにしている事実がある。しかも、和平協議がこれからはじまるという時期でさえ、各地で何十もの村や町が、依然包囲下に置かれている。これでは、やはり政権軍は敵および敵性とみなした相手を集団的に懲罰し、殲滅しようと図っている、と考えざるを得ない。

国際的な圧力を受けて、1月11日に、政権軍はようやく赤新月社等によるマダーヤへの物資搬入を認めた。[12] しかしこれも一時的な措置であり、マダーヤや他の町の包囲は続いた。

(6) ロシアの引き延ばし策？

2016年1月20日になって、HNCは17名からなるジュネーヴ協議への代表団を正式に選出・発表した。団長はアスアド・ゼーブ、副団長はシリア国民評議会(SNC)のジョルジュ・サブラ、そして主任交渉者にはムハンマド・アッルーシュが任命された。ムハンマド・アッルーシュはHNCへのJI代表で、2015年のクリスマスに殺害されたザハラーン・アッルーシュの従兄弟にあたる。

10 https://www.newsdeeply.com/syria/articles/2016/01/28/anatomy-of-a-siege-the-story-of-madaya
11 http://www.bbc.com/news/world-middle-east-35289372
12 http://www.bbc.com/news/world-middle-east-35278173

ＨＮＣは、ロシアとアサドがそもそもＪＩをテロリスト扱いし、交渉を拒んでいることを承知の上で、あえて殺害されたＪＩ司令官の親族を交渉担当者に指名したのである。

ロシアはＨＮＣと、それが選んだアッルーシュら交渉団を認めないだけではなく、自国の強い影響下にある組織や個人を反体制派代表団に加えるよう、デミストゥラに圧力をかけた。具体的にはハイソム・マンナーア、カドリ・ジャミール、サーレハ・ムスリムの3名と、彼らがそれぞれ率いる組織の構成員である。このうち元共産党員のマンナーアについては、ＨＮＣも容認できるかもしれない。しかし後の2名は、問題外である。

カドリ・ジャミールは古い共産党員で、2013年に、「反体制派との対話姿勢」を示したいアサド政権によって、「経済担当副首相」に任命され、入閣した経歴を持つ。つまり、アサド体制打倒を目指す「反体制派」にとっては、ジャミールはアサド政権の手駒そのものだ。しかもこの時点でモスクワに在住しており、実体としては「アサド政権とロシアのお墨付きを得た『官製反体制』政治家」である。

サーレハ・ムスリムはクルド勢力ＰＹＤの党首である。シリア内戦におけるＰＹＤの微妙な立ち位置については、これまで幾度か触れてきたが、少なくともＨＮＣにとって「味方」でないことは間違いない。

確かに、対ＩＳＩＬ戦の観点からいえば、ＰＹＤは限定的に反体制派と組む可能性はある。しかし「反体制派」が現在戦っており、これから交渉をしようとしている相手はＩＳＩＬではなくアサド政権なのだ。そのアサド政権と各地で協力関係にあるＰＹＤが「反体制派」であるわけがない。とはいえ、「クルド人の最有力組織であるＰＹＤを排除しては、シリア内戦は収拾できない」というロシアの主張には一理も二理もある。さらにはＰＹＤが対ＩＳＩＬ戦を進める米国にとって貴重な盟友であることも、公然たる事実である。そうなると、デミストゥラとしても無下にはできない。

こうしてHNCとアサド政権、ロシアが舌戦を続けるうちに期限の1月25日を迎えた。デミストゥラはこの日に改めて29日を開会期日に設定した。ただし、招待状を誰（どの組織）に送るのかは、この期に及んでも公表しなかった。

29日には、バッシャール・ジャアファリ国連大使を団長とするアサド政権側の代表団と、ロシアが指名するマンナーア、ジャミール、ムスリムらがジュネーヴに集まった。

デミストゥラは政権側代表団とは協議を行ったが、ジャミールらについては、将来の交渉への参加の余地を残しつつも、当面はオブザーバー扱いする、つまり正式の交渉当事者とは認めない立場を伝えた。しかし、肝心のHNC代表団はジュネーヴに現れなかった。

「空爆停止や、包囲下の都市への人道支援物資搬入、囚人釈放等について、保証がない限り、協議には参加しない」というのがHNC側の説明だった。

しかし、翌30日になって、「最高交渉委員会」側の代表団はジュネーヴに移動をはじめた。前記の前提条件について「デミストゥラ特使から保証を得た」からだ、という。だが「米国から支援打ち切りの圧力を受けた」との報道も出ており、こちらのほうが真実に近いだろう。

JI幹部で「主任交渉担当官」のムハンマド・アッルーシュ、そしてHNCの実質的なトップのリヤード・ヒジャーブ調整官もジュネーヴに入った。

デミストゥラは2月1日に、ようやくジュネーヴ協議開始を宣言した。

とはいえ、政権側代表団と反体制派代表団は直接協議をしたわけではない。

2014年の第2回ジュネーヴ協議で、双方の代表団が直接協議したものの、何ら折り合うことなく決裂してしまった経験を踏まえ、デミストゥラは当事者同士の対面協議は回避し、それぞれの代表団と個別に会談した。

その内容も、中身に踏み込むものではなかった。

政権側はデミストゥラに対し、反体制派代表団のメンバーリストを要求した。ムハンマド・アッルーシュやFSAのメンバーが入っていることを十分承知の上で、「テロリストとは交渉できない」と、拒絶するためである。

反体制派代表団のほうも「政府軍やロシア軍の空爆が続き、難民が流出し、包囲された町の市民が餓えている状態では交渉できない」と主張し、政権側による攻撃を停止させるよう、デミストゥラに迫った。もちろん、デミストゥラにはそんな力はない。

結局、開会宣言のわずか2日後、2月3日には、デミストゥラは月末までの協議中断を宣言せざるを得なくなった。

前年の秋にはじまったロシアの軍事介入は、当初大した効果を挙げなかったが、年末以降にようやく戦局に影響を与えはじめていた。一般市民への巻添えをいとわない、ほとんど無差別な爆撃によって、トルコからの反体制武装勢力への兵站補給路を遮断した結果である。

クリスマス当日のザハラーン・アッルーシュ殺害は、そういったロシア軍の軍事的成果のひとつである。

1月20日にはイドリブ県から進出した反体制派の前線拠点であるラタキア県北部の要衝サルマをロシアの空爆支援を受けた政権軍が奪還した。24日には「ジャバル・トルクメン」地区で最後まで残った反体制派拠点ラビーアと、南部ダラア県の要衝シェイク・マスキーンを相次ぎ奪還した。

そしてジュネーヴ協議の直前には政権軍の主要な攻撃対象はアレッポ周辺に移った。デミストゥラが「協議延期」を決めた2月3日には、ほぼ3年間にわたって反体制派の包囲下に置かれてきたシーア派の町、ヌブルとザハラーに政権軍が突入し、包囲を解いた。[13] これも周辺の反体制派支配区域にロシア空軍が絨毯爆撃を加える中のことである。

アサドとプーチンは、勝利を確信している。だから、ジュネーヴ協議への参加は、本質的に時間稼ぎでしかない。「対話による解決を目指す」と言いつつ、樽爆弾を落とし、町を包囲して住民を餓えさせ、追放する。そうやって、本来対話するべきだった相手＝敵を滅ぼしてしまってから、自分の言いなりになる人間や組織――例えばチェチェンのカディロフのような人物――を対話相手として「交渉」するつもりでいるのが明らかだった。

ヌブルとザハラーの奪回は、アレッポ戦線の大きな転換点となった。

トルコ領と、反体制派が支配するアレッポ市東部を結ぶ補給路が断ち切られたからである。政権軍がさらにアレッポ周辺の村落を制圧すれば、いまだ35万人が暮らすアレッポ市東部は完全に包囲される。マダーヤで起きているような飢餓地獄が、アレッポという大都市でも発生することになる。

恐慌をきたしたアレッポ周辺の住民は、先を争ってトルコ国境地帯に向けて脱出をはじめた。その数はソースによってかなり異なるが、数万人単位であることは間違いない。

13 http://www.bbc.com/news/world-middle-east-35485563

第18章 停戦発効と崩壊

２０１６年2月初めのジュネーヴ和平協議は、実質的な対話に入ることさえなく決裂した。しかしその直後、米露両国が急転直下、交戦当事者の頭越しに停戦合意に達した。

停戦の持続どころか、発効すら危ぶむ大方の予測を裏切り、停戦は2月末に発効し、1カ月以上にわたり、大幅な暴力レベルの低下をもたらした。

シリア内戦発生以来、初めての停戦らしい停戦であった。

反体制派との戦闘から当面解放されたクルド勢力、民主統一党（ＰＹＤ）は実効支配するシリア北部で連邦樹立を宣言、自治体制の固定化を進める。

一方、アサド政権軍もロシア空軍の支援で対ＩＳＩＬ作戦を進め、古代遺跡で有名なパルミラ奪回という戦果を挙げた。

自信を強めるアサド政権は、反体制派やＰＹＤ、西側諸国の反対に一顧もせず、4月には国会選挙を実施した。停戦はシリア各地でなし崩し的に壊れ、特に東アレッポをめぐる戦闘は激化していく。

主要な登場人物・組織・宗派名

○ウラジミル・プーチン：ロシア大統領
○ステファン・デミストゥラ：国連特使
○ジョン・ケリー：米国務長官
◉民主統一党（ＰＹＤ）
◉人民防衛隊（ＹＰＧ）

（１）「敵対行為停止」合意

ジュネーヴ和平協議決裂からわずか10日後の２月12日、シリア支援国グループ（ＩＳＳＧ）外相会議がミュンヘンで開催された。

ＩＳＳＧとは、２０１５年10月30日にウィーンで開催された外相協議への参加諸国を指す。[1] 従来のジュネーヴ協議等とは違い、シリア内戦の交戦当事国のひとつ、イランが加わっているのが最大の特徴である。ミュンヘン会議後、ＩＳＳＧ共同議長国である米国のケリー国務長官とラヴロフ露外相は、デミストゥラ国連特使と３人で合同記者会見を開き、今後１週間を目途に、シリア全土で「敵対行為の停止」すなわち停戦を実施するとの構想を発表した。[2] 例によって、ＩＳＩＬとヌスラ戦線（ＮＦ）は停戦対象から除外されること――従って米露両国もＩＳＩＬやＮＦに対する攻撃はやめないこと――や、包囲下に置かれた各地の町や村に緊急の救援物資を搬入することなども、決定事項として発表された。

今回の停戦に期待を寄せる当事者と関係者、ウォッチャーは少なかった。数日どころか、数時間ももたずに、戦闘が再燃して無残な失敗に終わった過去の経験を踏まえれば、悲観的な予測が多いのも無理はない。ミュンヘン外相協議の時点では、停戦実施のタイムテーブルが発表されなかったので、そもそも停戦

1　第15章参照。
2　http://www.bbc.com/news/world-middle-east-35556783

が発効するかどうかさえ危ぶまれた[3]。

しかし、オバマ米大統領はプーチン露大統領の要請に応じて、2月22日にプーチンとシリア問題に関する直接電話協議を行い、
①週末の27日から停戦を実施すること、
②停戦に参加する反体制派武装組織は26日までに両国宛にその意向を通知すること、
などを決め、発表した[4]。

この電話協議の前日（21日）だけでも、ホムスとダマスカス周辺の空爆で犠牲者は140名に上っている。日付が27日に代わった途端に、砲火がぴたっとおさまることは想像し難い状況だった。

ところが実際に27日になると、ほとんどの地域で砲火の応酬も、空爆も停止し、人道物資等の搬入も実現した。もちろん、交戦当事者が完全に「敵対行為」を停止したとは言い難い。特に政権側空軍による停戦破りの空爆は散発的に行われた。

それでも、停戦5日目までの民間人死者数はシリア人権監視団（SOHR）によると、24人である。停戦前日（26日）1日の死者数が63人に及んだ状態と比べると、劇的に暴力レベルは低下した[5]。この傾向は、3月いっぱいはほぼ維持された。

停戦発効から1カ月が経過した3月27日時点で、同じSOHRの統計では、停戦対象地域における民間人死者は174人。非対象地域（ISILとNF支配地域）では189人で、合わせて363人。これはその1カ月前の民間人死者数1100人の約3分の1になる。また、月ごとの死者数としても、2011年11月（296人）以来、最も少ない[6]。

民間人が1カ月間に363人も殺され、それを「犠牲者数が劇的に減った」と喜ぶ状態というのは、相当に異常ではある。それでも死傷者数が一人でも二人でも減ることは状況改善には違いない。それまで何度も行われた停戦の試みがほとんど何の効果も出ないままに破綻したのに比して、なぜ2016年2〜3月の停戦は「成功」したのか？

筆者はこの「成功」のカギは、ひとえにプーチンの意向にあったと思う。反体制派が軍事行動を起こす能力は限られている。せいぜい、迫撃砲で政権側支配地域を砲撃するか、政権側地域に侵入して仕掛け爆弾や自爆テロを行うかくらいだ。仮に攻撃が成功しても、その火力は政権軍と比すればたいしたことはない。

ロシア空軍とアサド政権の空軍は、樽爆弾のような無差別殺傷兵器を用い、反体制派支配地区を広範囲にわたって破壊し、民間人を殺傷できる。だから、プーチンがロシア空軍による攻撃を自制し、かつアサドに圧力をかけてシリア空軍の出撃を制限すれば、戦闘のレベル、破壊と殺傷のレベルは自ずと低下する。

軍事介入の効果が表れはじめたことで、ロシアはシリアにおける主要な軍事的アクターであることを

3 例えばワシントンポスト紙の以下の論説参照 https://www.washingtonpost.com/world/skepticism-greets-syria-truce-deal-on-worries-over-russian-bombing/2016/02/12/74219ec7-389a-4102-a179-aeffb21cd76f_story.html?utm_term=.a9c7e4330893

4 http://www.bbc.com/news/world-middle-east-35634695

5 http://english.alarabiya.net/en/News/middle-east/2016/03/03/-Huge-drop-in-civilian-deaths-after-Syria-truce-.html

6 http://www.straitstimes.com/world/civilian-deaths-drop-to-four-year-low-after-syria-truce-monitor

証明した。次は、ロシアが政治的アクターとしても米国と並ぶ、あるいは米国をしのぐ存在であることを、この時期のプーチンはアピールしようとしたのではないか。

ジュネーヴ協議が再開された3月14日に、プーチンは唐突に「ロシア軍介入の目的は概ね達成された。ロシアのシリア派遣軍の主要部分は撤収する」と発表している。[7]

プーチンは、突然の撤収宣言で、アサドにプレッシャーをかけた……そんな解釈がある。つまり、プーチンはアサドに向かい、「政権が軍事的に崩壊する危機は遠のいた。ロシアはお前と家族を、反体制派の群衆によってカダフィのようにリンチされ、惨殺される運命から救い出してやった。しかしそこまでだ。これ以上お前たちのために戦い、ロシア人の血を流すつもりはない。内戦収拾に向けた政治プロセスを受け入れよ。それがお前たちが生き延びるための唯一の道だ」そう理解させるために、投入したロシア軍の部分撤収をはじめたのだ、という解釈だ。

筆者もこの解釈は基本的に正しいと思う。

介入によってシリア内戦の流れを変えた、と確信したプーチンは、この時期に、今度は世界に対して「アサドに圧力をかけて対話のテーブルにつかせることができるのはロシアだけだ」と、アピールしようとしたのだろう。

もっとも、現実はプーチンが考えたほどすんなりとは進まない。

停戦は1カ月を超えて次第に破綻し、アサド政権が攻勢を維持するには、従来以上にロシア空軍の支援が必要になった。結果、いったん縮小した駐留ロシア軍は、装備の質量ともに再度増強されていく。

(2) ジュネーヴ協議再開

「敵対行為停止」合意がある程度守られ、戦火が下火になる中、前月に中断されたジュネーヴ協議が3月14日に再開された。[8]

参加したのは反体制派からは最高交渉評議会(HNC)交渉団、アサド政権側からはジャアファリ国連大使率いる代表団で、PYDは前回同様、トルコの拒絶により招待されなかった。

双方の代表団が直接協議するのではなく、デミストゥラ国連特使が双方の滞在先ホテルをシャトルするスタイルも前回と同様である。話し合いの中身も、結局は前回、いや、2012年の第1回ジュネーヴ協議の時とまったく同じで、何の進歩もなかった。すなわち、双方ともに「政権移行」の原則自体は支持するものの、バッシャール・アサド大統領の去就——移行期の開始時にアサドが退陣すべきかどうか——をめぐり、どこまで行っても平行線をたどった。

このラウンドに前回までと違うところがあったとすれば、米露協調の機運が強まったことだろう。少なくとも、ケリー米国務長官はシリア駐留ロシア軍部分撤収の動きを、「ロシアがアサドに真剣に圧力をかけている証拠」と受け取ったに違いない。今度こそロシアは本気だ、プーチンと力を合わせていけば、アサドは退陣し、シリアの政権移行プロセスが指導する、と考えたのではないだろうか。

---

7 https://www.reuters.com/article/us-mideast-crisis-syria-russia-pullout/putin-says-russians-to-start-withdrawing-from-syria-as-peace-talks-resume-idUSKCN0WG23C

8 http://www.aljazeera.com/news/2016/03/syria-war-envoy-opens-peace-talks-geneva-160314093532404.html

3月のラウンドがようやく閉会した24日に、ケリーはモスクワに飛び、プーチンと4時間にわたって協議している。[9] クリミア危機以降の米露の緊張関係を思うと、対露協調を模索するこの時期の米外交の熱意は、かなり奇異にみえる。

ケリーといえば、国務長官就任後、周囲の冷めた見方を押し切り、9カ月間にわたり中東へのシャトル外交を繰り返し、パレスチナ和平協議の再活性化を精力的に追及した経歴がある。残念ながら、この努力はほとんど何の成果も生まず、パレスチナ和平は中断したままだ。ケリーはその後イラン核問題交渉に精力を注ぎこんだ。

2016年3月のケリーは、かつて中東和平を再開させてみせると意気込んだのと同様に、プーチンと組んでシリア内戦を収拾してみせる、と決意していたのだろう。

とすると、ケリーは老練なプーチンにあしらわれたのだろうか？

それとも、プーチンも本気でシリア和平を進めるつもりであったが、アサドに及ぼしえる影響力には限度があった、ということだろうか？

いずれにせよ、この3月のラウンドでも、そして次に4月13日に再開されたラウンド[10]でも、ジュネーヴでのアサド政権代表団はまったく譲歩の姿勢をみせなかった。

しかも、4月のラウンドが開催された時点では、後述する様々な事情から、停戦はほぼ崩壊しており、和平協議を取り巻く環境は3月よりも格段に悪化していた。

結局、4月のラウンドは、アサド空軍による虐殺に抗議するHNC代表団の退場[11]により、1週間で終わった。当然、協議に実質的な進展はなかった。

(3) ロジャヴァ連邦宣言[12]

ジュネーヴで3月の和平協議ラウンドが開催されていた時、協議から排除されたPYDは、クルド自治の既成事実化を進める新たなステップを踏み出した。

シリア領の東北の隅に、ルメイランという街がある。

イラク、トルコとの「三国境」に位置する戦略的な要衝で、人民防衛隊(YPG)と同盟してISILと戦う米軍が空軍基地を設置運用している場所でもある[13]。

このルメイランでPYDとYPGの実効支配地域の政治勢力や部族勢力の代表者が会議を開き、連邦制の発足を宣言したのである。

第6章で紹介した、2012年夏のシリア北東部からのアサド政権軍撤退以降、その空白を埋めたPYDは、YPGの軍事力を背景に、この地域をクルド自治区に作りかえるため、着実に手を打ってきた。

2014年1月には東からジャジーラ(カミシリ市、ハサカ市が中心)、コバネ(アイン・アラブ)、そしてアレッポ県北西隅のアフリンの3つの地区に、独自の行政統治機構を設置した。事実上の自治政府である。

---

9 https://www.al-monitor.com/pulse/originals/2016/03/us-russia-encouraged-syria-peace-talks-kerry-lavrov.html

10 https://www.reuters.com/article/us-mideast-crisis-syria-talks/u-n-begins-round-of-syria-peace-talks-in-geneva-idUSKCN0XA1ZL

11 http://www.dw.com/en/syrian-opposition-walks-out-of-geneva-peace-talks/a-19200135

12 http://www.bbc.com/news/world-middle-east-35830375

13 https://www.reuters.com/article/us-mideast-crisis-syria-usa-base/u-s-builds-two-air-bases-in-kurdish-controlled-north-syria-kurdish-report-idUSKCN0W80R7

ＹＰＧは、同年末から２０１５年初頭にかけてＩＳＩＬをコバネから撃退すると、[14] 逆にＩＳＩＬが支配するアラブ人の街、テッル・アビヤドに侵攻し、激戦の末奪取した。[15] 三つに分かれていたＹＰＧ実効支配地域は、東のジャジーラとコバネが連結され、東部（ジャジーラ、コバネ）と西部（アフリン）の二地区となった。

しかしＹＰＧの軍事的成功は、シリアでのクルド自治実現に向けプラス要素だけをもたらしたわけではない。自治を脅かすマイナス要素も招きいれた。

もともとロジャヴァ（クルド語で、西クルディスタン＝シリア北東部のクルド人集住地域を指す）は、多民族混住地帯だ。クルド人だけではなく、アラブ人の遊牧民、都市住民、部族勢力、キリスト教徒のアッシリア人、トルクメン人等、様々な民族集団が暮らす。だから、ＹＰＧが領土を広げれば広げるほど、他の民族集団を抱え込むことになる。

また征服の過程で、お決まりの住民追放や民族浄化のような戦争犯罪も起こる。

コバネの戦いの局面では、誰がみても暴虐非道なＩＳＩＬの襲撃に立ち向かうＹＰＧの側に正義があった。しかし、そのＹＰＧがアラブ人やトルクメン人の村を攻撃し、支配し、住民を追放したとなると、米国のような西側諸国の世論はＰＹＤに対して厳しくなる。だからルメイラン会議には、クルド人だけではなく、アラブ人やトルクメン人も招かれ、「連邦制はクルド人のみならず、ロジャヴァの住民の総意である」という形式が演出された。

実は同じ演出は軍事面でも行われている。

この頃から、メディアでも「ＹＰＧ」に代わって「シリア民主軍（ＳＤＦ）」の用語が頻繁に用いられるようになる。

ＳＤＦとは、２０１５年秋にＹＰＧとアラブ系やアッシリア人の武装勢力が合同して結成した部隊である。対外広報の顔となる広報官には、トルクメン人で、ＦＳＡ系の「セルジューク大隊」の司令官だったタラール・シッロ[16]を据えるなど、ショーウインドウ人事は念入りに行われた。

シリア民主軍（ＳＤＦ）のネーミングはいかにもアメリカ好みで、とてもマルクス主義のＰＹＤの発想とは思えない。結成のタイミングも、ＩＳＩＬの本拠ラッカ攻略を視野に入れたこの時期の米国のシリア戦略と合致し過ぎている。ＳＤＦ結成はクルド人というよりは米国が主導したものだろう。

実際、アラブ人の町ラッカ攻略作戦を準備する中、主力を担う地上部隊がクルド人のＹＰＧでは、米国の世論がもたないし、同盟国トルコも納得しない。ラッカのアラブ住民の反発も必至だ。ここは何としても「シリア民主軍」に改名してもらうしかない、というところだったのではないか。

（4）政権軍のパルミラ奪還

反体制武装勢力との間の「敵対行為禁止」で軍事的な余力が生じると、政権側陣営（アサド政権軍、ロシア空軍、ヒズボッラー、イラン革命防衛隊、イラクのシーア派民兵組織等）はそれを東部のパルミラに振り向けた。２０１５年5月にＩＳＩＬに奪われた町である。[17] ＩＳＩＬは「敵対行為禁止」合意の対象には含

14　第13章参照。
15　https://www.reuters.co.n/article/us-mideast-crisis-kurds-turkey/turkey-sees-signs-of-ethnic-cleansing-by-kurdish-fighters-in-syria-idUSKBN0OW1SA20150616
16　シッロはＳＤＦによるラッカ攻略直後の２０１７年11月に「非クルド人幹部の疎外」を理由にＳＤＦを離脱し、トルコとＦＳＡに投降。「多民族・民主的組織ＳＤＦ」というプロパガンダにダメージを与えた。https://www.almodon.com/arabworld/2017/11/15/ماذا-وراء-انشقاق-طلال-سلو-عن-قسد

まれていないので、停戦発効後も米露両国はＩＳＩＬ支配地域への攻撃を続けていた。

ロシア空軍の空爆支援を受けて、アサド政権軍と同盟勢力の地上部隊は、３月27日、激戦の末にパルミラ市と遺跡群をＩＳＩＬから奪還した。[18] これはアサド政権にとって、戦略的にもプロパガンダ上からも、大きな勝利であった。

パルミラはホムス県東部の広大な砂漠地帯のただ中にあるオアシス都市だ。ホムス市からデイルッズール市に至る幹線道路の途上に位置する。この道路を確保すると、ＩＳＩＬが掌握する東部、イラク国境地帯の奪還が視野に入る。デイルッズール市はおおむねＩＳＩＬの支配下にあるが、市内の一部と郊外の軍用基地にはまだ政権軍部隊が残留し、包囲するＩＳＩＬに対し頑強な抵抗を続けてきた。

政権軍には東部戦線で、デイルッズール市守備部隊の救出や、砂漠地帯に点在する油田やガス田奪還という大きな戦略目標がある。パルミラ奪還は、それらの大目標実現のための第一歩なのだ。

プロパガンダの点でも、パルミラ奪還の意義は大きい。それまでシリア反体制派と、それを支持する西側諸国、アラブ諸国から、アサド政権は「ＩＳＩＬの事実上の戦略パートナーになっている」とさんざん非難されてきた。アサド政権が直接ＩＳＩＬを攻撃することは極めて稀で、むしろ反体制派支配地区をＩＳＩＬとアサドが東西、あるいは南北方向から挟撃する局面が多かったからだ。

ＩＳＩＬを重要拠点パルミラから駆逐したことで、アサドは「自分たちが戦っているのは国際テロリスト、狂信的ジハーディストたちである」と胸を張って主張することができるようになった。それどころか、西側諸国に対して「ＩＳＩＬ相手に有効に地上戦を進め得るパートナーは、政権軍だけである」とさえ売り込むことができる。

実際、支配地区におけるＩＳＩＬの非道ぶりが大きく報道され、ＩＳＩＬが海外でも大規模テロを次々と実行する中、日本を含めた西側諸国では「ＩＳＩＬを大悪魔とすれば、アサド政権は小悪魔である。ＩＳＩＬという喫緊の脅威に取り組むためには、アサド政権と協力するのもやむを得ない」そんな論調も現れ、一定の影響力を持ってきた。

アサドを対ＩＳＩＬ戦のパートナーとするということは、とりもなおさずシリア中央政府としてのアサド政権の正統性を承認することを意味する。パルミラ奪還で、アサド政権は、国際社会からの認知の回復も期待した。

パルミラの勝利をプロパガンダに利用したという点では、プーチンもアサドに劣らない。むしろ、アサド以上にロシアはパルミラ奪還を国際的にアピールした。

無理もない。

それまで、ロシアのシリア軍事介入は、米国とＮＡＴＯ諸国から「テロとの戦いを隠れ蓑にして、実際には反アサド勢力を潰している」「精度の低い攻撃で多くの民間人を巻き添えにしている」と、批判にさらされてきた。だから、パルミラ奪還は「ロシアは実際にＩＳＩＬとも戦っている」「しかも、有志連合国よりもよっぽど効率的に戦い、成果を上げている」と宣伝する絶好の材料となったのだ。

冷徹非情な戦略家のイメージで売るプーチンが、パルミラ奪還をいかに喜んだかは、およそ1カ月後の5月初め、ペトルスベルグのオーケストラとロシア人指揮者ヴァレリー・ゲルギエフをパルミラに送りこ

17　第14章参照。
18　http://www.bbc.com/news/world-middle-east-35906568

み、ローマ劇場遺跡でコンサートを開催させたことからもうかがい知れる。[19]

ＩＳＩＬはパルミラを支配していた間、この劇場遺跡を捕虜の公開処刑場に用いた。それだけではない。遺跡の彫刻を「多神教徒の偶像崇拝対象である」として破壊し、あるいは密輸して資金源にするなど、人類の至宝たる文化遺産を野蛮に扱ったことは周知の事実だ。

コンサートの開催には、従って「軍事力だけではなく、文明、芸術面でも冠絶した存在としてのロシア」をアピールする意味合いがあった。

もちろん、プーチンには、パルミラにおけるアサド政権の勝利は決して盤石ではなく、わずか半年後には再度ＩＳＩＬにパルミラを奪われることになる、という予感はなかっただろう。ましてや、多くのシリア国民にとって、パルミラは芸術文化の町どころか、膨大な数の政治囚がアサド政権によって監禁され、拷問と飢えによって人知れず殺害される死の町であることには、思いは至らなかったに違いない。

（5）国会選挙実施と停戦の崩壊

停戦発効から1カ月以上が経過すると、アレッポ市周辺を中心に、各地で戦火が再燃した。ジュネーヴ協議の4月のセッションで反体制派代表団を率いたアスアド・ゾアビ団長は「政権側は3月だけでも樽爆弾420発を投下した」と批判し、政権側は、そもそものような武器を用いてはいない、と否定した。[20]

対話ムードをさらに損ねたのは、4月13日、即ち4月のジュネーヴ協議が開催されたその当日、アサド政権が強行した国会選挙である。

アサド政権はシリア危機発生以降、２０１２年5月に国会選挙を、そして２０１４年6月には大統領選挙を実施している。[21]

秘密警察が監視の目を光らせる政権支配地域では自由で公正な投票行動はあり得ない——そもそもだからこそ国民が蜂起して内戦になったのだ——し、反体制派支配地区では投票が実施されない。それに、国外に亡命したシリア難民も投票できないのだから、アサド政権が実施する選挙には何の正統性も信用もない。

その選挙を、「4年ごとの改選は憲法の規定である」として、強行したのだ。内戦収拾を目指す国際的な対話努力への挑戦ともいえる。

そもそもＩＳＳＧのシリア和平「行程表」では、選挙は18カ月間の政権移行協議を踏まえて実施することになっている。移行期の統治主体（暫定政府）すら発足していないのに、アサド政権支持者だけの国会を選出するのであれば、移行協議をやる意味がない。

そんな観点から、反体制派を支援する西側諸国とアラブ諸国は反発したが、ＩＳＳＧの共同議長国であるロシアは、「移行協議後の選挙まで、政治的空白を作ってはならない」と主張して、この時点での選挙実施を支持した。

なお、選挙を口実に、政権側代表団は2日遅れて15日にジュネーヴ入りしている。ジュネーヴ協議への参加が、アサド政権側にとってはシリア国内の戦場と政治における既成事実づくりを進めるための時間稼

19 http://www.bbc.com/news/world-middle-east-36211449
20 https://www.reuters.com/article/us-mideast-crisis-syria/assad-holds-parliamentary-election-as-syrian-peace-talks-resume-idUSKCN0XA2C5
21 https://www.bbc.com/news/world-middle-east-27706471

ぎでしかないことが、この動きからも明らかである。

ジュネーヴ協議開催中の4月19日、アサド政権の空軍がイドリブ県マアッラト・ヌアマン市の市場を空爆し、民間人37名が死亡した。近郊のクファル・アンバル村でも同じ日に市場を狙った攻撃で7名が死亡、この日1日で44名が落命した。[22]

マアッラト・ヌアマン周辺はファタハ軍の中でもNFが支配する地域なので、「停戦対象外」と位置づけされる。とはいえ、民間人が利用する市場を狙ってよいということには、もちろんならない。HNC代表団は、この虐殺に抗議して、ジュネーヴ協議から引き上げた。

4月28日には東アレッポのアル・コドゥス病院が、深夜に空爆を受け、患者やスタッフら合わせて55人が犠牲になった。[23] 爆撃したのがアサド政権の空軍機か、ロシア空軍なのかは判然としない。元来アサド政権の空軍機はロシア製であるし、攻撃は夜間に行われたからである。

ただし、いずれが実行したにせよ、誤爆でないことは間違いない。というのも、この後東アレッポが最終的に陥落する２０１６年末まで、同地区内の病院が次々と空爆を受け、医療スタッフが殺害されていったからである。

反体制派支配地区内であれば、医療機関であれ、教育機関であれ、あらゆる生活インフラを破壊して、住民生活を立ち行かなくさせるという作戦が、計画的に遂行されたのだ。まさに、人道に対する犯罪である。

こうして5月には対話や交渉のチャンネルはほぼ閉ざされ、アレッポ市東部を焦点に、シリア全土で戦闘——実際にはその大部分は一方的な民間人殺戮なのだが——が激化していく。

---

22 http://www.dw.com/en/syrian-opposition-walks-out-of-geneva-peace-talks/a-19200135

23 http://www.msf.org/en/article/syria-al-quds-hospital-death-toll-rises-55

おわりに

2018年6月、ロシアでサッカーのワールドカップがおこなわれた。

筆者が滞在している国でも、サッカーはいちばん人気のあるスポーツだ。国営テレビの複数のチャンネルが試合を生中継し、街のいたるところにワールドカップの旗やグッズが溢れた。

しかしテレビのチャンネルを替えると、あるいはネットでニュース・サイトにアクセスすると、シリア南部のダラア県から、正視に耐えない画像と映像が飛び込んできた。

ワールドカップ開幕の1週間前、6月7日に、アサド政権軍は、ダラア県周辺の反体制派支配地区制圧作戦を開始した。

その第一段階では、空爆が主体になる。アサド政権の空軍を補い、容赦ない空爆を遂行しているのは、ほかならぬワールドカップ開催国のロシア空軍だった。

瓦礫の山と化した街並み、幼児や老人、女性を含む非戦闘員の、手足をもがれた遺体、瓦礫の中から掘り出された、白い埃に覆われた遺体、その遺体を腕に抱え、号泣する人、放心状態になっている人……。

2011年から8年近くに渡って何度も目にした戦争の情景が、世界中がワールドカップに熱狂しているこの日も、映し出されていた。

シリアの惨劇がはじまってから、筆者はその出来事を、断片的に日本語で書き綴ってきた。いつかそれを、出版というかたちで公表したいとも思った。

それでも、なかなか踏み切れなかったのには、いくつか理由がある。

ひとつには、シリアについての素人意識だ。

筆者は中東在住経験が極めて長いが、その中でシリアという国に滞在したのはわずか半年程度だ。人脈も少なく、シリアの近現代史を専門的に学んだこともない。

そんな人間が、シリアをテーマに本を出すのはおこがましい、シリアのことはシリアの専門家に任せるべきだという意識が拭えなかった。

また、シリア危機が内戦となり、さらに諸外国も関わる複合的な国際戦争へと発展すると、それをバランスよく、かつ簡潔に記述するには、各国の国情や、様々な歴史的事件の背景に関する知識も必要になる。はたして自分の手に負えるだろうか、という思いもあった。

しかし、出版をためらった最大の理由は、やはりタイミングの問題である。

筆者はこの内戦が、これほどまでに長期化するとは考えていなかった。

いずれ何らかのかたちで収拾するであろう、そうなった時に、「通史」のかたちで発表したい、と思っていた。

ところが内戦は延々と続き、収拾の時期も、そのシナリオも、いつまで経っても想定すらできない。だから出版のタイミングがつかめなかった。

これらの躊躇いについては、筆者なりに踏ん切りをつけた。

まずシリアという国についての素人意識であるが、これまでに日本語あるいは英語で書かれたシリア内戦に関する著作は、扱う時期も、内容も、限定されている。例えば内戦初期に出た本であれば、その期間しか扱っていないし、ISILをテーマにした本であれば、他の反体制派組織やアサド政権側の動きは網羅していない。

むしろ、本書の場合は、内戦を通史的に、最初から最後まで描き切ろうという姿勢がある。またレバノン情勢やジハーディストの動きについて、かなり突っ込んでカバーしている点も強みがあり、公表する価値があると判断した。

それなりに勉強し、知識も増やした。

タイミングの問題については、本書ではシリア危機の発生から、2016年の第2回ジュネーヴ協議の再開、停戦協議の崩壊までで筆を止めることにした。書ききれなかった部分については、今後もシリア情勢を追い続け、続編として執筆するつもりでいる。

本書に至らぬところが多いことは認める。

例えば、地理的なことでいうと、本書では反体制派の牙城となっているイドリブ県やアレッポ県周辺を扱うことが多く、相対的に他の地域への言及が手薄くなっている。特にヨルダン、イスラエルとの国境地帯にあたる南部や、クルド人が集住する北東部への言及が少ない。

それとも連関して、周辺諸国の中でも、トルコやレバノン情勢の説明と比較し、ヨルダンの内政に関わるような記述はほとんどできていない。

もう一つ気になるのは、臨場感の乏しさである。

筆者は内戦下のシリアに一度も入国していない。つまり、安全地帯から、公開情報をフォローして本書をまとめた。内戦の中を生き残るため苦悩し、格闘する人々、その人々の命を救うため、自らの命を賭けて奮闘する人々の息遣いは、まったく描けていない。

また、本書が扱う時期は２０１６年春まで。つまり既に3年近く経過した時点の話である。日々刻刻と状況が変化するテーマを扱うにしては、古過ぎて、「最新情勢」を知りたい方にはもどかしい思いをさせてしまうことも、申し訳なく感じる。

とはいえ、今シリアで起きている出来事を理解する上で、本書は助けになると信じるし、そう願っている。

世界は二度の大戦を経験した後、戦争の惨禍を回避するために、様々な試みを行ってきた。特に、過去20年間ほどの間には、政治学などの学問・研究者の世界で、あるいは国際協力や開発支援の世界で、「紛争予防」や「紛争解決」という概念が注目を集め、有能な若い人たちが熱意を傾けてその実践に取り組んできた。

にもかかわらず、今まさに我々の目の前で、延々と紛争が続き、毎日毎日、人が殺され、難民となっている。誰にも、どこの国にも、国際連合にも、この紛争を止める力がない。8年近くを経た今も、出口がまったく見いだせない。

アサド政権軍の猛攻の前に、反体制派支配地区は風前の灯であるものの、ＳＤＦやトルコ軍の実効支配地区が、アサド政権の支配下に戻るかどうかわからない。またアサド政権が内戦に「勝利」したら、大多数の難民は帰国できずに、難民問題は周辺諸国を苦しめるだろう。

本当の意味で内戦が終結し、シリアが元の統一国家に戻る道筋は見えない。

本書が提供する情報が、今後の状況を変える流れに、何らかのかたちで貢献できるとすれば、筆者としては望外の幸せである。

年表

1860年	レバノン山地のドルーズ派とマロン派の宗派紛争がダマスカスに波及。旧市街のキリスト教徒がスンニ派住民により虐殺される
1918年	第1次大戦で「アラビアのローレンス」と組んだハーシム家のファイサル王子がダマスカス占領。オスマン帝国支配の終焉
1920年	マイサルーンの戦い。仏軍がアラブ王国の軍を破りフランスの委任統治開始。地中海岸のイスカンダルン地方はハタイ県としてトルコに編入され、レバノンは分離。残りの地域はダマスカス国、アレッポ国、アラウィ派国家、ドルーズ派国家の4カ国に分割される
1925-27年	ドルーズ派が主導する反仏闘争。仏軍によって鎮圧される
1941年	シリア独立宣言
1946年	仏軍完全撤退（シリア独立完了）
1947年	バアス党結党
1948年	第1次中東戦争　イスラエル建国
1963年	バアス党がクーデターで政権掌握
1967年	第3次中東戦争　イスラエルがゴラン高原占領
1970年	ハーフェズ・アサド国防相がクーデターで政権掌握
1973年	第4次中東戦争
1978年	キャンプ・デービッド合意（エジプト・イスラエル和平とシリアの孤立）
1979年	イラン革命
1982年	ハマー虐殺事件（2月）、イスラエル軍レバノン侵攻（6月～）

1990年　シリア軍によるレバノン大統領官邸制圧（レバノン内戦終結）
2000年　ハーフェズ・アサド大統領死去。バッシャール・アサドの大統領就任
2003年　米軍のイラク侵攻、サッダーム・フセイン政権瓦解
2004年　安保理決議1559号採択（シリア軍のレバノン撤退を要求）
2005年　ハリーリ・レバノン元首相暗殺事件（2月）、シリア軍のレバノン撤退（4月）
2006年　イスラエル軍レバノン侵攻・空爆
2008年　ドーハ合意（5月）、仏シリア首脳会談（パリ、7月）
2010年12月　チュニジアで「アラブの春」はじまる
2011年1月　チュニジアのベンアリ大統領亡命
2月　エジプトでムバラク大統領退陣
2月　リビアで反体制運動はじまる
3月　ダラア、バニヤース等シリア各地で反体制運動はじまる
6月　イドリブ県ジセル・シュグールで政府軍兵士120名が殺害される
7月　自由シリア軍（FSA）結成
8月　シリア国民評議会（SNC）結成
2012年1月　ヌスラ戦線（NF）結成宣言
5月　ホウラ虐殺事件
6月　クベイル虐殺事件
6月　第1次ジュネーヴ会議開催・ジュネーヴ宣言採択
7月　反体制派がアレッポ市東部を奪取
7月　ダマスカス国家治安本部爆破事件

	反体制派によるダマスカスへの攻勢
10月	ベイルートでウィサーム・ハッサンISF情報部長暗殺
11月	シリア国民連合結成。ムアーズ・ハティーブ初代議長
12月	最高軍事評議会結成。サリーム・イドリス初代参謀総長
２０１３年４月	アブ・バクル・バグダーディ、ヌスラ戦線解消とＩＳＩＬへの吸収発表
６月	ヒズボッラーが主力となり、クサイル市を反体制派から奪還
７月	エジプトでクーデター。ムハンマド・ムルスィ政権転覆
８月	グータで大規模な化学兵器攻撃発生
２０１３年11月	アハラール・シャーム、タウヒード旅団、イスラム軍、シャームの鷹等がイスラム戦線結成
２０１４年２月	アル・カーイダ（ＡＱ）総司令部がＩＳＩＬ破門宣言
６月	ＩＳＩＬがイラクでモスル市、ティクリート市などを相次ぎ奪取
	アブ・バクル・バグダーディのカリフ就任宣言
８月	ＩＳＩＬがシンジャール地域席巻、エルビルに肉迫
	米国以下の有志国連合がイラクで対ＩＳＩＬ攻撃開始
９月	有志国連合、シリアでも対ＩＳＩＬ攻撃開始
	ＩＳＩＬ、コバネ攻略戦開始
２０１５年１月	人民防衛隊（ＹＰＧ）、ＩＳＩＬをコバネから撃退
	シリア国民連合議長にハーリド・ホウジャ選出
３月	ファタハ（征服）軍結成とイドリブ市制圧
４月	ファタハ軍、ジセル・シュグール市制圧
９月	ロシア軍、シリア参戦

10月　アンカラ駅前自爆テロ事件
11月　パリ同時多発テロ事件
　　　トルコ軍、ロシア空軍機を撃墜
12月　リヤードで反体制派拡大会議開催　最高交渉委員会（HNC）結成
　　　国連安保理決議第2254号採択
　　　ザハラーン・アッルーシュ・イスラム軍司令官爆殺
2016年1月　サウジアラビア、シーア派指導者ニムル・ニムルを処刑
　　　サウジ・イラン断交
2月　第2ジュネーヴ和平協議開催
　　　米露合意に基づく停戦発効
3月　クルド民主統一党（PYD）、連邦制発足宣言
　　　アサド政権軍、ISILからパルミラを奪還
6月　トルコ、ロシアと和解
　　　アタチュルク空港（イスタンブール）テロ事件
7月　トルコでクーデター未遂事件
　　　ヌスラ戦線、アル・カーイダ離脱と「シャーム征服（ファタハ）戦線」への改名宣言
8月　トルコ軍、「ユーフラテスの楯」作戦開始（シリア領内のISIL支配地域へ侵攻）
12月　アサド政権軍、アレッポ市東部を反体制派から奪還
2017年1月　露、土、イラン3カ国によるアスタナ和平プロセス開始
　　　米トランプ大統領就任

	「シャーム征服戦線」がヌールッディーン・ザンギー運動等と合併、「シャーム解放機構（HTS）結成」
4月	イドリブ県で化学兵器攻撃
	米軍がシュエイラートのシリア空軍基地攻撃
5月	アスタナ第五回会合　イドリブ、ホムス、東グータ、ダラアの4区域が「緊張緩和区域」に指定される
7月	イドリブ県でHTSがアハラール・シャーム（AS）を攻撃、AS弱体化
	CIAがシリア反体制派への軍事支援打ち切り
9月	シリア民主軍（SDF、クルド系YPGの後身）がISILからラッカ市奪取
11月	アサド政権軍、ISILからデイルッズール市奪還
2018年1月	トルコ軍、「オリーブの枝」作戦（YPGが実効支配するアフリン地区への攻撃）開始
4月	ドゥーマ市（東グータ）で化学兵器攻撃
	米英仏軍がアサド政権軍に限定攻撃
	アサド政権軍、東グータを反体制派から奪還
5月	アサド政権軍、ホムスの「緊張緩和地帯」制圧
7月	アサド政権軍、ダラアの「緊張緩和地帯」制圧
9月	ソチで露土両国首脳会議　イドリブ県周辺への非武装地帯設置合意

Miller, Aaron D. *The Arab States and the Palestine Question: Between Ideology and Self-Interest.* New York : Published with Georgetown University, Center for Strategic & International Studi, 1986.

Nasr, Nicolas. *The Lebanese War and its Consequences.* (in Arabic) Beirut: Dar al-Amal, 1977.

Sayigh, Yazid. *Armed Struggle and the Search for State: The Palestinian National Movement 1949-1993.* Oxford: Clarendon Press, c1997.

Seale, Patrick. *Asad of Syria: the Struggle for the Middle East.* London: I. B. Tauris,1988.

Talhami, Ghada H. *Syria and the Palestinians: the Clash of Nationalisms.* Gainesville FL: University Press of Florida, c2001.

Rabinovich, Itamar. *The War for Lebanon 1970-1983.* Ithaca NY : Cornell University Press, 1984.

Rabinovich, Itamar. "The Limits of Military Power: Syria's Role." in *Lebanon in Crisis*, ed. Edward Haley and L. W. Snider, Syracuse: Syracuse University Press, 1979.

Rubin,Barry M. *The Arab States and the Palestine Conflict.* Syracuse NY: Syracuse University Press, 1981.

Weinberger, Naomi J. *Syrian Intervention in Lebanon: The 1975-76 Civil War.* New York: Oxford Press, 1986.

Article

Dawisha, Adeed. "The Motives of Syria's Involvement in Lebanon", *Middle East Journal 38*, (Spring 1984): 235.

Hinnebusch, Raymond A. "Syrian Policy in Lebanon and the Palestinians", *Arab Studies Quarterly 8*, 1 (Winter 1986): 1-20.

Jansen, Godfrey. "Arafat and Assad, the Inevitable Clash", *Middle East International, July 8*, 1983, 10-11.

Khalidi, Rashid. "Behind the Fateh Rebellion", *MERIP Reports 119* (Nov-Dec.1983): 6-12.

"The Asad Regime and the Palestinian Resistance", *Arab Studies Quarterly*, Vol.6, No.4 (Fall 1984): 259-266.

BIBLIOGRAPHY

Books

Abu Jaber, Kamel. *The Arab Ba'th Socialist Party: History, Ideology, and Organization Syracuse*, N.Y.: Syracuse University Press, 1966.

Ajami, Fouad. *The Syrian Rebellion*. Stanford: Hoover Institution Press, 2012.

Avi-Ran, Reuven. *The Syrian involvement in Lebanon since 1975*. Translated from the Hebrew by David Maisel. Oxford: Westview Press, 1991.

Batatu, Hanna. *Syria's Peasantry, the Descendants of Its Lesser Rural Notables, and Their Politics. Princeton*. NJ : Princeton University Press, c1999.

Dawisha, Adeed I., *Syria and the Lebanese Crisis*. London: MacMillan, 1980.

Deeb, Marius. *Syria's Terrorist War on Lebanon and the Peace Process*. Houndmills, Basingstoke, Hampshire : Palgrave, 2003.

Deeb, Marius. *The Lebanese Civil War*. New York: Praeger, 1980.

Duner, Bertil. *Military Intervention in Civil Wars*. Aldershot, Hampshire, Engand : Gower, c1985.

El Khazen, Farid. *The Breakdown of the State in Lebanon 1967-1976*. London: I.B.Tauris, 2000.

Evron, Yair. *War and Intervention in Lebanon*. London; Croom Helm, 1987.

Hanf, Theodor. *Coexistence in Wartime Lebanon: Decline of a State and Rise of a Nation*. Translated from German by John Richardson. London : Centre for Lebanese Studies in association with I.B. Tauris, c1993.

Hinnebusch, Raymond A. *Syria: Revolution from Above*. London: Routledge, 2001.

Khalidi, Walid. *Conflict and Violence in Lebanon*. Cambridge, Mass. : Harvard University, Center for International Affairs, 1983 printing, c1979.

黒井文太郎 「イスラム国の正体」(ベストセラーズ、2014)

Lawson, Fred H. *Why Syria Goes to War:ThirtyYears of Confrontation*. Ithaca : Cornell University Press, c1996.

Lister, Charles R. *The Syrian Jihad: Al-Qaeda, the Islamic State and the Evolution of an Insugency*. New York: Oxford University Press, 2015.

Ma'oz, Moshe. *Asad: The Sphinx of Damascus*. London : Weidenfeld & Nicolson, c1988.

Ma'oz, Moshe and A. Yaniv. *Syria under Assad: Domestic Constraints and Regional Risks*. New York: St.Martin's Press, c1986.

著者プロフィール

安武塔馬

ベイルート・アメリカ大学大学院（中東アラブ研究）卒業。1990年からパレスチナ、イスラエル、レバノン、ＵＡＥなど中東在住歴は20年を越える。著書に『レバノン 混迷のモザイク国家』(2011)。ジャパンメールメディアで『レバノン 揺れるモザイク社会』(2005～2007) を連載。独自の視点で中東情勢分析を続けている。

シリア内戦

2018年12月15日　初版第１刷発行

著　者　安武塔馬

発行者　渡辺弘一郎

発行所　株式会社あっぷる出版社
〒101-0064 東京都千代田区猿楽町２−５−２
TEL 03-3294-3780　FAX 03-3294-3784
http://applepublishing.co.jp/

装　幀　佐々木正男

組　版　Katzen House　西田久美

印　刷　モリモト印刷

定価はカバーに表示されています。落丁本・乱丁本はお取り替えいたします。
本書の無断転写（コピー）は著作権法上の例外を除き、禁じられています。
© 2018 Touma Yasutake　Printed in Japan